PRATIQUE

DU

DROIT FRANCAIS

ET DES

ACTES CIVILS

PAR

BONVALLET

Ancien notaire

PRIX : 3 FRANCS

PARIS

IMPRIMERIE-LIBRAIRIE SOUSSENS ET Cie

51, rue de Lille, 51

Septembre 1879

PRATIQUE

DU

DROIT FRANÇAIS

ET DES

ACTES CIVILS

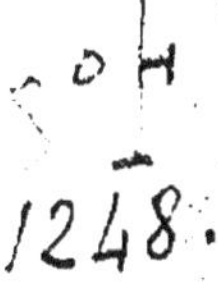

PRATIQUE

DROIT FRANÇAIS

ACTES CIVILS

PRATIQUE

DU

DROIT FRANCAIS

ET DES

ACTES CIVILS

PAR

BONVALLET

Ancien notaire

PRIX : 3 FRANCS

PARIS

IMPRIMERIE-LIBRAIRIE SOUSSENS ET Cie

51, rue de Lille, 51

—

Septembre 1879

—

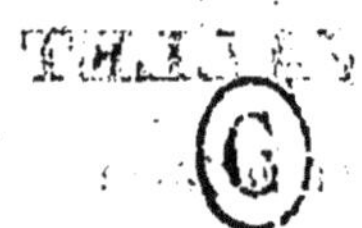

PRÉFACE

Rendre facile, et mettre à la portée de ceux qui ne connaissent pas la loi, l'Étude du Droit français et des actes de la vie civile, tel a été le but que je me suis proposé, et que je crois avoir atteint.

J'ai restreint ces études aux affaires qui se présentent journellement ; je les ai classées, par titre et par ordre alphabétiques, en groupant sous chaque titre les articles des codes civil, de procédure et de commerce, ayant des dispositions corrélatives ou analogues, de façon que, promptement, toute personne puisse trouver chaque sujet, soit pour une étude générale, soit pour un cas spécial, sans avoir à faire des recherches souvent longues, difficiles, et par suite fatigantes et incomplètes.

J'ai reproduit autant que possible les termes mêmes de la loi et, **sous une forme nouvelle,** *condensé dans ce petit volume à l'usage plus particulièrement des clercs de notaire et d'avoué qui manquent d'expérience, tout ce qui est développé dans de gros et coûteux ouvrages.*

L'avantage que je tire moi-même de ces études, m'en a fait reconnaître toute l'utilité pratique; c'est ce qui m'a décidé à les publier avec confiance.

BONVALLET,
Ancien notaire.

EXPLICATION DES ABRÉVIATIONS

Cass.	Arrêt de la Cour de Cassation.
C.	Code civil.
Com.	Code de commerce.
Déc. min.	Décision ministérielle.
Inst. Rég.	Instruction de la Régie.
P.	Code Pénal.
Pr.	Code de Procédure.
Trib.	Tribunal.
V.	Voyez.

DISPOSITIONS GÉNÉRALES

I. — LES LOIS.

La source immuable de toutes les lois est un droit universel, droit qui n'est que la raison naturelle en tant qu'elle gouverne tous les hommes. Projet Code civil.

Les lois règlent les rapports des personnes entre elles, quant à leurs droits personnels et à leurs propriétés ; elles réputent licite tout ce qu'elles ne défendent pas ; et néanmoins, ce qui n'est pas défendu par les lois n'est pas toujours honnête. Projet Code civil.

Elles sont exécutoires dans tout le territoire français. C. 1er.

Les lois de police et de sûreté obligent tous ceux qui habitent le territoire. — Les immeubles, même ceux possédés par des étrangers, sont régis par les lois françaises. — Les lois concernant l'état et la capacité des personnes régissent les Français même résidant en pays étrangers. C. 3.

II. — LES RÈGLES DE DROIT.

1° Nul n'est censé ignorer la loi. — 2° L'exception confirme la règle. — 3° Les exceptions, les nullités sont de droit étroit. — 4° Ce qui est nul dès le commencement ne peut se valider par aucun laps de temps. — 5° L'espèce déroge au genre, et les dispositions spéciales doivent toujours l'emporter. — 6° En tout, l'équité a beaucoup à considérer. — 7° Où la loi ne distingue pas, il ne faut pas distinguer, mais il faut combiner cette règle avec celle : *La lettre tue l'esprit*. — 8° Qui veut la fin veut les moyens. — 9° Qui peut le plus peut le moins. — 10° Le moins est compris dans le plus ; la partie dans le tout ; l'espèce dans le genre. — 11° Qui peut consentir expressément, le peut tacitement. — 12° Ce qui abonde ne vicie pas. — 13° Ce qu'il y a d'inutile dans un acte ne vicie pas ce qui est utile. — 14° Les conventions des particuliers ne peuvent déroger au droit public. — 15° Nul n'est contraint d'accepter un bienfait ni de se servir du bénéfice que la loi lui accorde. — 16° A l'impossible nul n'est tenu. — 17° Pour pouvoir refuser, il faut pouvoir accepter. — 18° La chose jugée est réputée la vérité. — 19° Le fait d'une personne ne peut nuire qu'à elle et non à son adversaire. — 20° Un tiers ne peut profiter ni souffrir d'un acte ou jugement dans lequel il n'a pas été partie. — 21° Nul ne peut s'enrichir aux dépens d'autrui. — 22° En parité de cause, la possession doit l'emporter. — 23° Dans le doute, il faut toujours se déterminer pour la moindre obligation. — 24° On n'est pas censé faire tort à celui qui y consent. — 25° La fraude ne se présume pas. — 26° Ce qui est permis n'est pas toujours honnête. — 27° Il y a plus de sûreté dans la chose que dans la personne. — 28° Nul ne peut transférer à autrui plus de droits qu'il n'en a lui-même. — 29° La superficie cède au sol. — 30° En fait de meubles, possession vaut titre. — 31° L'accessoire suit le principal. — 32° C'est à celui qui affirme à prouver sa prétention. — 33° Aucune des nullités prononcées par le Code n'est comminatoire. — 34° La forme emporte le fond.

III. — LES PERSONNES

Les personnes sont divisées en trois classes : les *capables*, les *incapables*, les *indignes*.

Capacité.

La capacité, soit de disposer, soit de recevoir, en un mot la capacité de tous les actes de la vie civile, est le droit commun, la règle générale, C. 488, — l'incapacité est l'exception. Marcadé.

Pour être capable de recevoir entre vifs, il suffit d'être conçu au moment de la donation. — Pour être capable de recevoir par testament, il suffit d'être conçu à l'époque du décès du testateur. — Néanmoins la donation ou le testament n'auront leur effet qu'autant que l'enfant sera né viable. C. 906.

Incapacité.

Tout Français jouit des droit civils. C. 8. — Mais tout Français ne les exerce pas. L'enfant simplement conçu, le mineur, la femme mariée dans certains cas, — l'interdit, celui qui a été pourvu d'un conseil judiciaire, le failli, le condamné à certaine peine, l'absent, les aliénés, sont *privés* de l'exercice de la *totalité* ou d'une *partie* de leurs droits civils. — Ces droits sont exercés en leur nom par leurs représentants légaux. *V. Absents. — Administration : Aliénés. Conseils judiciaires. Interdiction. Interdiction légale. Privation des droits civils. Tutelle.*

L'article 1124 du Code civil porte que les *incapables de contracter* sont : les mineurs, les interdits, les femmes mariées, dans les cas exprimés par la loi ; — et généralement tous ceux à qui la loi interdit certains contrats.

Sont *incapables de succéder* : Celui qui n'est pas encore conçu, l'enfant qui n'est pas né viable. C. 725.

Sont *incapables d'être tuteurs*, ni membres des conseils de famille : 1° Les mineurs, excepté le père ou la mère ; 2° Les interdits ; 3° Les femmes autres que la mère et les ascendantes ; 4° Tous ceux qui ont, ou dont les père ou mère ont avec le mineur un procès dans lequel l'état de ce mineur, sa fortune ou une partie notable de ses biens sont compromis. C. 442. — La condamnation à une peine afflictive ou infamante emporte de plein droit l'exclusion de la tutelle. C. 443. — Sont aussi exclus de la tutelle et même destituables s'ils sont en exercice : 1° Les gens d'une inconduite notoire; 2° Ceux dont la gestion attesterait l'incapacité ou l'infidélité. C. 444. — Ces dispositions s'appliquent à la subrogée-tutelle.

Sont *incapables d'être témoins* : 1° Les interdits (Troplong) ; 2° Les individus condamnés à une peine afflictive ou infamante ou à une peine correctionnelle avec interdiction d'être témoins dans les actes. Cette incapacité ne cesse que par la réhabilitation. inst. crim. 633, C. d'Etat, janvier 1833. 3° Les faillis non réhabilités. Rouen 13 mai 1839. — 4° Ne peuvent pas non plus être témoins : Les *domestiques* ou serviteurs à gages *employés au service de la personne ou du ménage*, art. 9, loi du 25 ventôse an XI, Rennes, 23 juin 1827, Toulouse, 19 juin 1843; mais il ne faut pas confondre avec les domestiques à gages, les serviteurs qui sont attachés à la culture des biens, Toulouse, 17 juin 1843, ni les clecs de notaire (autres que ceux du notaire qui reçoit l'acte) ou d'avoué, commis ou garçons de magasin, et généralement tous les serviteurs, tels que secrétaires, instituteurs et autres, qui ne sont *pas attachés au service de la personne ou du ménage*. Néanmoins un individu en état de domesticité peut être témoin dans les testaments. Cass. 3 août 1841. Il n'est pas nécessaire que les témoins des testaments soient, comme ceux des actes ordinaires, domiciliés dans l'arrondissement où l'acte est passé. Cass. 3 août 1841. Cette

1*

qualité de domicilié dans l'arrondissement n'est pas subordonnée à un temps déterminé de résidence. — Le domestique a son domicile chez son maître, C. 109, bien entendu si ce domestique est capable d'avoir un domicile à lui propre ; car si c'est une femme mariée, elle ne cesse pas, quoique domestique, d'avoir son domicile chez son mari. C. 108. Autrement la règle consacrée par l'article 109 s'applique aussi bien au domestique qui avait un domicile avant d'entrer au service d'autrui, qu'à celui qui n'en avait point. Bordeaux, 8 avril 1829.

Indignité.

Sont *indignes de succéder*, et comme tels exclus des successions : 1° Celui qui serait condamné pour avoir donné ou tenté de donner la mort au défunt ; 2° Celui qui porte contre le défunt une accusation capitale jugée calomnieuse ; 3° L'héritier majeur qui, instruit du meurtre du défunt, ne l'a pas dénoncé à la justice. C. 727.

Les enfants de l'indigne venant à la succession de leur chef, et sans le secours de la représentation, ne sont pas exclus pour la faute de leur père ; mais celui-ci ne peut, en aucun cas, réclamer sur les biens de cette succession, l'usufruit que la loi accorde aux pères et mères sur les biens de leurs enfants. C. 730.

La donation entre vifs ne pourra être révoquée pour cause d'ingratitude que dans les cas suivants :

— 1° Si le donataire a attenté à la vie du donateur ; — 2° S'il s'est rendu coupable envers lui de sévices, délits ou injures graves ; — S'il lui refuse des aliments. C. 955. — Les mêmes causes qui, suivant les deux premières dispositions de cet article, autoriseront la demande en révocation de la donation entre vifs, seront admises pour la demande en révocation de dispositions testamentaires. C. 1046.

IV. — LES BIENS. — LA PROPRIÉTÉ.

Tous les *biens* sont meubles ou immeubles, C. 516, et les particuliers ont la libre disposition de ceux qui leur appartiennent. C. 536. V. *Distinction des biens*.

La *propriété* est le droit de *jouir* et de *disposer* des choses de la manière la plus absolue, pourvu qu'on n'en fasse pas un usage prohibé par les lois ou par les règlements. C. 544. Elle s'acquiert et se transmet par *succession*, par *donation entre vifs ou testamentaire*, et par l'effet des *obligations*. C. 711.

Elle s'acquiert aussi par *accession* ou incorporation, et par *prescription*. C. 712.

Le droit de jouissance des biens meubles et immeubles peut être séparé du droit de propriété, soit à titre d'usufruit, soit à titre de louage. — Et les immeubles sont susceptibles de servitudes et d'hypothèques. C. 637, 2114.

V. — LES OBLIGATIONS

Les conventions légalement formées tiennent lieu de loi à ceux qui les ont faites. Elles ne peuvent être révoquées que de leur consentement mutuel, ou pour les causes que la loi autorise. Elles doivent être exécutées de bonne foi, C. 1134.

Elles obligent, non seulement à ce qui y est exprimé, mais encore à toutes les suites que l'équité, l'usage ou la loi donnent à l'obligation d'après sa nature. C. 1135.

On doit, dans les conventions, rechercher quelle a été la commune intention des parties contractantes, plutôt que de s'arrêter au sens littéral des termes, C. 1156, et suppléer dans le contrat les clauses qui y sont d'usage, quoiqu'elles n'y soient pas exprimées. C. 1160.

Toutes les clauses et conventions s'interprètent les unes par les autres en donnant à chacune le sens qui résulte de l'acte entier. C. 1161.

Certains engagements se forment sans qu'il intervienne aucune convention, ni de la part de celui qui s'oblige, ni de la part de celui envers lequel il s'est obligé. — Les uns résultent de l'autorité seule de la loi ; les autres naissent d'un fait personnel à celui qui se trouve obligé. — Les premiers sont les engagements formés involontairement, tels que ceux entre propriétaires voisins, ou ceux des tuteurs et des autres administrateurs qui ne peuvent refuser la fonction qui leur est déférée. — Les engagements qui naissent d'un fait personnel à celui qui se trouve obligé, résultent ou des quasi-contrats ou des délits ou quasi-délits. C. 1370.

Quiconque s'est obligé personnellement est tenu de remplir ses engagements sur tous ses biens mobiliers et immobiliers présents et à venir. C. 2092. — On est censé avoir stipulé pour soi et pour ses héritiers et ayants cause, à moins que le contraire ne soit exprimé ou ne résulte de la nature de la convention. C. 1122.

Absents

La qualification d'*absent* ne s'applique qu'à la personne qui, ayant disparu de son domicile, est restée sans donner de ses nouvelles, et dont l'existence est douteuse.

S'il y a nécessité de pourvoir à l'administration de tout ou partie des biens laissés par une personne présumée absente, et qui n'a point de procureur fondé, il y sera statué par le tribunal de première instance, sur la demande des parties intéressées. C. 112.

La personne éloignée de son domicile et dont on a des nouvelles, est qualifiée *non présente.* C. 840.

Le *contumace* est l'accusé qui ne s'est pas présenté ou n'a pu être saisi. — Ses biens sont administrés et ses droits exercés de même que ceux des absents, à partir de l'exécution de l'arrêt par effigie ; et le compte du séquestre sera rendu à qui il appartiendra, après que la condamnation sera devenue irrévocable par l'expiration du délai (cinq ans, art. 28, 29, 30, 31, C.) donné pour purger les contumaces. C. 28. Instruction criminelle 471.

ADMINISTRATION. — La possession provisoire ne sera qu'un dépôt, qui donnera à ceux qui l'obtiendront l'administration des biens de l'absent, et qui les rendra comptables envers lui, en cas qu'il reparaisse ou qu'on ait de ses nouvelles. C. 125.

CONSEIL DE FAMILLE. — Six mois après la disparition du père, si la mère était décédée lors de cette disparition, ou si elle vient à décéder avant que l'absence du père ait été déclarée, la surveillance des enfants sera déférée, par le conseil de famille, aux ascendants les plus proches, et, à leur défaut, à un tuteur provisoire. C. 142.

CURATEUR. — Lorsqu'il y a nécessité, les tribunaux peuvent nommer un curateur. C. 112.

DÉCLARATION D'ABSENCE. — Lorsqu'une personne aura cessé de paraître au lieu de son domicile ou de sa résidence, et que depuis quatre ans on n'en aura point eu de nouvelles, les parties intéressées pourront se pourvoir devant le tribunal de première instance, afin que l'absence soit déclarée. C. 115.

ENFANTS MINEURS. — Si le père a disparu laissant des enfants mineurs issus d'un commun mariage, la mère en aura la surveillance, et elle exercera tous les droits du mari, quant à leur éducation et à l'administration de leurs biens. C. 141.

Envoi en possession. — Dans le cas où l'absent n'aurait point laissé de procuration pour l'administration de ses biens, ses héritiers présomptifs pourront, en vertu du jugement définitif qui aura déclaré l'absence, se faire envoyer en possession provisoire des biens qui appartenaient à l'absent, à la charge de donner caution, pour sûreté de leur administration, C. 120. — Si l'époux absent n'a pas laissé de parents habiles à lui succéder, l'autre époux pourra demander l'envoi en possession provisoire des biens, C. 140. — Dans les six mois du jour de l'envoi en possession provisoire, les héritiers doivent faire la déclaration à laquelle ils seraient tenus par l'effet de la mort, et acquitter les droits sur la valeur entière des biens ou droits qu'ils recueillent. Art. 40, loi du 28 avril 1816. Cette disposition a son principe dans les articles 123 et 465 du Code civil.

Epoux. — L'époux commun en biens pourra empêcher l'envoi provisoire et l'exercice provisoire de tous les droits subordonnés à la condition du décès de l'absent, et prendre ou conserver, par préférence, l'administration des biens de l'absent, C. 124.

Partage. — V. *Liquidation*.

Revenus. — Ceux qui auront joui des biens de l'absent, ne seront tenus de lui rendre que le cinquième des revenus, s'il reparaît avant quinze ans révolus du jour de sa disparition ; et le dixième, s'il ne reparaît qu'après quinze ans. Après trente ans d'absence, la totalité des revenus leur appartiendra, C. 127.

Succession. — V. *ce mot*.

Actes notariés	ARTICLES DES CODES	Actes sous seings privés
Enumération des actes qui doivent être passés devant notaire, et des actes judiciaires et extrajudiciaires qui ne peuvent être faits qu'en vertu d'actes authentiques, à peine de nullité.		*Foi due à ces actes. Différence qui existe entre eux et les actes notariés.*
—		—
Les actes notariés font foi en justice et sont exécutoires dans toute l'étendue de la France. (Loi du 25 ventôse, an 11, article 49.) Pr. 547.		Les actes sous seings privés ne font aucune foi en justice; si l'on veut les mettre à exécution, ils doivent être déclarés exécutoires par un jugement soit de reconnaissance d'écriture, soit de condamnation, Pr. 193, 213.— C'est surtout par leur force exécutoire que les actes notariés présentent des avantages qui font ressortir l'extrême différence qui existe entre eux et les actes sous seings privés.
ACCEPTATION de donation.	C. 932.	
Acceptation de transport.	C. 1690.	
ACTES RESPECTUEUX.	C. 153.	
AFFECTATION HYPOTHÉCAIRE.	C. 2127.	L'acte sous seing privé *reconnu* devant notaire par celui auquel on l'oppose, ou *légalement* tenu pour reconnu (par jugement) C. 1324, Pr. 193, 194, a entre ceux qui l'ont souscrit et entre leurs héritiers et ayants cause, la *même foi* que l'acte notarié, C. 1322.
APPOSITIONS DE SCELLÉS.	C. 820. P. 909.	
ASSOCIATIONS entre le défunt et l'un de ses héritiers.	C. 854.	
CESSION par la femme de son hypothèque légale.	Loi du 26 mars 1855, art. 9.	

Actes notariés	ARTICLES DES CODES	Actes sous seings privés
CONSENTEMENT A MARIAGE.	C. 73.	Dans le cas où la partie à laquelle on oppose un acte sous seing privé, désavoue son écriture ou sa signature, et dans le cas où ses héritiers et ayants cause déclarent ne les point connaître, la vérification en est ordonnée en justice, C. 1324, Pr. 195.
CONTRAT DE MARIAGE.	C. 1393. 1396.	
DÉCLARATION DE COMMAND.	Art. 68 loi du 22 frimaire, an VII.	
DONATIONS ENTRE VIFS.	C. 931.	Lorsqu'il s'agit de reconnaissance et vérification d'écritures privées, si le défendeur ne dénie pas sa signature, tous les frais relatifs à la reconnaissance et à la vérification, même ceux de l'enregistrement de l'écrit, sont à la charge du demandeur. Pr. 193.
EXÉCUTION PROVISOIRE.	Pr. 135.	
INVENTAIRE.	Pr. 943.	
MAINLEVÉE d'inscription.	C. 2158.	
NOMINATION de tuteur.	C. 1055.	Les actes sous seings privés qui contiennent des conventions synallagmatiques, ne sont valables qu'autant qu'ils ont été faits en autant d'originaux qu'il y a de parties ayant un intérêt distinct; il suffit d'un seul original pour toutes les parties ayant le même intérêt ; chaque original doit contenir la mention du nombre d'originaux qui ont été faits, C. 1325.
OBLIGATION et quittance subrogative.	C. 1250.	
PARTAGE anticipé.	C. 1076.	
QUITTANCE des reprises de la femme après séparation.	C. 1444.	
RECONNAISSANCE d'enfant naturel.	C. 334.	
RENONCIATION par la femme à son hypothèque légale.	Loi du 26 mars 1855, art. 9.	La vente et l'échange sous seings privés d'un immeuble de communauté, ou propre du mari, *laisse subsister un danger* pour l'acquéreur, malgré le concours de la femme au contrat, son hypothèque légale continuant d'exister sur le bien vendu.

Actes notariés	ARTICLES DES CODES	Actes sous seings privés
SAISIE - ARRET (déclaration affirmative.)	Pr. 568.	Le billet ou la promesse sous seing privé doit être écrit en entier de la main de celui qui le souscrit; ou, du moins, il faut qu'outre sa signature il ait écrit de sa main un *bon* ou *approuvé*, portant en toutes lettres la somme ou la quantité de la chose. — Excepté dans le cas où l'acte émane de marchands, artisans, laboureurs, vignerons, gens de journée et de service, C. 1326.
SAISIE-BRANDON.	Pr. 626.	
SAISIE de rentes sur particuliers.	Pr. 626, 648.	
SAISIE - EXÉCUTION.	Pr. 551, 583.	Les actes sous seings privés n'ont de date contre les tiers que du jour où ils ont été enregistrés, du jour de la mort de celui ou de l'un de ceux qui les ont souscrits, ou du jour où leur substance est constatée dans des actes dressés par des officiers publics, tels que procès-verbaux de scellés ou d'inventaires, C. 1328.
SOCIÉTÉS anonymes.	Com. 40.	
TESTAMENT mystique.	C. 971. 976.	Les actes sous signatures privées, portant mutation de propriétés ou de jouissance, seront enregistrés dans les trois mois de la date. — Ceux qui ne seront pas enregistrés dans ce délai, seront soumis au double droit d'enregistrement. (Art. 22 et 38, Loi du 22 frimaire, an VII).
VENTE FORCÉE ou Expropriation forcée.	C. 2213. Pr. 551.	

NOTE PRATIQUE

(Actes notariés.)

1° Les notaires *ne peuvent* recevoir des actes dans lesquels leurs parents ou alliés en ligne directe à tous les degrés, et en collatérale jusqu'au degré d'oncle et de neveu inclusivement, seraient parties, ou qui contiendraient quelques dispositions en leur faveur. Article 8, loi du 25 ventôse an XI. — Les actes seront reçus par deux notaires, ou par un notaire assisté de deux témoins, citoyens français, sachant signer et domiciliés dans l'arrondissement communal (sous-préfecture) où l'acte sera passé. Art. 9, même loi. — Les parents, alliés, soit du notaire, soit des parties contractantes, au degré prohibé par l'article 8 ci-dessus, leurs clercs et leurs serviteurs, ne pourront être témoins. Art. 10, même loi. — *V. Dispositions générales, Incapacité.* — Tout acte fait en contravention aux dispositions contenues aux articles 8, 9 et 10 ci-dessus, *ne vaudra que comme écrit sous signature privée,* sauf, s'il y a lieu, les dommages-intérêts contre le notaire contrevenant. Art. 68, même loi. — Les noms, l'état et la demeure des parties doivent être connus des notaires, ou leur être *attestés* dans l'acte par deux citoyens connus d'eux, ayant les mêmes qualités que celles requises pour être témoins instrumentaires. Art. 11, même loi.

2° Le notaire *commis* procède seul et sans l'assistance d'un second notaire ou de témoins, aux comptes, liquidation et partage entre co-héritiers, Pr. 997.

Pour la *validité* des actes contenant donation entre vifs, donation entre époux pendant le mariage, révocation de donation ou de testament, reconnaissance d'enfant naturel, et des procurations à l'effet de consentir ces divers actes, la *présence* du notaire en second ou des deux témoins est *requise au moment* de la lecture des actes par le notaire et de la signature par les parties ; elle sera *mentionnée* à peine de nullité. Loi du 21 juin 1843, art. 2.

3° Les actes doivent *énoncer* les noms des témoins instrumentaires, leur demeure, le lieu, l'année et le jour où ils sont passés, à peine de nullité. Ils seront *écrits* lisiblement, sans abré-viation, blanc ni lacune. Ils *contiendront* les noms, prénoms, qualités et demeures des parties et des témoins certificateurs. Ils *énonceront* en toutes lettres les sommes et les dates. Les procurations des contractants *seront annexées* à la minute, qui fera *mention que lecture* de l'acte a été faite aux parties, le tout à peine de cent francs d'amende contre le notaire contrevenant. Ils seront *signés* par les parties, les témoins et les notaires, qui doivent en faire mention à la fin de l'acte. Quant aux parties qui ne savent ou ne peuvent signer, le notaire *doit faire mention,* à la fin de l'acte, de leurs déclarations à cet égard, à peine de nullité. — Les renvois seront *paraphés* tant par les notaires que par les autres signataires, à peine de nullité des renvois. — Il n'y aura ni surcharge, ni interlignes, ni addition dans le corps de l'acte ; et les mots surchargés, interlignés ou ajoutés *seront nuls*. — Les mots qui devront être rayés le seront de manière que le nombre puisse en être constaté à la marge de la page correspondante, ou à la fin de l'acte, et *approuvés* de la même manière que les renvois, le tout à peine d'une amende de 50 francs contre le notaire, ainsi que de tous dommages intérêts, même de destitution en cas de fraude. Art. 12, 13, 14, 15, 16 et 68, loi du 25 ventôse an XI.

4° Les notaires seront tenus de *conserver minute* de tous les actes qu'ils recevront. Ne sont néanmoins compris dans la présente disposition les certificats de vie, procurations, actes de notoriété, quittances de fermages, de loyers, de salaires, arrérages de pensions et rentes, et autres actes simples qui, d'après la loi, peuvent être délivrés en brevets. Art. 20, même loi. — En cas de contravention à cette disposition, les actes ne vaudront que comme écrits sous seing privé. Art. 68, même loi.

5° Il n'appartient qu'au notaire possesseur de la minute de *délivrer des grosses et des expéditions*. Il doit être fait *mention* sur la minute, de la délivrance d'une première grosse faite à chacune des parties intéressées. Il ne peut lui en être délivré d'autre, à peine de destitution, sans une ordonnance du Président du tribunal de première instance, laquelle demeurera jointe à la minute. Art. 21, 25 et 26, même loi. — De là, la nécessité de terminer les grosses par ces mots : *Pour première grosse*. — Et l'utilité de mettre à la fin des expéditions : *Pour première expédition,* — résulte de l'art. 1335 C., portant : « Les grosses ou *premières expéditions* « font la même foi que l'original. » Les grosses et expéditions des actes porteront l'empreinte d'un *cachet* portant les nom, qualité et résidence du notaire. Art. 27, même loi.

6° Les actes notariés seront *légalisés,* savoir : ceux des notaires à la résidence des tribunaux d'appel, lorsqu'on s'en servira hors de leur ressort, et ceux des autres notaires, lorsqu'on s'en servira hors de leur département. Art. 28, même loi.

7° Les notaires tiendront *répertoire* de tous les actes qu'ils recevront. Le répertoire contiendra le numéro, la date, la nature et l'espèce de l'acte ; les noms et prénoms des parties et leur domicile, l'indication des biens, leur situation et le prix, lorsqu'il s'agira d'actes qui auront pour sujet la propriété, l'usufruit ou la jouissance des biens fonds, la relation de l'enregistrement. Art. 29 et 30, même loi, et 50, loi du 22 frimaire an VII. — Chaque omission donne lieu à une amende de cinq francs. Art. 49, même loi, et art. 10, loi du 16 juin 1824. — Tous les trois mois, dans les dix premiers jours des mois de janvier, avril, juillet et octobre, les répertoires sont présentés au visa des receveurs d'enregistrement. Art. 51, même loi, — à peine de dix francs d'amende, Art. 10, loi du 16 juin 1824. — Les notaires sont tenus d'effectuer, dans les deux premiers mois de chaque année, au greffe du tribunal de première instance, le dépôt du double, par eux certifié, du répertoire des actes qu'ils ont reçus dans le cours de l'année précédente, à peine d'une amende de dix francs. Loi 29 septembre 1791, 16 floréal an IV, et 10 juin 1824, art. 10.

8° Les délais pour faire *enregistrer* les actes notariés sont, savoir : de dix jours, pour les actes de notaires qui résident dans la commune où le bureau d'enregistrement est établi ; et de quinze jours pour ceux des notaires qui n'y résident pas. Art. 20, loi du 22 frimaire an VII. — Les actes passés devant notaire *dans l'intérêt des communes* (Ventes ou Baux), ne sont soumis à l'enregistrement que dans les vingt jours après l'approbation du Préfet. Art. 78, loi du 15 mai 1818 ; ordonnance du 7 octobre suivant ; Déc. min. du 4 août 1838. Inst. Rég. 31 décembre même année. Le délai de vingt jours court, non de la date de l'arrêté approbatif du préfet, mais du jour où cet arrêté est arrivé à la mairie, lequel est certifié par le maire, en marge de l'acte. (Déc. min., 4 août 1838, Instr. Rég. 31 décembre suivant. — A l'égard des baux des biens des hospices et autres établissements publics, le délai pour l'enregistrement est de quinze jours à partir de l'arrivée, à la mairie, de l'approbation du Préfet, certifiée par le maire en marge de l'acte. Déc. 12 décembre 1807, 26 novembre 1811. Instr. Rég. 20 juin 1808 et 7 février 1812. La régie a décidé, le 14 mars 1834, que le cahier de charges dressé, par un notaire, pour la vente d'immeubles appartenant à une commune, doit être enregistré dans les dix ou quinze jours de sa date. — Les notaires qui n'ont pas fait enregistrer leurs actes dans les délais prescrits, doivent payer personnellement, à titre d'amende, et pour chaque contravention, une somme de dix francs s'il s'agit d'un acte sujet au droit fixe ; ou une somme égale au montant du droit, s'il s'agit d'un acte sujet au droit proportionnel, sans que, dans ce dernier cas, la peine puisse être au-dessous de dix francs. Loi du 22 frimaire an VII, art. 33, et 16 juin 1824, art. 10.

9° Les notaires *ne peuvent faire* aucun acte en conséquence d'un autre acte public, ou en vertu d'un acte sous seing privé, avant qu'il ait été enregistré, à peine de 10 francs d'amende. Art. 41, 42 et 47, loi du 22 frimaire an VII ; et 10, loi du 16 juin 1824. Néanmoins, ils peuvent énoncer les actes sous seing privé, sous la condition que chacun de ces actes demeurera annexé à celui dans lequel il se trouvera mentionné, ou qu'ils transcriront entièrement la quittance des droits d'enregistrement de ces actes. A l'égard des actes que le même notaire a reçus, il peut en énoncer la date avec mention que ledit acte sera présenté à l'enregistrement en même temps que celui qui contient ladite mention. (Art. 56, loi du 28 avril 1816. — Ils peuvent, sans contravention, procéder à son inventaire, avant que l'acte qui nomme le subrogé-tuteur soit enregistré, lors même que cet acte est énoncé dans l'intitulé de l'inventaire, Cass. 3 janvier 1827, et avant l'enregistrement du testament de la personne décédée, également mentionné dans l'inventaire, Sol. Rég. 8 novembre 1834. — Les actes sous seing privé, souscrits par des tiers, peuvent être énoncés dans les actes de liquidation et partage de communauté ou de succession et dans les partages d'ascendants, sans être préalablement enregistrés, Cass. 24 août 1818, 21 mars 1848 et 28 mars 1859 ; mais si ces titres sont émanés de l'un des cohéritiers qui concourt à la liquidation, ou au partage d'ascendants, la régie est autorisée à percevoir, lors de l'enregistrement de l'acte de liquidation, ou de partage d'ascendants, les droits que la nature de ces titres emporte. Cass. 4 avril 1849 et 26 février 1850. D'après l'arrêt précité du 28 mars 1859 on ne peut qu'indiquer la créance, *sans énoncer le titre.*

10° Les notaires *ne peuvent*, sans contravention, décrire dans les *inventaires* les titres et billets sur papier non timbré. — Ils sont tenus, lorsqu'ils énoncent dans les actes, des effets, certificats d'actions, titres, livres, bordereaux, polices d'assurances, ou tout autre acte sous seing privé, sujet au timbre et non enregistré, de déclarer expressément dans l'acte, si le titre est *revêtu du timbre prescrit et d'énoncer le montant du droit de timbre payé,* à peine d'une amende de 10 francs par chaque contravention. Art. 49, loi du 5 juin 1850, Trib. Mantes, 17 avril 1852. — L'empreinte du timbre ne peut être couverte d'écriture ni altérée, sous peine de 5 francs d'amende, Art. 21 et 26, loi du 13 brumaire an VII, et 10, loi du 16 juin 1824, mais il n'est pas interdit d'écrire derrière l'empreinte du timbre, Déc. minist., 16 juin 1807. — Le papier timbré qui aurait été employé à un acte quelconque ne peut plus servir pour un autre acte, quand même le premier n'aurait pas été achevé, à peine de 20 francs d'amende. Art. 22, 26 et 10, même loi.

11° Il *ne peut être fait ni expédié* des actes à la suite de l'un de l'autre sur la même feuille de papier timbré. Art. 23, loi du 13 brumaire an VII, sous peine d'une amende de 20 francs pour le notaire, et de 5 francs pour les particuliers, outre la restitution des droits de timbre. Art. 26, même loi, et 10 de celle du 16 juin 1824. Sont exceptés les ratifications des actes passés en l'absence des parties, les quittances de prix de vente et celles de remboursements de contrats de constitution ou obligation, les inventaires, procès-verbaux et autres actes qui ne peuvent être consommés dans un même jour et dans la même vacation. Article 23 de ladite loi du 13 brumaire an VII. — Cette exception est applicable aux procurations en vertu desquelles les actes ont été passés, soit qu'elles aient été annexées pour leur validité, soit qu'elles aient été précédemment annexées à un acte de la même étude. (Déc. min., 11 décembre 1808 et 17 novembre 1819, Inst. Rég. 27 décembre 1808.

— Les expéditions ne peuvent contenir, compensation faite d'une feuille à l'autre, plus de vingt-cinq lignes à la page, à peine de cinq francs d'amende. Art. 174 du tarif de février 1807 ; art. 20 et 26, loi du 13 brumaire an VII, et art. 10, loi du 16 juin 1824. Elles doivent contenir quinze syllabes à la ligne. Art. 174 ci-dessus du tarif de février 1807 ; si elles contenaient *plus* de quinze syllabes à la ligne, *il ne serait dû aucune amende*, parce que, d'une part, le tarif a eu pour but seulement d'empêcher les notaires de grasseyer outre mesure, et que, d'autre part, l'amende prononcée par la loi du 13 brumaire an VII ne peut être appliquée qu'aux contraventions prévues par cette loi et non à des dispositions qui lui sont étrangères et contenues dans d'autres lois. (Déc. min. ; Inst. Régie n° 942. Mais, lorsque l'expédition contient cent lignes, le notaire est passible d'amende pour avoir *ajouté en marge un renvoi* de 50, 100 ou 200 syllabes. Trib. Senlis, 16 février 1841 et Trib. Châteaubriant, 24 septembre 1842.

12° Toute *dissimulation* dans le prix d'une vente ou dans la soulte d'un échange ou d'un partage, sera punie d'une *amende* égale au quart de la somme dissimulée, payée *solidairement* par les parties, sauf à la répartir entre elles, par égale part. Art. 12, loi du 23 août 1871. L'administration de l'enregistrement peut *déférer le serment décisoire*, et user de la preuve testimoniale pendant *dix ans* à partir de l'enregistrement de l'acte. Le notaire qui reçoit un acte de vente ou de partage *est tenu* de donner lecture aux parties des dispositions du présent article et de l'article 12 ci-dessus. *Mention expresse* de cette lecture sera faite dans l'acte, à peine d'une amende de 10 francs. Art. 13, même loi.

ACTES DIVERS

QUI NE PEUVENT SE FAIRE QUE PAR DES OFFICIERS PUBLICS,
PRÉPOSÉS POUR LES RECEVOIR

NATURE DES ACTES	NOMS	ARTICLES DES CODES
ACCEPTATION de succession sans bénéfice d'inventaire.	Greffe du Tribunal civil.	C. 793. — Pr. 997
ADOPTION.	Juge de paix.	C. 353.
CONTRIBUTION judiciaire.	Greffe du Tribunal civil.	Pr. 658.
DÉCLARATION affirmative.	id. et Juge de paix.	Pr. 571.

NATURE DES ACTES	NOMS	ARTICLES DES CODES
Déclaration de command.	Greffe du Tribunal civil.	Art. 68, loi du 22 frimaire an VII.
Délibération de conseil de famille.	Juge de paix.	C. 415.
Émancipation.	id.	C. 477.
Folle enchère.	Tribunal civil.	Pr. 735.
Licitation judiciaire.	Trib. civil et notaire.	C. 827. — Pr. 970.
Ordre judiciaire.	Greffe du Trib. civil.	Pr. 951.
Renonciation à Communauté.	id.	C. 1457. — Pr. 997.
Renonciation à succession.	id.	C. 784. — Pr. 997.
Soumission de Caution.	id.	Pr. 519.
Surenchère.	id.	Pr. 708, 709. — Com. 573.
Vente de biens de mineurs.	Trib. civil et notaire.	C. 459. — Pr. 954.
Ventes publiques de meubles et de récoltes.	Notaires, huissiers, greffiers, commissaires priseurs.	Loi du 22 pluviôse an VII.

Administration.

Le mot *administration* s'entend de la régie des biens :

1° D'un *absent*, — par un administrateur, C. 110 et 122, — par l'époux survivant, C. 124, 125 et 127, — par les envoyés en possession provisoire, C. 122, 125 et 127. — *V. Absents.*

2° Des *aliénés.* — *V. ce titre.*

3° D'une *communauté de biens*, — par le mari, C. 1421.

4° D'un *condamné*, — par un tuteur. — *V. Privation des droits civils.*

5° D'une *faillite*, — par les syndics, Com. 462 et suivants.

6° D'une *femme mariée*, — par le mari, C. 1428, 1531 et 1549, — par elle-même, C. 217, 1454, 1449, 1536 et 1576, *V. Séparation de biens.*

7° D'un *interdit*, — par un administrateur provisoire, C. 497, — par un tuteur, C. 505 et 509.

8° D'un *mineur*, — par son père, C. 389, *V. Administration légale*, — par un tuteur, 450.

9° D'un *mineur émancipé*, — par lui-même, C. 481, — assisté de son curateur pour recevoir et donner décharge d'un capital mobilier, C. 482.

10° D'un *prodigue* et d'un *individu en démence*, — par eux-mêmes assistés d'un conseil, C. 499 et 513.

11° D'une *succession*, — par les héritiers, C. 779 ; — par l'héritier bénéficiaire, C. 803, — par un curateur, C. 813 et 814. — *V. Testament (Exécuteur testamentaire).*

12° *L'usufruitier* peut, sans le concours du nu-propriétaire, recevoir un capital mobilier et en donner quittance, C. 578, 582 et 587, — mais il ne peut donner mainlevée sans recevoir, ni faire de transport.

Les *actes d'administration* sont tous relatifs à la *jouissance*, à *l'entretien* et à la *conservation* des biens meubles et immeubles, C. 779 et 1454.

La jouissance consiste à percevoir les fruits et les revenus de ces biens en les cultivant et en les administrant.

Les administrateurs, le prodigue, et l'individu en démence avec l'assistance de leurs conseils, peuvent recevoir et placer un *capital mobilier*, consentir des subrogations *sans garantie ;* faire des baux. *V. Liquidation (Partage provision-nel)*. - La femme séparée, le mineur émancipé et le pourvu d'un conseil judiciaire peuvent prendre à bail. *V. Bail.* — Ils ne peuvent faire aucun acte de propriété, C. 711, donner main-levée *sans recevoir*, — ni faire de transport de créance, cet acte emportant aliénation, C. 1594.

Administration légale.

C'est celle qui appartient au père, pendant le mariage, sur la personne et sur les biens de ses enfants mineurs, d'après l'article 389, C., ainsi conçu : « Le père est, durant le mariage, *admi-« nistrateur* des biens personnels de ses enfants « mineurs ; il est comptable, quant à la propriété « et aux revenus, des biens dont il n'a pas la « jouissance ; et, quand à la propriété seulement, « de ceux des biens dont la loi lui donne l'usu-« fruit. » — L'administration légale est une con-séquence de la jouissance paternelle. — Elle passe à la *mère* lorsque le père est interdit, absent, ou déchu de son droit de puissance paternelle. — Elle ne s'applique pas aux enfants émancipés. — *Ce n'est pas une tutelle* et il n'y a pas lieu de nommer un subrogé tuteur, la tutelle commence au décès du père et de la mère. — Les père et mère naturels n'ont pas l'adminis-tration légale des biens de leurs enfants naturels reconnus. Cette administration ne leur appar-tient que lorsqu'ils sont investis de la tutelle. Marcadé.

M. Demolombe enseigne qu'on ne doit pas

appliquer à l'administration légale les articles 451, 452, 455 et 456 du Code civil. Ainsi cet auteur est d'avis que le père, administrateur légal, peut procéder seul à l'inventaire des biens échus à ses enfants ; qu'il est seul juge de la question de savoir s'il convient de vendre ou de conserver les meubles et qu'il peut les vendre sans aucune formalité de justice.

Le père administrateur légal, n'étant pas sous la dépendance d'un conseil de famille, a le droit de faire *seul* tous les actes que le tuteur ne pourrait faire qu'avec l'autorisation du conseil de famille, comme accepter ou répudier les successions échues au mineur, ou les donations qui lui seraient faites, intenter des actions immobilières ou y acquiescer et provoquer **un** partage en son nom. Marcadé.

Aliénés.

L'aliéné est celui qui a perdu totalement ou partiellement la raison.

Les Commissions administratives des établissements publics d'aliénés exerceront, à l'égard des personnes non interdites qui y sont placées, les fonctions d'administrateurs provisoires ; elles désigneront un de leurs membres pour les remplir. L'administrateur ainsi désigné procèdera au recouvrement des sommes dues à l'aliéné, et à l'acquittement de ses dettes, passera des baux qui ne pourront excéder trois ans, et pourra même, en vertu d'une autorisation spéciale accordée par le président du Tribunal civil, faire vendre le mobilier. — Les sommes provenant soit de la vente, soit des autres recouvrements, seront versées directement dans la caisse de l'établissement, et seront employées, s'il y a lieu, au profit de l'aliéné. Loi du 6 juillet 1838, art. 31.

Après une délibération du conseil de famille et sur la demande des parents, de l'époux ou de l'épouse, le Tribunal du lieu du domicile pourra, conformément à l'article 497 du Code civil, nommer, en chambre du Conseil, un administrateur provisoire aux biens de toute personne non interdite placée dans un établissement d'aliénés. Même loi, art. 32.

Le Tribunal, sur la demande de l'administrateur provisoire, désignera un mandataire spécial à l'effet de représenter en justice tout individu non interdit et placé ou retenu dans un établissement d'aliénés, contre lequel une action judiciaire serait intentée. L'administrateur provisoire pourra être désigné pour mandataire spécial. Même loi, art. 33.

A défaut d'administrateur provisoire, le président, à la requête de la partie la plus diligente, commettra un notaire pour représenter les personnes non interdites, placées dans les établissements d'aliénés, dans les inventaires, comptes, liquidations et partages, dans lesquels elles seraient intéressées. Même loi, art. 36.

Cet article n'a pas d'autre objet que de faire représenter l'aliéné, de la même manière que l'on fait représenter les absents, à tous les actes urgents et conservatoires de ses droits. Quant à tous les actes plus importants qui excèdent les bornes de l'administration, on ne peut y procéder qu'en faisant interdire l'aliéné. La loi n'a voulu organiser qu'un état provisoire, et non suppléer à l'interdiction, Demolombe.

Jugé par le Tribunal de la Seine :

« 1° Que l'administrateur provisoire ne peut « faire que des actes de pure administration et « essentiellement conservatoires ; qu'il ne peut « être autorisé à aliéner, hypothéquer, citer en « justice, transiger, et doit se borner à admi-« nistrer, sans être chargé de liquider la posi-« tion. 14 février et 3 mars 1848.

« 2° Que ni l'administrateur provisoire, ni le « mandataire judiciaire ne peuvent être auto-« risés à accepter des successions, même bénifi-« ciairement, ni des communautés, des dona-« tions ou des legs, moins encore à les répudier. « 30 janvier 1850 et 8 janvier 1851.

« 3° Que l'administrateur provisoire ne peut « être autorisé à consentir au mariage de l'enfant « de l'aliéné. »

Les actes faits par une personne placée dans un établissement d'aliénés, pendant le temps qu'elle y aura été retenue, sans que son interdiction ait été provoquée, pourront être attaqués pour cause de démence, conformément à l'article 1304 du Code civil ; les donations et testaments surtout, d'après l'article 901 dudit Code portant : « Pour faire une donation entre vifs ou un testament, il faut être sain d'esprit. »

Arbitrage

On appelle arbitrage la juridiction conférée par les parties à des particuliers pour juger une contestation.

APPEL. — Les parties pourront, lors et depuis le compromis, renoncer à l'appel. — Lorsque l'arbitrage sera sur appel ou sur requête civile, le jugement arbitral sera définitif et sans appel. Pr. 1010.

CAPACITÉ. — Toutes personnes peuvent compromettre sur les droits dont elles ont la libre disposition. Pr. 1003.

CONTESTATION. — On ne peut compromettre sur les dons et legs d'aliments, logements, vêtements; sur les séparations d'entre mari et femme, divorces, questions d'Etat, ni sur aucune des contestations qui seraient sujettes à communication au ministère public. Pr. 1004.

DÉLAI. — Le délai de l'arbitrage est de trois mois, lorsqu'il n'a point été fixé par les parties. Pr. 1007, 1012, 1028.

FORME. — Le compromis pourra être fait par procès-verbal devant les arbitres choisis, ou par acte devant notaire, ou sous signature privée. Pr. 1005.

OBJETS EN LITIGE — Le compromis désignera les objets en litige, les noms des arbitres, à peine de nullité. Pr. 1006.

Assistance judiciaire

C'est une institution créée par la loi du 21 février 1851. — L'admission à l'assistance judiciaire est prononcée par un bureau spécial établi auprès de chaque juridiction. — Quiconque demande à être admis à l'assistance judiciaire doit fournir: 1° un extrait du rôle de ses contributions, ou un certificat du percepteur de son domicile, constatant qu'il n'est pas imposé ; 2° Une déclaration attestant qu'il est, à raison de son indigence, dans l'impossibilité d'exercer ses droits en justice, et contenant l'énumération détaillée de ses moyens d'existence, quels qu'ils soient. Le réclamant affirme la sincérité de sa déclaration devant le maire de la commune de son domicile ; le maire lui en donne acte au bas de sa déclaration. — L'assisté est dispensé provisoirement du paiement des frais et honoraires en cas de condamnation aux dépens contre lui. — Les notaires, greffiers et tous autres dépositaires publics ne sont tenus à la délivrance gratuite des actes et expéditions réclamées par l'assisté, que sur l'ordonnance du juge de paix ou du président.

Bail

Les conventions qui dérivent du contrat de louage sont très usitées. *Elles varient suivant les objets auxquels ce contrat peut s'appliquer.* Pour la rédaction du bail (espèce de vente de jouissance), il est nécessaire d'avoir les connaissances d'un homme expérimenté, de connaître les clauses qu'il importe d'y insérer pour assurer l'exercice des droits ou parties.

Le louage des choses est un contrat par lequel l'une des parties s'oblige à faire jouir l'autre d'une chose pendant en certain temps et moyennant un certain prix que celle-ci s'oblige de lui payer. C. 1709.

Ce genre de louage se subdivise en plusieurs

espèces particulières. — On appelle *bail à loyer*, le louage des maisons et celui des meubles ; — *bail à ferme*, celui des héritages ruraux ; — *bail à cheptel*, celui des animaux dont le profit se partage entre le propriétaire et celui à qui il les confie.

Quant à la forme, le bail peut être notarié ou sous seing privé ; le bail notarié est préférable à cause de sa force exécutoire, les actes sous seing privé ne font aucune foi en justice. — *V. Actes sous seing privé.*

Les administrateurs, *V. Administration,* agiront sagement en prenant la voie des enchères publiques devant notaire pour les baux des biens dont ils ont l'administration.

Absents. — Les envoyés en possession provisoire des biens des absents peuvent consentir des baux de 9 ans. C. 125, 1429, 1430.

Aliénés. — *V. ce titre.*

Assurance contre l'incendie — Le preneur répond de l'incendie, à moins qu'il ne prouve : — que l'incendie est arrivé par cas fortuit, ou force majeure, ou par vice de construction, ou que le feu a été communiqué par une maison voisine. C. 1733, 1734, 1382, 1383 et 1384.

Cette responsabilité encourue par un locataire envers le propriétaire (appelée risque locatif), — ou par un habitant envers les maisons voisines, (appelée recours des voisins), à raison de l'incendie, donne lieu à une assurance spéciale.

Cas fortuits. — Si le bail est fait pour plusieurs années, et que, pendant la durée du bail, la totalité ou la moitié d'une récolte au moins soit enlevée par des cas fortuits, le fermier peut demander une remise du prix de sa location, à moins qu'il ne soit indemnisé par les récoltes précédentes. C. 1769. — Si le bail n'est que d'une année, et que la perte soit de la totalité des fruits, ou au moins de la moitié, le preneur sera déchargé d'une partie proportionnelle du prix de la location. — Il ne pourra prétendre à aucune remise, si la perte est moindre de moitié, ni si elle arrive après que les fruits sont séparés de la terre. C. 1770, 1771. — Par une stipulation expresse, le preneur peut être chargé des cas fortuits *ordinaires et extraordinaires, prévus et imprévus*. C. 1772, 1773.

CHASSE. — Le droit de chasse n'est pas compris dans la location, s'il n'y a une stipulation particulière.

CHEPTEL. — Le bail à cheptel est un contrat par lequel l'une des parties donne à l'autre un fonds de bétail pour le garder, le nourrir et le soigner, sous les conditions convenues entre elles. C. 1800.

CONGÉ. — Si le bail a été fait sans écrit, l'une des parties ne pourra donner congé à l'autre qu'en observant les délais fixés par l'usage des lieux. C. 1736.

CONSEIL JUDICIAIRE. — L'individu auquel a été donné un conseil judiciaire, a le droit de prendre à bail et de consentir des baux de la même durée que le mineur émancipé (9 ans). C. 513.

CONSTRUCTIONS. Lorsque les plantations, constructions et ouvrages ont été faits par un fermier ou locataire, le propriétaire du fonds a droit ou de les retenir, ou d'obliger ce fermier ou locataire à les enlever. — Si le propriétaire préfère conserver ces plantations et constructions, il doit le remboursement de la valeur des matériaux et du prix de la main-d'œuvre, sans égard à la plus ou moins grande augmentation de valeur que le fonds a pu recevoir. C. 555.

Contenance. — Si, dans un bail à ferme, on donne aux fonds une contenance moindre ou plus grande que celle qu'ils ont réellement, il n'y a lieu à augmentation ou diminution de prix pour le fermier, que dans les cas et suivant les règles exprimées aux titres de la vente. C. 1765. — Les frais d'arpentage sont à la charge du bailleur.

Contributions. — Les contributions de portes et fenêtres sont à la charge du preneur. — Arrêt de la Cour de cassation du 31 mai 1813. Celles foncières sont dues par les propriétaires. Art. 147, loi du 3 frimaire an VII.

Curateur a une succession vacante. — Comme l'héritier bénéficiaire, le curateur à une succession vacante peut louer et affermer pour 9 ans. Pr. 1002.

Délivrance. — *V. ci-après : Réparations.*

Destination. — Le preneur est tenu d'user de la chose louée en bon père de famille et en suivant la destination qui lui a été donnée par le bail, ou suivant celle présumée par les circonstances, à défaut de convention. C. 1728.

Ecrit (Bail sans). — Si le bail fait sans écrit n'a encore reçu aucune exécution, et qu'une des parties le nie, *la preuve ne peut être reçue par témoins*, quelque modique qu'en soit le prix, et quoiqu'on allègue qu'il y ait eu des arrhes données. — Le serment peut seulement être déféré à celui qui nie le bail. C. 1715. — *V. ci-après : Verbal (Bail).*

Le bail sans écrit, d'un fonds rural, est censé fait pour le temps qui est nécessaire afin que le preneur recueille tous les fruits de l'héritage affermé. Ainsi le bail à ferme d'un pré, d'une vigne, de tout autre fonds dont les fruits se recueillent en entier dans le cours de l'année, est censé fait pour un an. — Le bail des terres labourables, lorsqu'elles se divisent par soles ou saisons, est censé fait pour autant d'années qu'il y a de soles. C. 1774. — Le bail des héritages ruraux, quoique fait sans écrit, cesse de plein droit à l'expiration du temps pour lequel il est censé fait, selon l'article précédent. C. 1775. — Si, à l'expiration des baux ruraux écrits, le preneur reste et est laissé en possession, il s'opère un nouveau bail dont l'effet est réglé par l'art. 1774. — C. 1776.

Etat de lieux. — S'il a été fait un état des lieux entre le preneur et le bailleur, celui-ci doit rendre la chose telle qu'il l'a reçue, suivant cet état, excepté ce qui a péri ou a été dégradé par vétusté ou force majeure. C. 1730. — S'il n'a pas été fait d'état de lieux, le preneur est présumé les avoir reçus en bon état de réparations locatives, et doit les rendre tels, sauf la preuve contraire. C. 1731.

Expulsion. — L'exécution provisoire pourra être ordonnée, lorsqu'il s'agira d'expulsion de lieux, s'il n'y a pas de bail, ou si le bail est expiré. Pr. 135. — Si le bailleur vend la chose louée, l'acquéreur ne peut expulser le fermier ou le locataire qui a un bail authentique ou dont la date est certaine, à moins qu'il ne se soit réservé ce droit par le contrat de bail. C. 1743. — Le locataire qui ne garnit pas la maison de meubles suffisants peut être expulsé, à moins qu'il ne donne des sûretés capables de répondre du loyer. C. 1752.

FAILLITE. — Le failli ne peut plus faire de baux à partir du jugement déclaratif de la faillite qui emporte de plein droit dessaisissement par lui de l'administration de tous ses biens, même de ceux qui peuvent lui échoir tant qu'il est en état de faillite. Com. 443.

FEMME SÉPARÉE. — La femme séparée, soit de corps et de biens, soit de biens seulement, en conserve ou reprend l'administration. C. 223, 1449 et 1536. Assimilée au mineur émancipé, elle ne peut faire des baux excédant 9 ans. C. 481 ; — et elle peut prendre à bail, sans avoir besoin de l'autorisation de son mari.

FERMIER SORTANT ET FERMIER ENTRANT. — Le fermier sortant doit laisser à celui qui lui succède dans la culture, les logements convenables et autres facilités pour les travaux de l'année suivante ; et réciproquement, le fermier entrant doit procurer à celui qui sort les logements convenables et autres facilités pour la consommation des fourrages, et pour les récoltes restant à faire. Dans l'un et l'autre cas, on doit se conformer à l'usage des lieux. C. 1777. — Le fermier sortant doit aussi laisser les pailles et engrais de l'année, s'il les a reçus lors de son entrée en jouissance ; et quand même il ne les aurait pas reçus, le propriétaire pourra les retenir suivant estimation. C. 1778.

FOSSES D'AISANCES. — Le curement des puits et celui des fosses d'aisances sont à la charge du bailleur, s'il n'y a clause contraire. C. 1756.

HÉRITIER BÉNÉFICIAIRE. — L'héritier bénéficiaire a le droit d'affermer et louer les biens de la succession, pourvu qu'il le fasse sans fraude et dans les limites prescrites aux administrateurs. C. 1424, 1430. *V. ci-dessous : Mari.*

Interdit. — *V. ci-après : Tuteur.*

Locations verbales. — *V. plus loin : Verbal (Bail).*

Mari. — Les baux que le mari seul a faits des biens de sa femme pour un temps qui excède neuf ans, ne sont, en cas de dissolution de la communauté, obligatoires vis-à-vis de la femme ou de ses héritiers, que pour le temps qui reste à courir, soit de la première période de neuf ans, si les parties s'y trouvent encore, soit de la seconde, et ainsi de suite, de manière que le fermier n'ait que le droit d'achever la jouissance de la période de neuf ans où il se trouve. C. 1629. — Les baux de neuf ans ou au-dessous que le mari seul a passés ou renouvelés des biens de sa femme, plus de trois ans avant l'expiration du bail courant s'il s'agit des biens ruraux, et plus de deux ans avant la même époque s'il s'agit de maisons, sont sans effet, à moins que leur exécution n'ait commencé avant la dissolution de la communauté. C. 1430.

Mineur. — *V. ci-après : Tuteur.*

Mineur émancipé. — Le mineur émancipé passera les baux dont la durée n'excèdera point neuf ans. C. 481. — Il est capable pour prendre à bail, sauf s'il abusait de ce droit, l'application de l'art. 484. C.

Nullité. — Les baux qui n'auront pas acquis date certaine avant le commandement, pourront être annulés, si les créanciers ou l'adjudicataire le demandent. Pr. 684. — Ceux qui auront été faits après la cessation des paiements du failli et avant le jugement déclaratif de faillite, pourront aussi être annulés, si, de la part de ceux qui ont traité avec le débiteur, ils ont eu lieu avec connaissance de la cessation des paiements. Com. 447.

PÊCHE. — A qui appartient le droit de pêche ? C'est une question dont la solution dépend des circonstances et de l'intention présumée des parties. — Intention à exprimer dans les baux.

PRIVILÈGE. — V. *Distribution par contribution.*

POURSUITE. — V. *Obligation.* — *Exercice des droits du créancier.*

RÉCOLTE (A ENGRANGER.). — Tout preneur de bien rural est tenu d'engranger dans les lieux à ce destinés d'après le bail. C. 1767.

RÉMÉRÉ (ACQUÉREUR). — L'acquéreur à réméré ne peut faire des baux que de 9 ans. C. 1676. Troplong.

RÉPARATIONS. — Le bailleur est tenu de délivrer la chose en bon état de réparations de toute espèce. — Il doit y faire, pendant la durée du bail, toutes les réparations qui peuvent devenir nécessaires, autres que les locatives. C. 1720. — Si, durant le bail, la chose louée a besoin de réparations urgentes, le preneur doit les souffrir ; mais, si ces réparations durent plus de quarante jours, le prix du bail sera diminué, à proportion du temps et de la partie de la chose louée dont il aura été privé. C. 1724. — L'exécution provisoire pourra être ordonnée lorsqu'il s'agira de réparations urgentes. Pr. 135. — Les réparations locatives ou de menu entretien dont le locataire est tenu, sont celles désignées comme telles par l'usage des lieux, et, entre autres, les réparations à faire, — aux âtres, contre-cœur, chambranles et tablettes des cheminées, au recrépissement du bas des murailles des appartements et autres lieux d'habitation, à la hauteur d'un mètre, — aux pavés et carreaux des chambres, lorsqu'il y en a

seulement quelques-uns de cassés, — aux vitres,
à moins qu'elles ne soient cassées par la grêle, ou
autres accidents extraordinaires et de force majeure dont le locataire ne peut être tenu. — Aux
portes, croisées, planches de cloison ou de ferme-
ture de boutique, gonds, targettes et serrures.
C. 1754. — Le preneur est tenu des dégradations
et des pertes qui arrivent par le fait des personnes
de sa maison ou des sous-locataires. C. 1735.
— Aucune des réparations réputées locatives
n'est à la charge des locataires, quand elles ne
sont occasionnées que par vétusté ou force majeure. C. 1755.

RÉSILIATION. — Le contrat de louage se résout
par la perte de la chose louée, et par le défaut
respectif du bailleur et du preneur, de remplir
leurs engagements. C. 1741. — En cas de résiliation par la faute du locataire, celui-ci est tenu
de payer le prix du bail pendant le temps nécessaire à la relocation, sans préjudice des dommages et intérêts qui ont pu résulter de l'abus.
C. 1760. — Si le preneur d'un héritage rural ne
le garnit pas des bestiaux et des ustensiles nécessaires à son exploitation, s'il abandonne la culture, s'il ne cultive pas en bon père de famille,
ou s'il emploie la chose louée à un autre usage que
celui auquel elle a été destinée, ou en général,
s'il n'exécute pas les clauses du bail, et qu'il en
résulte un dommage pour le bailleur, celui-ci
peut faire résilier le bail, et obtenir des dommages
et intérêts. C. 1766. — La clause résolutoire par
laquelle le bailleur stipule la résiliation du bail,
faute de paiement des loyers, après quinzaine du
jour du commandement, est une clause absolue
qui doit recevoir son exécution. Paris, 19 fé-

vrier 1830. Et le preneur qui a encouru la résolution d'après cette clause, ne peut l'empêcher par des offres verbalement faites à l'audience de payer les sommes par lui dues. Cass. 3 décembre 1838.

Sous-location. — Le preneur a le droit de sous-louer, et même de céder son bail à un autre, si cette faculté ne lui a pas été interdite. C. 1717. — Jugé que la défense de sous-louer, si ce n'est à des personnes agréées par le propriétaire, *n'autorise pas* celui-ci à *refuser* un sous-locataire par pur caprice. Paris 6 août 1847. — Souvent il est dit dans le bail que le preneur ne pourra sous-louer sans le *consentement exprès et par écrit* du bailleur ; c'est aux juges à décider si cette clause contient une prohibition assez énergique pour faire de l'écriture une condition essentielle du consentement. Cass. 19 juin 1839. — Le juge peut également, même en présence d'une pareille clause, considérer l'autorisation comme résultant des circonstances. Lyon, 5 mai 1837.

Substitution (Grevé de). — Le grevé de substitution peut louer de la même manière que peut le faire l'usufruitier. C. 595.

Tacite-reconduction. — Si, à l'expiration des baux écrits, le preneur reste et est laissé en possession, il s'opère un nouveau bail dont l'effet est réglé par l'article relatif aux locations faites sans écrits. C. 1738.

Transcription. — Sont soumis à la transcription les baux d'une durée de plus de 18 ans. Art. 2, Loi du 26 mars 1855.

Tuteur. — Le tureur ne peut prendre à ferme les biens du mineur, à moins que le conseil de famille n'ait autorisé le subrogé-tuteur à lui en passer bail. C. 450. — Les articles relatifs aux baux des biens des femmes mariées, sont applicables aux baux des biens des mineurs. C. 1718. — V. *ci-dessus* : *Mari*. — L'interdit est assimilé au mineur, pour sa personne et pour ses biens ; les lois sur la tutelle des mineurs s'appliqueront à la tutelle des interdits. C. 509.

UsUFRUITIER. — L'usufruitier peut donner à ferme son droit de jouissance, en se conformant, pour les époques où les baux doivent être renouvelés, et pour leur durée, aux règles établies pour le mari à l'égard des biens de la femme. C. 595. — V. *ci-dessus* : *Mari*.

UsURPATION. — Le preneur d'un bien rural est tenu, sous peine de tous dépens, dommages et interêts, d'avertir le propriétaire des usurpations qui peuvent être commises sur le fonds, et des dégradations ou pertes qui arrivent pendant sa jouissance. — Cet avertissement doit être donné dans le même délai (huitaine, Pr. 72 et 1033) que celui qui est réglé en cas d'assignation suivant la distance des lieux. C. 1732, 1768.

VERBAL (BAIL). — Lorsqu'il y aura contestation sur le prix du bail verbal dont l'exécution a commencé, et qu'il n'existera point de quittances, le propriétaire en sera cru sur son serment, si mieux n'aime le locataire demander l'estimation par experts ; auquel cas les frais de l'expertise restent à sa charge si l'estimation excède le prix qu'il a déclaré. C. 1716, 1909, 1591, 1592. — V. *ci-dessus* : *Ecrit*.

Lorsqu'il n'existe pas de conventions écrites constatant une mutation des jouissances de biens immeubles, il y est suppléé par des déclarations détaillées et estimatives, dans les *trois mois de* l'entrée en jouissance. — La déclaration doit être faite par le *preneur*, ou, à son défaut par le *bailleur*. — Ne sont pas sujettes à la déclaration, les locations verbales ne dépassant pas *trois ans*, et dont le prix annuel n'excède pas *cent francs*. Toutefois, si le *même bailleur* a consenti *plusieurs locations verbales* de cette catégorie, mais dont le prix *cumulé* excède *cent francs annuellement*, il sera tenu d'en faire la déclaration et d'acquitter personnellement et sans recours les droits d'enregistrement. — Si le prix de la location verbale est supérieur à *cent francs* sans excéder *trois cents francs* annuellement, le bailleur sera également tenu d'en faire la déclaration et d'acquitter les droits exigibles, *sauf son recours contre le preneur*, qui sera dispensé, dans ce cas, de la formalité de la déclaration. — Le droit sera exigible lors de l'enregistrement ou de la déclaration. — Toutefois, si le bail est de plus de *trois ans* et si les parties le requièrent, le montant du droit pourra être fractionné en autant de paiements égaux qu'il y a de périodes triennales dans la durée du bail. Art. 11, loi du 23 août 1871. — A défaut de déclaration dans le délai fixé par l'article précédent, le *bailleur* et le *preneur* sont tenus personnellement sans recours, nonobstant toute stipulation contraire, d'un droit en sus, lequel ne peut être inférieur à *cinquante francs*. Art. 14, même loi.

Cautionnement

Le cautionnement est un contrat par lequel une personne se soumet envers le créancier d'une obligation, à satisfaire à cette obligation, si le débiteur n'y satisfait pas lui-même. C. 2011.

CERTIFICATEUR DE CAUTION. — On peut se rendre caution sans ordre de celui pour lequel on s'oblige, et même à son insu. — On peut aussi se rendre caution non seulement du débiteur principal, mais encore de celui qui l'a cautionné. C. 2014.

DÉCHARGE. — La caution, même avant d'avoir payé, peut agir contre le débiteur, pour être par lui indemnisée : 1° Lorsqu'elle est poursuivie en justice pour le paiement ; — 2° Lorsque le débiteur a fait faillite, ou est en déconfiture ; 3° Lorsque le débiteur s'est obligé de lui rapporter sa décharge dans un certain temps ; — 4° Lorsque la dette est devenue exigible par l'échéance du terme sous lequel elle avait été contractée ; — 5° Au bout de dix années, lorsque l'obligation principale n'a point de terme fixe d'échéance, à moins que l'obligation principale, telle qu'une tutelle, ne soit pas de nature à pouvoir être éteinte avant un temps déterminé. C. 2032. — La caution est déchargée lorsque la subrogation aux droits, hypothèques et privilèges du créancier, ne peut plus, par le fait de ce créancier, s'opérer en faveur de la caution. C. 2037.

DISCUSSION. — La caution n'est obligée, envers le créancier, à le payer qu'à défaut du débiteur, qui doit être préalablement discuté dans ses biens, à moins que la caution n'ait renoncé au bénéfice de discussion, ou à moins qu'elle ne se soit obligée solidairement avec le débiteur. C. 2021.

JUDICIAIRE (CAUTION). — Toutes les fois qu'une personne est obligée, par une condamnation, à fournir une caution, la caution offerte doit remplir les conditions prescrites par les art. 2018 et 2019. C. 2040.

Plusieurs cautions. — Lorsque plusieurs personnes se sont rendues cautions d'un même débiteur pour une même dette, elles sont obligées chacune à toute la dette. C. 2025. — *V. plus loin : Recours.*

Prorogation. — La simple prorogation de terme, accordée par le créancier au débiteur principal, ne décharge point la caution, qui peut, en ce cas, poursuivre le débiteur pour le forcer au paiement. C. 2039.

Recours. — La caution qui a payé, a son recours contre le débiteur principal, tant pour le principal que pour les intérêts et les frais; néanmoins la caution n'a de recours que pour les frais par elle faits depuis qu'elle a dénoncé au débiteur les poursuites dirigées contre elle, C. 2028. — Lorsque plusieurs personnes ont cautionné un même débiteur pour une même dette, la caution qui a acquitté la dette a recours contre les autres cautions, chacune pour sa part et portion; — mais ce recours n'a lieu que lorsque la caution a payé dans l'un des cas énoncés en l'article 2032. *V. ci-dessus: Décharge.* C. 2033.

Subrogation. — La caution qui a payé la dette, est subrogée à tous les droits qu'avait le créancier contre le débiteur. C. 2029.

Usufruitier. — L'usufruitier donne caution de jouir en bon père de famille, s'il n'en est dispensé par l'acte constitutif de l'usufruit ; cependant les père et mère ayant l'usufruit légal des biens de leurs enfants, le vendeur ou le donateur, sous réserve d'usufruit, ne sont pas tenus de donner caution. C. 601. — Le mari usufruitier qui vient à tomber en faillite, est tenu de donner caution à ses enfants nu-propriétaires. Jugement du Tribunal de commerce de la Seine, du 23 janvier 1879.

Certificats de propriété.

V. Transfert de rente sur l'Etat.

Cession de Biens.

La cession de biens est l'abandon qu'un débiteur fait de tous ses biens à ses créanciers, pour éviter des poursuites, lorsqu'il se trouve hors d'état de payer ses dettes. C. 1265.

Aucun débiteur commerçant ne sera recevable à demander son admission au bénéfice de cession de biens. Com. 541. — Les débiteurs qui seront dans le cas de réclamer la cession judiciaire accordée par l'art. 1268 du Code civil, seront tenus, à cet effet, de déposer au greffe du Tribunal où la demande sera portée, leur bilan, leurs livres s'ils en ont, et leurs titres actifs. Pr. 898.

Les créanciers ne peuvent refuser la cession judiciaire, si ce n'est dans les cas exceptés par la loi. Pr. 905. Elle ne libère le débiteur que jusqu'à concurrence de la valeur des biens abandonnés ; et, dans le cas où ils auraient été insuffisants, s'il lui en survient d'autres, il est obligé de les abandonner jusqu'au parfait paiement. C. 1270.

La cession *judiciaire* est un bénéfice que la loi accorde au débiteur malheureux et de bonne foi, auquel il est permis, pour avoir la liberté de sa personne, de faire en justice l'abandon de tous ses biens à ses créanciers, nonobstant toute stipulation contraire. C. 1268. — Elle ne confère point la propriété aux créanciers, elle leur donne seulement le droit de faire vendre les biens à leur profit, et d'en percevoir les revenus jusqu'à la vente. C. 1269.

La cession de biens *volontaire* est celle que les créanciers acceptent volontairement, et qui n'a d'effet que celui résultant des stipulations mêmes du contrat passé entre eux et le débiteur. C. 1267.

Compte de bénéfice d'inventaire.

Le compte de bénéfice d'inventaire est celui que rend l'héritier bénéficiaire aux créanciers de la succession et aux légataires du défunt.

Les créanciers non opposants qui ne se présentent qu'après l'apurement du compte et le paiement du reliquat, n'ont de recours à exercer que contre les légataires. Dans l'un et l'autre cas, le recours se prescrit par le laps de *trois ans*, à compter du jour de l'apurement du compte et du paiement du reliquat. C. 809. — L'héritier bénéficiaire est chargé d'administrer les biens de la succession, et doit rendre compte de son administration aux créanciers et aux légataires. Il ne peut être contraint sur ses biens personnels qu'après avoir été mis en demeure de présenter son compte, et faute d'avoir satisfait à cette obligation. Après l'apurement du compte, il ne peut être contraint sur ses biens personnels que jusqu'à concurrence seulement des sommes dont il se trouve reliquataire. C. 803.

Seront observées, pour la reddition du compte du bénéfice d'inventaire, les formes prescrites au titre des redditions de compte, art. 527 et suivants du Code de procédure. Pr. 995. — Le compte contiendra les recettes et dépenses effectives ; il sera terminé par la récapitulation de la balance des recettes et dépenses ; sauf à faire un chapitre particulier des objets à recouvrer. Pr. 533.

Les comptables commis par justice seront poursuivis devant les juges qui les auront commis ; les tuteurs, devant les juges du lieu où la tutelle aura été déférée ; tous autres comptables devant les juges de leur domicile. Pr. 527.

Les frais de scellés, s'il en a été apposé, d'inventaire et de compte sont à la charge de la succession. C. 810. — Le rendant-compte n'emploie, pour dépenses communes, que les frais de voyages, s'il y a lieu, les vacations de l'avoué qui aura mis en ordre les pièces du compte, les grosses et copies, les frais de présentation et affirmation. Pr. 532.

S'il y a des créanciers opposants, l'héritier bénéficiaire ne peut payer que dans l'ordre et de la manière réglée par le juge. — S'il n'y a pas de créanciers opposants, il paie les créanciers et les légataires à mesure qu'ils se présentent. C. 808.

PRIVILÈGE.
PRIX DE MOBILIER. } V. *Distribution par contribution.*
PRIX D'IMMEUBLES.

Compte de curateur à une succession vacante

V. *Curateur.*

Le curateur d'une succession vacante est tenu, avant tout, d'en faire constater l'état par un inventaire ; il en exerce et poursuit les droits ; il répond aux demandes formées contre elles ; il administre, sous la charge de faire verser le numéraire qui se trouve dans la succession, ainsi que les deniers provenant du prix des meubles et immeubles vendus, dans la caisse du receveur de la Régie, pour la conservation des droits et à la charge de rendre compte à qui il appartiendra. C. 813.

Les formalités prescrites pour l'héritier bénéficiaire s'appliqueront également à l'administration et aux comptes à rendre par le curateur à la succession vacante. C. 814. Pr. 527, 532, 533. 1002. — V. *Compte de bénéfice d'inventaire.*

PRIVILÈGE. — V. *Distribution par contribution.*

Compte d'exécuteur testamentaire.

L'exécuteur testamentaire est celui qui a été nommé, C. 1025, pour exécuter les dispositions

d'un testateur, ou pour surveiller leur exécution.
C. 1031. — L'exécution testamentaire est un
véritable pouvoir donné par le défunt.

Les exécuteurs testamentaires, s'ils ont eu la
saisine (C. 1026), devront, à l'expiration de
l'année du décès du testateur, rendre compte de
leur gestion. C. 1031.

V. *Compte de bénéfice d'inventaire.*

Les frais faits par l'exécuteur testamentaire
pour l'apposition des scellés, l'inventaire, le
compte et les autres frais relatifs à ses fonctions,
seront à la charge de la succession. C. 1034.

Privilège. — V. *Distribution par contribution.*

Compte de tutelle.

On appelle compte de tutelle, l'acte par lequel
un tuteur rend compte de l'administration qu'il
a eue de la personne et des biens d'un mineur,
d'un interdit ou d'une personne privée de ses
droits civils.

Administration. — Le père est, durant le
mariage, administrateur des biens personnels de
ses enfants mineurs ; il est comptable, quant
à la propriété et aux revenus, des biens dont
il n'a pas la jouissance ; et quant à la propriété
seulement, de ceux des biens dont la loi lui
donne l'usufruit. C. 389. — Le compte définitif de
tutelle sera rendu aux dépens du mineur, lorsqu'il aura atteint sa majorité ou obtenu son
émancipation. — Le tuteur en avancera les
frais. — On y allouera au tuteur toutes dépenses

suffisamment justifiées et dont l'objet sera utile. C. 471.

Intérêts. — La somme à laquelle s'élèvera le reliquat dû par le tuteur, portera intérêt sans demande, à compter de la clôture du compte. — Les intérêts de ce qui sera dû au tuteur par le mineur, ne courront que du jour de la sommation de payer qui aura suivi la clôture du compte. C. 474.

Jouissance légale. — V. *Usufruit légal.*

Mineur émancipé. — Le compte de tutelle sera rendu au mineur émancipé, assisté d'un curateur qui lui sera nommé par le conseil de famille. C. 480.

Récépissé. — Tout traité qui pourra intervenir entre le tuteur et le mineur devenu majeur sera nul, s'il n'a été précédé de la reddition d'un compte détaillé et de la remise des pièces justificatives ; le tout constaté par un récépissé de l'ayant compte, *dix jours* au moins avant le traité. C. 472. — V. *Interdiction, privation des droits civils.*

Conseil judiciaire.

Le conseil judiciaire est donné aux personnes faibles d'esprit pour pouvoir consentir valablement certains actes qu'elles ne pourraient faire seules sans compromettre leur fortune.

Il peut être défendu aux prodigues de plaider, de transiger, d'emprunter, de recevoir un capital mobilier et d'en donner décharge, d'aliéner, ni de grever leurs biens d'hypothèques, sans l'assistance d'un conseil qui leur est nommé par le tribunal. C. 513. — La défense de procéder sans l'assistance d'un conseil peut être provoquée par ceux qui ont droit de demander l'interdiction ; leur demande doit être instruite et jugée de la même manière ; cette défense ne peut être levée qu'en observant les mêmes formalités. C. 514.

Constitution de rente.

C'est le contrat qui renferme l'obligation de servir une rente gratuitement ou à titre onéreux. — V. *Vente d'immeubles, successible.*

ARRÉRAGES. — Le seul défaut de paiement des arrérages de la rente n'autorise point celui en faveur de qui elle est constituée, à demander le remboursement du capital ou à rentrer dans le fonds par lui aliéné ; il n'a que le droit de saisir et de faire vendre les biens de son débiteur et de faire ordonner ou consentir sur le produit de la vente, l'emploi d'une somme suffisante pour le service des arrérages. C. 1978. — La rente viagère n'est acquise au propriétaire que dans la proportion du nombre de jours qu'il a vécu. — Néanmoins, s'il a été convenu qu'elle serait payée d'avance, le terme qui a dû être payé est acquis du jour où le paiement a dû en être fait. C. 1980.

CERTIFICAT DE VIE. — Le propriétaire d'une rente viagère n'en peut demander les arrérages qu'en justifiant de son existence ou de celle de la personne sur la tête de laquelle elle a été constituée. C. 1983.

INTÉRÊTS. — On peut stipuler un intérêt

moyennant un capital que le prêteur s'interdit d'exiger. — Dans ce cas, le prêt prend le nom de constitution de rente. C. 1907.

MALADIE. — Est nul le contrat par lequel la rente a été créée sur la tête d'une personne atteinte de la maladie dont elle est décédée dans les *vingt jours* du contrat. C. 1975.

RÉCOMPENSE. — V. *Liquidation, note pratique*, § 3.

SAISIE-ARRÊT. — La rente viagère ne peut être stipulée insaisissable que lorsqu'elle a été constituée à titre gratuit. C. 1981.

TÊTES. — La rente viagère peut être constituée, soit sur la tête de celui qui en fournit le prix, soit sur la tête d'un tiers qui n'a aucun droit d'en jouir. C. 1977. — Elle peut être constituée sur une ou plusieurs têtes. C. 1972.

TIERS. — La rente viagère peut être constituée au profit d'un tiers, quoique le prix en soit fourni par une autre personne. C. 1973.

TITRE ONÉREUX. — La rente viagère peut être constituée à titre onéreux moyennant une somme d'argent, ou pour une chose mobilière appréciable, ou pour un immeuble. C. 1968.

Contrat de Mariage.

Le contrat de mariage est un des contrats les plus *importants* du droit civil, — auquel, comme au centre, aboutissent tous les actes particuliers qui se passent ensuite entre les conjoints.

Les intérêts que gouverne le contrat de mariage, dit M. Troplong, sont les plus graves qui puissent tomber sous la puissance de la convention ; car il s'agit de *l'établissement de la famille, de la propriété, du ménage, du patrimoine des enfants*. L'ordre public et l'ordre privé s'associent dans le contrat où se traitent ces grands objets. Les époux qui s'unissent, les familles qui s'allient, la lignée qui va venir, les tiers qui contracteront, le présent et tout un avenir, voilà ce qu'embrasse, dans sa prévoyance, cette charte du foyer domestique ; elle touche à ce qu'il y a de plus essentiel et de plus vital dans l'Etat ; le crédit et la propriété ne sauraient faire un mouvement sans y aboutir.

La loi ne régit l'association conjugale, quant aux biens, qu'à défaut de conventions spéciales que les époux peuvent faire comme ils le jugent à propos, pourvu qu'elles ne soient pas contraires aux bonnes mœurs. C. 1387.

La plus grande liberté doit régner au contrat de mariage. — S'il est, dit encore M. Troplong, un acte de la vie civile qui exige la plus entière bonne foi, c'est assurément le contrat de mariage ; *l'intérêt* n'y est admis que comme moyen de rapprochement, et non comme moyen de fraude entre les parties : nous voulons même que l'intérêt y soit plus que loyal, qu'il y soit *délicat et scrupuleux*. Non seulement il ne doit pas conspirer pour tromper les autres, mais il doit encore veiller sur lui-même, modérer son ambition, et s'inspirer des autres mobiles légitimes qui portent au mariage.

A défaut de stipulations spéciales qui dérogent au régime de la communauté ou le modifient, les règles établies dans la première partie du

Chap. II, titre du contrat de mariage,¶ Code civil, formeront le droit commun de la France. C. 1393.

Toutes conventions matrimoniales seront **ré**digées, avant le mariage, par acte *devant notaire.* C. 1394. — Elles ne peuvent recevoir aucun changement après la célébration du mariage. C. 1395. — Les *changements* qui y seraient faits avant cette célébration, doivent être constatés par acte passé *en suite de la minute* du contrat de mariage, *en présence et du consentement* de toutes les personnes qui ont été parties dans ce contrat. — Le notaire ne pourra délivrer ni grosses ni expéditions du contrat de mariage, sans transcrire à la suite le changement ou la contre-lettre. C. 1396 et 1397.

La communauté *conventionnelle* reste soumise aux règles de la communauté légale pour tous les cas auxquels il n'y a pas été dérogé *implicitement* ou *explicitement* par le contrat. C. 1528.

Ameublissement. — Lorsque les époux ou l'un d'eux font entrer en communauté tout ou partie de leurs immeubles présents ou futurs, cette clause s'appelle ameublissement. C. 1505.

Apport franc et quitte. — La femme peut stipuler qu'en cas de renonciation à la communauté, elle reprendra tout ou partie de ce qu'elle y aura apporté, soit lors du mariage, soit depuis; mais cette stipulation ne peut s'étendre au delà des choses formellement exprimées, ni au profit de personnes autres que celles désignées. — Ainsi la faculté de reprendre le mobilier que la femme a apporté lors du mariage, ne s'étend point à celui qui lui serait échu pendant le mariage. — Ainsi la faculté accordée à la femme ne s'étend point aux enfants ; celle accordée à la femme et aux enfants ne s'étend point aux héritiers ascendants ou collatéraux. C. 1514.

AUTORISATION. — Toute autorisation générale, même stipulée par contrat de mariage, n'est valable que quant à l'administration des biens de la femme. C. 223.

BIENS PARAPHERNAUX. — Tous les biens de la femme qui n'ont pas été constitués en dot sont paraphernaux. C. 1574.

COMMUNAUTÉ D'ACQUÊTS. — Lorsque les époux stipulent qu'il n'y aura entre eux qu'une communauté d'acquêts, ils sont censés exclure de la communauté et les dettes de chacun d'eux actuelles et futures, et leur mobilier présent et futur. — En ce cas, et après que chacun des époux a prélevé ses apports dûment justifiés, le partage se borne aux acquêts faits par les époux ensemble ou séparément durant le mariage et provenant tant de l'industrie commune que des économies faites sur les fruits et revenus des biens des époux. C. 1498. — Si le mobilier existant lors du mariage, ou échu depuis, n'a pas été constaté par inventaire ou état en bonne forme, il est réputé acquêts. C. 1499.

CONSEIL JUDICIAIRE. — Le pourvu d'un conseil judiciaire peut passer un contrat de mariage sans l'assistance de son conseil. Mais, dans ce cas, la célébration du mariage n'a d'effet, quant aux biens, que jusqu'à concurrence des actes que le prodigue peut faire sans l'assistance du conseil. C. 513.

CONSTITUTION DE DOT. — Si le père et la mère ont doté conjointement l'enfant commun, sans exprimer la portion pour laquelle ils entendaient y contribuer, ils sont censés avoir doté chacun pour moitié, soit que la dot ait été fournie ou promise en effets de la communauté, soit qu'elle l'ait été en biens personnels à l'un des deux époux. C 1438. 1544. — La dot constituée par le mari seul à l'enfant commun, en effets de la communauté, est à la charge de la communauté. C. 1439. — La garantie de la dot est due par toute personne qui l'a constituée, et ses intérêts courent du jour du mariage, encore qu'il y ait terme pour le paiement, s'il n'y a stipulation contraire. C. 1440. 1547. 1548.

DONATIONS. — Les père et mère, les autres ascendants, les parents collatéraux des époux, et même les étrangers, pourront, par contrat de mariage, disposer de tout ou partie des biens qu'ils laisseront au jour de leur décès, tant au profit desdits époux, qu'au profit des enfants à naître de leur mariage, dans le cas où le donateur survivrait à l'époux donataire. — Pareille donation, quoique faite au profit seulement des époux ou de l'un d'eux, sera toujours, dans ledit cas de survie du donateur, présumée faite au profit des enfants et descendants à naître du mariage. C. 1082. — La donation, dans la forme portée au précédent article, sera irrévocable, en ce sens seulement que le donateur ne pourra plus disposer *à titre gratuit* des objets compris dans la donation, si ce n'est pour sommes modiques à titre de récompense ou autrement. C. 1083. — Elle pourra être faite cumulativement des biens présents et à venir, en tout ou en partie, à la charge qu'il sera annexé à l'acte un état des dettes et charges du donateur existantes au jour de la donation; auquel cas il sera libre au donataire, lors du décès du donateur, de s'en tenir aux biens présents, en renonçant au surplus des biens du donateur. C. 1084. — Elle pourra encore être faite, à condition de payer indistinctement toutes les dettes et charges de la succession du donateur, ou sous d'autres conditions dont l'exécution dépendrait de sa volonté ; le donataire pourra y renoncer. C. 1086. — Les donations faites à l'un des époux, dans les termes des articles 1082, 1084, 1086 ci-dessus, deviendront caduques, si le donateur survit à l'époux donataire et à sa postérité. C. 1089. — Celles faites par personnes qui n'avaient point d'enfants dans le temps de la donation, demeureront révoquées de plein droit par la survenance d'un enfant légitime du donateur. C. 960. —V. *Régime dotal.*

Donation entre époux. — Toute donation entre vifs de biens présents faite entre époux par contrat de mariage, ne sera point censée faite sous la condition de survie du donataire, si cette condition n'est formellement exprimée. C. 1092. — La donation de biens à venir, ou de biens présents et à venir, faite entre époux par contrat de mariage, soit simple, soit réciproque, ne sera point transmissible aux enfants issus du mariage en cas de décès de l'époux donataire avant l'époux donateur. C. 1093.

Enfant d'interdit. — Lorsqu'il sera question du mariage de l'enfant d'un interdit, la dot, ou l'avancement d'hoirie, et les autres conventions matrimoniales, seront réglées par un avis du conseil de famille, homologué par le Tribunal. C. 511.

Exclusion du mobilier de la communauté. — Les époux peuvent exclure de leur communauté tout leur mobilier présent et futur. — Lorsqu'ils stipulent qu'ils en mettront réciproquement dans la communauté jusqu'à concurrence d'une somme ou d'une valeur déterminée, ils sont, par cela seul, censés se réserver le surplus. C. 1500. — L'apport est suffisamment justifié, quant au mari, par la déclaration portée au contrat de mariage que son mobilier est de telle valeur. Il est suffisamment justifié à l'égard de la femme, par la quittance que le mari lui donne, ou à ceux qui l'ont dotée. C. 1502. — Chaque époux a le droit de reprendre et prélever, lors de la dissolution de la communauté, la valeur de ce dont le mobilier qu'il a apporté lors du mariage, ou qu'il lui est échu depuis, excédait sa mise en communauté. C. 1503. Le mobilier qui échoit à chacun des époux pendant le mariage, doit être constaté par un inventaire. — A défaut d'inventaire du mobilier échu au mari, ou d'un titre propre à justifier de sa consistance et valeur, déduction faite des dettes, le mari ne peut en exercer la reprise. — Si le défaut d'inventaire porte sur un mobilier échu à la femme, celle-ci ou ses héritiers sont admis à faire preuve, soit par *titres,* soit par *témoins,* soit même par *commune renommée,* de la valeur de ce mobilier. C. 1504.

Institution d'héritier. — V. *ci-dessus* : *Donation.*

Interdit. — Celui qui est interdit, est incapable de contracter mariage. C. 174, et des conventions matrimoniales. C. 1424.

Mineur. — Le mineur habile à contracter mariage est habile à consentir toutes les conventions dont ce contrat est susceptible ; et les conventions et donations qu'il y a faites sont valables, pourvu qu'il ait été assisté, dans le contrat, des personnes dont le consentement est nécessaire pour la validité du mariage. C. 1398, 1095. — S'il n'y a ni père ni mère, ni ascendants, les conventions à insérer dans le contrat de mariage doivent être consenties spécialement par le conseil de famille. C. 160. (Cass. 19 mars 1838.) — La délibération prise sur toutes ces conventions est annexée au contrat. — V. *Donation entre époux.*

Parts inégales dans la communauté. — Les époux peuvent déroger au partage égal établi par la loi, soit en ne donnant à l'époux survivant ou à ses héritiers, dans la communauté, qu'une part moindre que la moitié, soit en ne lui donnant qu'une somme fixe pour tout droit de communauté, soit en stipulant que la communauté entière, en certains cas, appartiendra à l'époux survivant, ou à l'un d'eux seulement. C. 1520.

Portion disponible entre époux. — Les époux peuvent faire toutes conventions ainsi qu'il est dit à l'art. 1387 du Code civil, et sauf les modifications portées par les art. 1388, 1389 et 1390. — Néanmoins, dans le cas où il y aurait des enfants d'un précédent mariage, toute convention qui tendrait dans ses effets à donner à l'un des époux au delà de la portion réglée par l'art. 1098 (V. *Donation entre époux*), sera sans effet pour tout l'excédant de cette portion ; mais les simples bénéfices résultant des travaux communs et des économies faites sur les revenus respectifs, ne sont pas considérés comme un avantage fait au préjudice des enfants du premier lit. C. 1527.

Préciput. — La clause par laquelle l'époux survivant est autorisé à prélever, avant tout partage, une certaine somme ou une certaine quantité d'effets mobiliers en nature, *ne donne droit* à ce prélévement, *au profit de la femme survivante*, que lorsqu'elle accepte la communauté, à moins que le contrat de mariage ne lui ait réservé ce droit, même en renonçant. — Hors le cas de cette réserve, le préciput ne s'exerce que sur la masse partageable, et non sur les biens personnels de l'époux prédécédé. C. 1515. — Le préciput n'est point regardé comme un avantage sujet aux formalités des donations, mais comme une convention de mariage. C. 1516.

Publications. — Tout contrat de mariage entre époux dont l'un sera commerçant, sera transmis, par extrait, dans le *mois de sa date*, aux greffes et chambres désignés par l'art. 872 du Code de procédure civile, pour être déposé au tableau conformément au même article. — Cet extrait annoncera si les époux sont mariés en communauté, s'ils sont séparés de biens, ou s'ils ont contracté sous le régime dotal. Com. 67.

Régime dotal. — *V. ce titre.*

Sans communauté (Contrat). — La clause portant que les époux se marient sans communauté, ne donne point à la femme le droit d'administrer ses biens, ni d'en percevoir les fruits ; ces fruits sont censés apportés au mari pour soutenir les charges du mariage. C. 1530. — Le mari conserve l'administration de ces biens. C. 1531, — et il est tenu de toutes les charges de l'usufruit. C. 1533.

Séparation de biens. — Lorsque les époux ont stipulé par leur contrat de mariage qu'ils seraient séparés de biens, la femme conserve l'entière administration de ses biens, meubles et immeubles, et la jouissance libre de ses revenus. C. 1536. — Chacun des époux contribue aux charges du mariage, suivant les conventions contenues en leur contrat; et, s'il n'en existe point à cet égard, la femme contribue à ces charges, jusqu'à concurrence du tiers de ses revenus. C. 1537.

SÉPARATION DES DETTES. — La clause par laquelle les époux stipulent qu'ils paieront séparément leurs dettes personnelles, les oblige à se faire, lors de la dissolution de la communauté, respectivement raison des dettes qui sont justifiées avoir été acquittées par la communauté à la décharge de celui des époux qui en était débiteur. C. 1510.

SOCIÉTÉ D'ACQUÊTS. — En se soumettant au régime dotal, les époux peuvent néanmoins stipuler une société d'acquêts, et les effets de cette société sont réglés comme il est dit aux articles 1098-1099 du code civil. C. 1581.

NOTE PRATIQUE

1° RÉGIME DE LA COMMUNAUTÉ. — La communauté d'acquêts, C. 1498, est formée de la réunion des deux clauses *d'exclusion générale du mobilier*, C. 1500, et de la *séparation des dettes* antérieures et postérieures au mariage. C. 1510. — La seule différence qui existe entre ces deux communautés, c'est que sous le régime de la communauté d'acquêts, le mobilier des époux qui n'est pas constaté par inventaire ou état est réputé acquêts, C. 1499; tandis qu'avec les clauses d'exclusion du mobilier et des dettes, les preuves sont admises à défaut d'inventaire. C. 1504. (Bordeaux, 21 janvier et 9 avril 1853. Cass. 29 novembre 1853.)

2° Régime dotal. — V. *ce mot.*

3° Apport. — L'apport mobilier principalement doit être très exactement constaté, ainsi que les dettes personnelles de chaque époux. — Si l'apport comprend des droits dans une communauté, dans une succession, ou des valeurs qui doivent faire partie d'un compte de tutelle, il est nécessaire d'indiquer l'inventaire et tous autres actes où ces droits et valeurs sont constatés.

4° Dot. — Les père et mère qui ont doté conjointement l'enfant commun, sont censés avoir doté *chacun pour moitié.* C. 1438. — Ils peuvent : — Exprimer que la totalité de la dot sera à la charge du premier mourant seul et imputée en entier sur sa succession ; — constituer la dot par préciput ou hors part, avec dispense de rapport, C. 919. — (V. *Donation. — Note pratique, N° 5)* ; — stipuler le droit de retour des objets donnés, C. 951 ; — renoncer à avantager, directement ou indirectement, aucun de leurs autres enfants plus que le donataire, et prendre l'engagement, dans le cas où, par un motif quelconque, ils constitueraient à un ou plusieurs de leurs autres enfants une dot supérieure à celle du donataire, de faire à ce dernier un avantage égal ; — et se réserver l'usufruit de la dot. A cet égard, il a été jugé par la Cour de Cassation, le 26 mars 1855, que les époux qui donnent (ou vendent) des immeubles en s'en réservant dans le contrat de mariage (dans l'acte de donation ou de vente) l'usufruit au *survivant d'eux,* se font un avantage réciproque, nul comme fait par un seul et même acte. C. 1096 et 1097. — Depuis cet arrêt, voici la formule conseillée pour l'efficacité de cette réserve d'usufruit : — « Chacun « des père et mère donateurs réserve l'usufruit, « pendant sa vie, de la portion pouvant lui appartenir dans tous les biens donnés, et, de plus, « le survivant des donateurs impose au futur « époux·donataire, qui l'accepte, l'obligation de « le laisser jouir en usufruit pendant sa vie, à « charge de droit, à compter du décès du premier « mourant, de la part pouvant appartenir à ce « dernier dans les biens donnés. » — V. *Liquidation, Note pratique,* § 3, pour les rentes viagères au profit des époux donateurs.

5° *Seraient nulles :* — L'*obligation* qu'imposeraient ceux qui constituent une dot à leurs enfants, de laisser le survivant des constituants jouir de l'usufruit des biens du prédécédé. — La *condition* qui interdirait le droit de demander soit le partage des biens indivis, soit la reddition d'un compte de tutelle. — La *renonciation* à ce même droit. — C. 791, 815, 472, 475, 900. Cass. 16 janvier 1838, 15 juillet 1807 et 14 décembre 1818; Demolombe, Massé, Touillier, Dalloz.

6° Mais, *seraient valables :* — La *clause* qui imposerait à l'enfant doté, la condition *alternative* de laisser jouir le survivant des donateurs de tous les biens du conjoint prédécédé, sans pouvoir lui demander aucun compte ni partage, ou d'*imputer*, en cas de partage, la totalité de la dot sur la succession du premier mourant. C. 1438, 1439. Paris, 19 janvier 1819 et 30 août 1847. — La *renonciation* faite par la femme, du vivant de son mari, aux *gains de survie* stipulée dans son contrat de mariage spécialement dans le contrat de mariage de son fils. Cass. 18 avril 1812, 16 juillet 1849, et Bordeaux, 9 avril 1830. Ainsi jugé que l'époux gratifié par son conjoint de toute la quotité disponible, même par contrat de mariage, n'est pas recevable à exiger cette quotité, s'il a consenti à la donation postérieure faite par son époux à l'un des enfants du mariage ; dans ce cas, cette dernière donation doit être exécutée par préférence. Bordeaux, 9 avril 1843. *Contrà*, Toulouse, 13 avril 1842.

7° PARTS INÉGALES DANS LA COMMUNAUTÉ. — Cette clause permise par l'art. 1520, n'est point réputée un *avantage,* sujet aux règles relatives aux donations, ni fait au préjudice des enfants du premier lit. C. 1525 à 1527. — C'est une convention de mariage qui ne fait pas partie de la quotité disponible et *ne donne ouverture à aucun droit de mutation par décès.* Cass. 15 février 1841, 23 avril 1849, 24 décembre 1850 et 28 mars 1854.

8° PRÉCIPUT. — C. 1515.

9° DONATIONS, INSTITUTIONS CONTRACTUELLES. — C. 1082, 1084 et 1086.

10° PUBLICATIONS. — Com. 67.

} *V. ci-dessus.*

11° DONATIONS ENTRE ÉPOUX. — *V. ce titre, note pratique.*

12° ÉTABLISSEMENT. — Clause donnant le droit à l'époux survivant, de conserver sous des conditions à déterminer, l'établissement agricole, industriel ou commercial exploité par les époux au moment du décès du premier mourant. C. 1520, 1525, 1527. Cass. 7 avril 1856.

Curateur.

Le curateur est nommé, par la justice ou par un conseil de famille, pour administrer les biens des personnes qui ne peuvent elles-mêmes se livrer à cette administration.

Le curateur est nécessaire : — 1° Au mineur émancipé. C. 480. — 2° Pour l'administration des biens des successsions vacantes. C. 811. Pr. 998. — 3° Lorsque le tiers détenteur d'un immeuble ne paie pas les créanciers inscrits hypothécairement, mais le délaisse ; sur ce curateur la vente de l'immeuble est poursuivie dans les formes prescrites pour les expropriations forcées. C. 2174. — 4° Dans le cas de bénéfice d'inventaire, lorsque l'héritier bénéficiaire a des actions à intenter contre la succession. Pr. 996. — 5° Pour l'administration des biens des absents. C. 113. — 6° Quand la femme est enceinte au décès du mari. A la naissance de l'enfant la mère en devient tutrice, et le curateur au ventre en est de plein droit le subrogé tuteur. C. 393. — 7° Dans le cas de condamnation à une peine afflictive. — V. *Privation des droits civils.* — 8° Dans le cas où un sourd-muet ne sait pas écrire. C. 936. — A l'égard de l'aliéné qui n'est pas interdit. — V. *Aliénés.*

Le mari tient lieu de curateur à sa femme.

Délégation.

V. Obligation.

Distribution par contribution.

C'est la répartition, au marc le franc, des sommes et prix de biens·appartenant à un débiteur entre ses créanciers.

FORME. — La distribution peut s'opérer à l'amiable, ou dans les formes judiciaires ; il suffit du refus d'un seul créancier à une distribution amiable, pour qu'il y ait lieu de procéder à une distribution judiciaire. Pr. 655 et suivants, Com. 552 à 556.

PRIVILÈGES SUR LA GÉNÉRALITÉ DES MEUBLES. — Les créances privilégiées sur la généralité des meubles sont celles ci-après exprimées, et s'excercent dans l'ordre suivant:

1° Les frais de justice ; — 2° Les frais funéraires: — 3° Les frais quelconques de la dernière maladie, concurremment entre ceux à qui ils sont dus ; — 4° Les salaires des gens de service, pour l'année échue, et ce qui est dû sur l'année courante; — 5° Les fournitures de subsistances faites au débiteur et à sa famille; savoir, pendant les six derniers mois, par les marchands en détail tels que boulangers, bouchers et autres, et pendant la dernière année, par les maîtres de pension et marchands en gros. C. 2101. — Les privilèges généraux sur les meubles priment les privilèges spéciaux, sur certains meubles dont le prix est en distribution. Bordeaux, 22 avril 1853, Cass. 25 avril 1854.

PRIVILÈGES SUR CERTAINS MEUBLES. — Les créances privilégiées sur certains meubles sont: — 1° Les loyers et fermages des immeubles, sur les fruits de la récolte de l'année, et sur le prix de tout ce qui garnit la maison louée ou la ferme et de tout ce qui sert à l'exploitation de la ferme ; savoir, pour tout ce qui est échu, et pour tout ce qui est à échoir, si les baux sont authentiques, ou si, étant sous signature privée, ils ont une date certaine ; et, dans ces deux cas, les autres créanciers ont le droit de relouer la maison ou la ferme pour le restant du bail, et de faire leur profit des baux ou fermages, à la charge toutefois de payer au propriétaire tout ce qui lui serait encore dû. — Et, à défaut de baux authentiques, ou lorsque étant sous signature privée, ils n'ont pas une date certaine, pour une année à partir de l'expiration de l'année courante. — Le même privilège a lieu pour les réparations locatives, et pour tout ce qui concerne l'exécution du bail. — Néanmoins les sommes dues pour les semences ou pour les frais de la récolte de l'année sont payées sur le prix de la récolte, et celles dues pour ustensiles, sur le prix de ces ustensiles, par préférence au propriétaire dans l'un et l'autre cas. — Le propriétaire peut saisir les meubles qui garnissent sa maison ou sa ferme, lorsqu'ils ont été déplacés sans son consentement, et il conserve sur eux son privilège, pourvu qu'il ait fait la revendication : savoir, lorsqu'il s'agit du mobilier qui garnissait une ferme, dans le délai de quarante jours ; et dans celui de quinzaine, s'il s'agit de meubles garnissant une maison. — 2° La créance sur le gage dont le créancier est saisi. — 3° Les frais pour la conservation de la chose. — 4° Le prix d'effets mobiliers non payés, s'ils sont encore en lapossession du débiteur, soit qu'il ait acheté à terme ou sans terme. — Si la vente a été faite sans terme, le• vendeur peut même revendiquer ces effets, tant qu'ils sont en la possession de l'acheteur, et en empêcher la revente, pourvu que la revendication soit faite dans la huitaine de la livraison, et que les effets se trouvent dans le même état dans lequel cette livraison a été faite. — Le privilège du vendeur ne s'exerce toutefois qu'après celui du propriétaire de la maison ou de la ferme, à moins qu'il ne soit prouvé que le propriétaire avait connaissance que les meubles et autres objets garnissant sa maison ou sa ferme n'appartenaient pas au locataire. — Il n'est rien innové aux lois et usages du commerce sur la revendication. — 5° Les fournitures d'un aubergiste, sur les effets d'un voyageur qui ont été transportés dans son auberge. — 6° Les frais de voiture et les dépenses accessoires, sur la chose voiturée. — 7° Les créances résultant d'abus et prévarications commis par les fonctionnaires publics dans l'exercice de leurs fonctions, sur les fonds de leur cautionnement, et sur les intérêts qui en peuvent être dus. C. 2102.

PRIVILÈGE (DEMANDE DE). — Le propriétaire pourra appeler la partie saisie et l'avoué plus ancien en référé devant le juge commissaire, pour faire statuer préliminairement sur son privilège pour raison des loyers à lui dus. Pr. 661.

PRIVILÈGE (FRAIS). — Les frais de poursuite seront prélevés, par privilège, avant toute créance autre que celle pour loyers dus au propriétaire. Pr. 662.

PRIVILÈGE (FAILLITE). — Le salaire acquis aux ouvriers employés directement par le failli, pendant le mois qui aura précédé la déclaration de faillite, sera admise au nombre des créances privilégiées, au même rang que le privilège établi par l'art. 2101 du Code civil pour le salaire des gens de service. — Les salaires dus aux commis pour les six mois qui auront précédé la déclaration de faillite, seront admis au même rang. Com. 549. — Le privilège et le droit de revendication établis par le n° 4 de l'art. 2102 du Code civil au profit du vendeur d'effets mobiliers, ne seront point admis en cas de faillite. Com. 550. — Les frais d'inventaire et d'administration de la faillite ne peuvent être considérés comme des *frais de justice* préférables à la créance privilégiée du bailleur pour loyers. Rouen, 31 janvier 1852.

PRIX DU MOBILIER. — Le prix de la vente du mobilier sera distribué par contribution entre les créanciers opposants, suivant les formes indiquées au titre de la distribution par contribution. Pr. 990.

PRIX DES IMMEUBLES. — Le prix de la vente des immeubles sera distribué suivant l'ordre des privilèges et hypothèques. Pr. 991.

Distinction des biens.

Tous les biens sont meubles ou immeubles. — Les meubles sont les objets qui peuvent se transporter d'un lieu à un autre sans détérioration. — Les immeubles, ceux qui ne sont susceptibles ni de se mouvoir ni d'être déplacés.

Les immeubles sont urbains ou ruraux. — Les biens *urbains* sont les bâtiments destinés à l'habitation et à l'usage de l'homme, qu'ils soient situés à la ville ou à la campagne. — Les biens *ruraux* sont les champs ou terrains productifs, qui ne sont point destinés à la demeure des hommes, quand bien même ils seraient situés dans une ville.

BIENS MEUBLES. — L'expression *biens meubles,* celle de *mobilier* ou d'*effets mobiliers,* comprennent généralement tout ce qui est censé meubles d'après les règles ci-après établies. — La vente ou le don d'une maison meublée ne comprend que les meubles meublants. C. 535.

IMMEUBLES. — Les fonds de terres et les bâtiments sont immeubles par nature. C. 518. — Les récoltes pendantes par les racines et les fruits des arbres non encore recueillis, sont pareillement immeubles. — Dès que les grains sont coupés, et les fruits détachés, quoique non enlevés, ils sont meubles. — Si une partie seulement de la récolte est coupée, cette partie seule est meuble. C. 520. — Les objets que le propriétaire d'un fonds y a placés pour le service et l'exploitation de ce fonds, sont immeubles par destination. — Ainsi, sont immeubles par destination quand ils ont été placés par le propriétaire pour le service de l'exploitation du fonds : — Les animaux attachés à la culture ; — Les ustensiles aratoires, les semences données au fermier, les pigeons des colombiers ; les lapins de garenne ; les ruches à miel ; les poissons des étangs ; les pressoirs, chaudières, alambics, cuves et tonnes ; les ustensiles nécessaires à l'exploitation des forges, papéteries et autres usines, les pailles et engrais, et tous les objets mobiliers que le propriétaire a attachés au fonds à perpétuelle demeure. C. 524. — Le propriétaire est censé avoir attaché à son fonds des objets mobiliers à perpétuelle demeure, quand ils y sont scellés en plâtre ou à chaux ou à ciment, ou lorsqu'ils ne peuvent être détachés sans être fracturés ou détériorés ou sans briser ou détériorer la partie du fonds à laquelle ils sont attachés. — Les glaces d'un appartement sont censées mises à perpétuelle demeure, lorsque le parquet sur lequel elles sont attachées, fait corps avec la boiserie. — Il en est de même des tableaux et autres ornements. — Quant aux statues, elles sont immeubles lorsqu'elles sont placées dans une niche pratiquée exprès pour les recevoir, encore qu'elles puissent être enlevées sans fracture ou détérioration. C. 525.

Meubles. — Sont *meubles* par la détermination de la loi, les obligations et actions qui ont pour objet des sommes exigibles ou des effets mobiliers, les actions ou intérêts dans les compagnies de finance, de commerce ou d'industrie, encore que des immeubles dépendant de ces entreprises appartiennent aux compagnies. — Ces actions ou intérêts sont réputés meubles à l'égard de chaque associé seulement, tant que dure la société. — Sont aussi meubles par la détermination de la loi, les rentes perpétuelles ou viagères, soit sur l'Etat, soit sur des particuliers. C. 529.

Meuble. — Le mot *meuble*, employé seul dans les dispositions de la loi ou de l'homme, sans autre addition ni désignation, ne comprend pas l'argent comptant, les pierreries, les dettes actives, les livres, les médailles, les instruments des sciences, des arts et des métiers, le linge de corps, les chevaux, équipages, armes, grains, vins, foins et autres denrées ; il ne comprend pas aussi ce qui fait l'objet d'un commerce. C. 533.

MEUBLES MEUBLANTS. — Les mots *meubles meublants* ne comprennent que les meubles destinés à l'usage et à l'ornement des appartements, comme tapisseries, lits, sièges, pendules, tables, porcelaines, et autres objets de cette nature; les tableaux et les statues qui font partie des meubles d'un appartement y sont aussi compris, mais non les collections de tableaux qui peuvent être dans les galeries ou pièces particulières; il en est de même des porcelaines : celles seulement qui font partie de la décoration d'un appartement, sont comprises dans la dénomination de meubles meublants. C. 534.

REVENDICATION. — En fait de meubles, possession vaut titre. — Néanmoins celui qui a *perdu* ou auquel il a été *volé* une chose, peut la revendiquer pendant *trois ans*, à compter du jour de la perte ou du vol, contre celui dans les mains duquel il la trouve, sauf à celui-ci son recours contre celui duquel il la tient. C. 2279.

Donation entre époux

PENDANT LE MARIAGE

C'est celle que les époux peuvent se faire réciproquement, ou l'un d'eux à l'autre. — Elle peut avoir pour objet : 1° Les *biens présents*. — Les immeubles donnés sont désignés dans l'acte de donation, et un état estimatif des meubles y est annexé. — Cette donation saisit immédiatement le donataire, de telle sorte que les créanciers postérieurs du donateur n'ont aucun droit de poursuite sur la chose donnée, tant que la donation n'a point été révoquée par son auteur. Cass. 10 avril 1838. 31 août 1853. — Elle n'a pas besoin d'être transcrite, la révocabilité de la disposition rendrait cette formalité sans objet. Toutefois, Marcadé fait observer que quant aux biens présents, si l'hypothèque conventionnelle du donateur a l'effet d'une révocation, la transcription peut néanmoins être utile au donataire quant aux hypothèques judiciaires que les créanciers du donateur pourraient prendre sur ses immeubles. 2° Les *biens présents et à venir ;* — 3° Et les *biens à venir.* — Il n'est pas nécessaire qu'une donation de biens à venir, ou de biens présents et à venir, soit accompagnée d'un état estimatif du mobilier, alors que la donation n'a d'effet que sur ce que le donateur laisse à son décès. Paris, 29 août 1834.

ACCEPTATION. — La donation entre époux doit être acceptée en termes exprès, c'est la conséquence des articles 893, 931 et 932 du Code civil.

ALIÉNÉS. — V. *ce mot.*

BIENS MOBILIERS. — Arrêt de cassation du 23 février 1853. — La donation entre époux des *biens mobiliers* du prédécédé emporte, au profit du survivant, une donation des *reprises* du prémourant, en ce qu'elles sont prélevées sur le mobilier existant en nature ; si, pour remplir ces reprises, on a recours aux immeubles, l'action devient immobilière, et le donataire ne peut prétendre avoir droit à ces reprises ainsi non payées par le mobilier de la communauté ou de la succession. — Autre arrêt de cassation du 30 mai 1834. — Les reprises sont *mobilières* ou *immobilières* selon la nature des biens sur lesquels elles s'exercent ; ainsi, s'il n'y a que des valeurs mobilières dans la communauté, les reprises sont mobilières, s'il n'y a que des immeubles, les reprises sont immobilières. C. 529, 1470, 1471, 1472.

CADUCITÉ. — La donation de biens présents ayant saisi immédiatement le donataire, n'est pas caduque par le prédécès de ce dernier qui est mort propriétaire des biens donnés. Cass. Chambres réunies, 27 janvier 1848.

CONSEIL JUDICIAIRE. — L'époux pourvu d'un conseil judiciaire peut donner à son conjoint et recevoir de lui.

DÉLIVRANCE. — L'époux donataire n'est point, comme le légataire, tenu de demander la délivrance aux héritiers du donateur, l'effet de la donation remontant au jour où elle est faite, ou plutôt au jour de l'acceptation. Cass. 5 avril 1838.

ENREGISTREMENT. — La donation entre époux sera enregistrée dans les trois mois du décès du donateur, à la diligence des héritiers ou du donataire. Art. 21, loi du 22 frimaire an VII.

FEMME DOTALE. — V. *Régime dotal.*

FORME. — La donation de biens à venir, ou de biens présents et à venir, peut être faite dans la forme du testament ou de la donation entre vifs. Arrêt de Cass., 5 décembre 1816, ainsi conçu : « Attendu que les donations qui ont lieu entre « époux pendant le mariage forment une classe « intermédiaire qui participe tout à la fois de la « nature des donations entre vifs et de celle des « donations testamentaires ; qu'ainsi, et alors « même qu'elles sont revêtues de la forme des « donations entre vifs, elles peuvent être consi-

« dérées comme renfermant des donations testa-
« mentaires, et qu'elles valent comme telles. »

Les donations mutuelles et réciproques ne pourront être faites, pendant le mariage, par un seul et même acte. C. 1097.

Interdit. — L'interdit ne peut donner entre vifs. Pour faire une donation il faut être sain d'esprit. C. 901.

Mineur. — Le mineur ne pourra, *par contrat de mariage*, donner à l'autre époux, soit par donation simple, soit par donation réciproque, qu'avec le consentement et l'assistance de ceux dont le consentement est requis pour la validité de son mariage ; et, avec ce consentement, il pourra donner tout ce que la loi permet à l'époux majeur de donner à l'autre conjoint. C. 1095. — Hors cette exception, le mineur ne peut, pendant le mariage, faire de donation à son conjoint, il ne peut disposer que par testament. C. 904.

Part d'enfant. — L'homme ou la femme qui, ayant des enfants d'un autre lit, contractera un second ou subséquent mariage, ne pourra donner à son nouvel époux qu'une part d'enfant légitime le moins prenant, et sans que, dans aucun cas, ces donations puissent excéder le quart des biens. C. 1098.

Nullité. — Les époux ne pourront se donner indirectement au delà de ce qui leur est permis par les dispositions de la loi. — Toute donation, ou déguisée, ou faite à personnes interposées, sera nulle. C. 1099.

Quotité disponible. — L'époux pourra, soit par contrat de mariage, soit pendant le mariage, pour le cas où il ne laisserait point d'enfants ni descendants, disposer en faveur de l'autre époux, en propriété, de tout ce dont il pourrait disposer en faveur d'un étranger, et, en outre, de l'usufruit de la totalité de la portion dont la loi lui prohibe la disposition au préjudice des héritiers. — Et pour le cas où l'époux donateur laisserait des enfants ou descendants, il pourra donner à l'autre époux un quart en propriété et un quart en usufruit, ou la moitié de tous ses biens en usufruit seulement. C. 1094. — V. *cidessus : Part d'enfant.*

RÉVOCATION. — Toutes donations faites entre époux pendant le mariage, quoique qualifiées entre vifs, seront toujours révocables. — La révocation pourra être faite par la femme, sans y être autorisée par le mari ni par la justice. — Ces donations ne seront point révoquées par la survenance d'enfants. C. 1096. — Les donations faites par contrat de mariage ne sont pas révocables.

USUFRUIT. — V. *ce titre.*

NOTE PRATIQUE

Les donations entre époux pourront comprendre, sauf les cas de réduction :

I. — Soit en pleine propriété, soit en nue propriété, soit en usufruit : 1° L'universalité des biens meubles et immeubles ; 2° tout le mobilier ; 3° tous les immeubles ; 4° un immeuble désigné, ou une somme d'argent déterminée.

II. — Une rente viagère.

Il est sage de formellement exprimer si les actions en reprises *mobilières* sont comprises dans la donation de la généralité des biens meubles, et d'ajouter que les actions en reprises *immobilières* n'en font pas partie. — V. *ci-dessus: Biens mobiliers.*

Les rentes viagères, les sommes et objets disponibles, peuvent être déclarées incessibles et insaisissables. Pr. 581.

L'usufruitier peut être dispensé de faire dresser un inventaire des meubles et un état des immeubles. C. 600; — de donner caution et de faire emploi. C. 601 et 602.

Est valable la condition portant que l'usufruit cesserait, dans le cas où le donataire convolerait à de secondes noces. Montpellier, 14 janvier 1858.

Il est permis au donateur d'affranchir les biens de sa succession du privilège accordé par l'article 2111 du Code civil. — V. *Inscription.*

Lorsque la donation sera de la totalité des biens, soit en toute propriété, soit en usufruit, le donateur devra exprimer dans quelle proportion elle sera réduite en cas d'existence d'enfants.

Enfin, quand la donation est universelle en usufruit, le donateur peut, comme condition pénale, pour le cas de contestation de la part d'un héritier à réserve, déclarer que la donation comprendrait la plus forte quotité disponible entre époux, tant en propriété qu'en usufruit.

Don manuel.

C'est un don d'objets mobiliers fait de la main à la main et sans acte. — La tradition est la seule formalité essentielle du don manuel.

5*

La possession vaut titre au profit de celui qui déclare avoir reçu à *titre de don manuel,* des objets mobiliers ou une somme excédant 150 francs ; — son aveu est indivisible et doit faire rejeter toute preuve non écrite d'un prétendu dépôt. C. 2279. Paris, 20 février 1852 et 25 novembre 1878.

Donation entre vifs.

La donation entre vifs est un acte par lequel le donateur se dépouille actuellement et irrévocablement de la chose donnée, en faveur du donataire qui l'accepte. C. 894. — Pour faire une donation, il faut être sain d'esprit. C. 901. — La donation entre vifs ne pourra comprendre que les biens présents du donateur ; — si elle comprend des biens à venir, elle sera nulle à cet égard. C. 943.

ACCEPTATION. NOTIFICATION. — La donation entre vifs n'engagera le donateur et ne produira d'effet que du jour qu'elle aura été acceptée en termes exprès. — L'acceptation pourra être faite du vivant du donateur, par un acte postérieur et authentique, dont il restera minute ; mais alors la donation n'aura d'effet à l'égard du donateur, que du jour où l'acte qui constatera cette acceptation lui aura été notifiée. C. 932. — Si le donataire est majeur, l'acceptation doit être faite par lui, ou, en son nom, par la personne fondée de la procuration, portant pouvoir d'accepter la donation faite, ou un pouvoir général d'accepter les donations qui auraient été ou qui pourraient être faites. — Cette procuration devra être passée devant notaires, et une expédition devra en être annexée à la minute de la donation ou à la minute de l'acceptation qui serait faite par acte séparé. C. 933. — *Femme mariée.* — La femme mariée ne pourra accepter une donation sans le consentement de son mari, ou, en cas de refus du mari, sans autorisation de la justice, conformément à. ce qui est prescrit par les art. 217 et 219 du Code civil. C. 934. — *Mineur, interdit, mineur émancipé, conseil judiciaire.* — La donation faite à un mineur non émancipé ou à un interdit devra être acceptée par son tuteur, conformément à l'art. 463 du Code civil. — Le mineur émancipé pourra accepter avec l'assistance de son curateur ; néanmoins les *père et mère* du mineur émancipé ou non émancipé, ou les autres *ascendants*, même du vivant des père et mère, quoiqu'ils ne soient ni tuteurs ni curateurs du mineur, *pourront accepter* pour lui. C. 935. — La donation (et le partage anticipé) faite par les père et mère dans un même acte, peut valablement être acceptée par la mère pour ses enfants en ce qui concerne la donation du père, et par le père en ce qui concerne la donation de la mère. Duranton, Paris 23 juin 1849. — V. *Administration légale.* — Celui qui est placé sous l'assistance d'un conseil judiciaire, peut accepter seul une donation, pourvu qu'elle ne l'oblige à aucune des choses qu'il ne peut faire sans cette assistance. C. 513. — *Hospices, Communes, Etablissements d'utilité publique.* — Les donations faites au profit d'hospices d'une commune, ou d'établissements d'utilité publique, seront acceptées par les administrateurs de ces établissements, après y avoir été dûment autorisés. C. 937, 910. — Lois des 2 janvier 1817, 24 mai 1825, 18 juillet 1837; Ordonnances des 2 avril 1817, 14 janvier 1831; Décret du 25 mars 1852.

ALIÉNÉS. — V. *ce titre.*

CONDAMNÉ. — V. *Privation des droits civils*

CONDITIONS. — La communauté se compose activement de tout le mobilier qui échoit aux époux pendant le mariage, à titre de donation, *si le donateur n'a exprimé le contraire.* C. 1401. Les donations d'immeubles faites à l'un des deux époux, appartiennent au donataire seul, à moins que la donation ne *contienne expressément* que la chose donnée appartiendra à la communauté. C. 1405.

CONSEIL JUDICIAIRE. — Celui à qui un conseil judiciaire a été nommé, ne peut faire une donation sans l'autorisation de ce conseil. C. 513. — V. *ci-dessus: Acceptation.*

DETTES. — Toute donation sera nulle, si elle a été faite sous la condition d'acquitter d'autres dettes ou charges que celles qui existaient à l'époque de la donation, ou qui seraient exprimées soit dans l'acte de donation, soit dans l'état qui devrait y être annexé. C. 945.

DROIT DE RETOUR. — Le donateur pourra stipuler le droit de retour des objets donnés, soit pour le cas de prédécès du donataire seul, soit pour le cas du prédécès du donataire et de ses descendants. C. 951. — L'effet du droit de retour sera de résoudre toutes les aliénations des biens donnés, et de faire revenir ces biens au donateur, francs et quittes de toutes charges et hypothèques. C. 952.

Enfants naturels. — Les enfants naturels ne pourront, par donation entre vifs ou par testament, rien recevoir au delà de ce qui leur est accordé au titre des successions. C. 908.

Etat de mobilier. — Tout acte de donation d'effets mobiliers ne sera valable que pour les effets dont un état estimatif, signé du donateur et du donataire, ou de ceux qui acceptent pour lui, aura été annexé à la minute de la donation. C. 948.

Femme mariée. — La femme mariée, même non commune ou séparée de biens, ne peut donner entre vifs à titre gratuit ou onéreux, sans l'assistance ou le consentement spécial de son mari, ou sans y être autorisée par la justice : elle n'a pas besoin du consentement de son mari ni d'autorisation de la justice, pour disposer par testament. C. 217, 219, 905. — Elle peut donner ses biens dotaux, avec l'autorisation de son mari, pour l'établissement de ses enfants. C. 1555, 1556.

Il est permis au donateur de stipuler que l'objet donné à une femme dotale, sera *aliénable*. Troplong. Cass. 16 mars 1846. — Que le mari n'aura pas la *jouissance* de l'objet donné et que la femme en *touchera* les revenus sur ses simples quittances. Merlin, Troplong. — V. *ci-dessus: Acceptation*.

Interdit. — L'interdit ne peut donner entre vifs. C. 502, 409 et 907. — V. *ci-dessus: Acceptation*.

Jouissance légale. — La jouissance légale ne s'étend pas aux biens qui seront donnés aux enfants sous la *condition expresse* que les père et mère n'en jouiront pas. C. 387.

Mari. — Biens de communauté. — Le mari

ne peut disposer entre vifs *à titre gratuit* des immeubles de la communauté, ni de l'universalité ou d'une quotité du mobilier, si ce n'est pour l'établissement des enfants communs. — Il peut néanmoins disposer des *effets mobiliers* à titre gratuit et particulier, au profit de toutes personnes, pourvu qu'il ne s'en réserve pas l'usufruit. C. 1422.

Médecin. — V. *Testament.*

Mineur. — Le mineur parvenu à l'âge de seize ans ne pourra disposer que par testament. C. 904. — Quoique parvenu à cet âge, il ne pourra, même par testament, disposer au profit de son tuteur. — Le mineur devenu majeur ne pourra disposer soit par donation entre vifs, soit par testament, au profit de celui qui aura été son tuteur, si le compte définitif de la tutelle n'a été préalablement rendu et apuré, — sont exceptés, dans les deux cas ci-dessus, les ascendants des mineurs, qui ont été ou qui sont leurs tuteurs. C. 907. — V. *ci-dessus : Acceptation.*

Nullité (Faillite). — Sont nuls et sans effet, relativement à la masse, lorsqu'ils auront été faits par le débiteur, depuis l'époque déterminée par le Tribunal comme étant celle de la cessation de ses paiements, ou dans les *dix jours* qui auront précédé cette époque, tous actes translatifs de propriétés mobilières ou immobilières à *titre gratuit.* Com. 446.

Préciput ou hors part et dispense de rapport. — La quotité disponible pourra être donnée aux enfants ou autres successibles du donateur, sans être sujette au rapport par le donataire venant à la succession, pourvu que la disposition ait été faite expressément à titre de préciput ou hors part. — La déclaration que le don ou le legs est à titre de préciput ou hors part, pourra être faite, soit par l'acte qui contiendra la disposition, soit postérieurement dans la forme des dispositions entre vifs ou testamentaires. C. 919. — L'héritier, même bénéficiaire, peut retenir les dons à lui faits par le défunt, si ces dons ont été faits avec dispense de rapport. C. 843.

Réserve de disposer. — En cas que le donateur se soit réservé la liberté de disposer d'un effet compris dans la donation, ou d'une somme fixe sur les biens donnés, s'il meurt sans en avoir disposé, ledit effet ou ladite somme appartiendra aux héritiers du donateur, nonobstant toutes clauses et stipulations contraires. C. 946, 1086.

Révocation. — La donation entre vifs ne pourra être révoquée que pour cause d'*inexécution des conditions* sous lesquelles elle aura été faite, pour cause d'*ingratitude,* et pour cause de *survenance d'enfants.* C. 953. — Toutes donations entre vifs faites par personnes qui n'avaient point d'enfants ou de descendants actuellement vivants lors de la donation, demeureront revoquées de plein droit par la survenance d'un enfant légitime du donateur, même d'un posthume, ou par la légitimation d'un enfant naturel par mariage subséquent, s'il est né depuis la donation. C. 960. — Dans le cas de révocation pour cause d'inexécution des conditions ou de survenance d'enfants, les biens rentreront dans les mains du donateur, libres de toutes charges et hypothèques du chef du donataire. C. 954 et 963. — Mais la révocation pour cause d'ingratitude ne préjudiciera ni aux aliénations faites par le donataire, ni aux hypothèques et **aux** autres charges réelles qu'il aura pu imposer **sur** l'objet de la donation. C. 958.

Saisie. — Seront insaisissables les sommes et objets disponibles déclarés insaisissables par le testateur ou donateur. Pr. 581.

Substitution. — Les biens dont les père et mère ont la faculté de disposer pourront être par eux donnés en tout ou en partie à un ou à plusieurs de leurs *enfants*, avec la *charge de rendre* ces biens aux enfants nés et à naître, au premier degré seulement, desdits donataires. C. 1048. — Sera valable en cas de mort sans enfants, la disposition que le défunt aura faite au profit d'un ou plusieurs de ses *frères ou sœurs*, de tout ou partie des biens qui ne sont point réservés par la loi, dans sa succession, à la *charge de rendre* ces biens aux enfants nés et à naître au premier degré seulement desdits frères ou sœurs donataires. C. 1049. — Le grevé a la pleine propriété sous condition résolutoire et elle reste irrévocablement dans ses mains, si l'appelé meurt avant lui. — V. *Tutelle*.

NOTE PRATIQUE

§ 1. — *Dispositions.*

1. — De la toute propriété.		1º Tous biens meubles et immeubles.
2. — De la nue propriété.	DE	2º Portion disponible.
3. — De l'usufruit.		3º Tout mobilier.
		4º Tous immeubles.
		5º Un objet déterminé.

4. — De sommes d'argent payables à terme, ou

à prendre sur les biens de la succession du donateur. — V. § 2, n° 11.

5. — Et de rentes viagères.

§ 2. — *Conditions.* — *Stipulations.*

1. — Il est permis au donateur de déclarer que :
Les biens meubles donnés *n'entreront pas* dans la communauté ; le mari n'aura pas la *jouissance* des biens donnés à la femme commune qui, seule, les administrera et en touchera les revenus sur ses quittances. C. 1401. Cass. 9 mai 1842. — Les biens donnés à la femme dotale seront *aliénables,* Duranton, Troplong ; Paris, 5 mars 1846 ; Aix, 16 juillet 1846 ; Cass. 16 mars 1846. — Le mari n'aura pas la *jouissance* de ces biens, la femme en touchera les revenus sur ses simples quittances. Duranton, Troplong.

Les père et mère ne *jouiront* pas des biens donnés à leurs enfants mineurs. C. 387.

Les sommes et objets disponibles, les rentes viagères données, seront *incessibles* et *insaisissables.* C. 1981. Pr. 581. — Cette condition est valable même quant aux immeubles. Cass. 10 mars 1852.

L'usufruitier sera dispensé de faire dresser un inventaire des meubles et un état des immeubles, C. 600, de donner caution et de faire emploi. C. 601 et 602.

2. — Pour la réserve d'usufruit, et la constitution de rente viagère au profit des père et mère donateurs, voir ce qui est dit sous les titres : *Contrat de mariage, note pratique,* et *Liquidation, note pratique,* § 2.

3. — Jugé par la Cour de Paris le 26 mai 1846 et le 26 janvier 1848, que la *prohibition d'aliéner est valable*, pour le cas où le donateur, en stipulant le droit de retour s'il survit au donataire, impose à celui-ci la condition de ne pas aliéner tant que le retour pourra avoir lieu. — Est valable aussi la condition de ne pas aliéner ni hypothéquer les biens donnés *pendant la vie du donateur*. Cass. 25 janvier 1860. — Cette condition *empêche de disposer par testament*. Paris, 25 avril 1858.

4. — La déclaration que le don est à titre de préciput ou hors part, avec dispense de rapport, peut être faite soit dans l'acte de donation, soit postérieurement dans la forme des dispositions entre vifs ou testamentaires. C. 919. — Le donateur peut dispenser de *rapporter en nature,* en chargeant seulement le donataire de rapporter une certaine somme, ou en laissant l'option à cet égard, le tout pourvu que la disposition ne sorte pas des limites du possible. Chabot, Toullier.

5. — Réserve du droit de retour des biens donnés. C. 951.

6. — Charge de payer les dettes du donateur. C. 945.

7. — Substitution. C. 1048, 1049.

8. — La donation sous condition *suspensive,* est celle qui est faite pour avoir son effet en un cas ; exemple : le cas où le donataire devrait survivre au donateur. Cette convention est valable dans la donation entre vifs, Poitiers, 3 avril 1818. Toullier, Duranton. Cass. Belgique, 27 mars 1833. — Et on peut citer comme exemple d'une condition *résolutoire,* le cas où il serait

dit : « Je donne à condition que je prédécède
« laissant un enfant mâle, ou bien : sans enfants. »
Toullier, Duranton.

9. — Sont proscrites la condition de ne pas
exiger de compte de tutelle, et la renonciation à
demander partage. — V. *Contrat de mariage,
note pratique.*

10. — Est *nulle* une donation ainsi conçue :
« Je donne 5000 francs à prendre sur les biens
« que j'aurai au moment de mon décès; » ou bien :
« à prendre sur les plus clairs biens de la succes-
« sion du donateur. » Cass. 25 juin 1839. —
Pour que les donations de sommes d'argent
soient valables, il faut : que le donateur se
reconnaisse dès à présent débiteur. Agen,
10 juin 1851. — Qu'il y ait *dessaisissement*
et que le donataire soit *déclaré propriétaire*
à compter du jour de l'acte. Cass. 11 décembre 1844.

11. — Le donateur n'a point privilège sur l'immeuble donné, pour raison des charges pécu-
niaires qu'il a imposées au donataire, notamment
pour la rente viagère qu'il s'est réservée. Douai,
6 juillet 1852. — Il est nécessaire que dans
l'acte de donation, l'immeuble soit hypothéqué.
— V. *Hypothèque.*

Échange.

L'échange est un contrat par lequel les parties
se donnent respectivement une chose pour une
autre. C. 1702. Il s'opère par le seul consentement, de la même manière que la vente. C. 1703.
— La rescision pour cause de lésion n'a pas lieu

dans le contrat d'échange. C. 1706. — Toutes les autres règles prescrites pour le contrat de vente s'appliquent à l'échange. C. 1707. — Il est permis entre époux, dans tous les cas où la vente l'est elle-même. Agen, 4 décembre 1854.

L'immeuble dotal peut être échangé, contre un autre immeuble de même valeur, pour les quatre cinquièmes au moins, en justifiant de l'utilité de l'échange, en obtenant l'autorisation en justice, et d'après une estimation par experts nommés d'office par le Tribunal. — Dans ce cas, l'immeuble reçu en échange sera dotal; l'excédant du prix, s'il y en a, le sera aussi, et il en sera fait emploi comme tel au profit de la femme. C. 1559.

Émancipation.

L'émancipation est l'acte qui met le mineur hors de la puissance paternelle ou de la tutelle, et qui lui confère l'*administration* de sa personne et de ses biens, dans les limites posées par la loi. — Le mineur est émancipé de plein droit par le mariage. C 476. — Jugé que cette émancipation ne cesse pas si l'époux mineur devient veuf n'ayant pas encore atteint sa majorité. Cass. 21 février 1821; — même non marié, il pourra être émancipé par son père, ou, à défaut du père, par sa mère, lorsqu'il aura atteint l'âge de *quinze ans* révolus; cette émancipation s'opèrera par la seule déclaration du père ou de la mère, reçue par le juge de paix, assisté de son greffier. C. 477. — Resté sans père ni mère, il **pourra aussi, mais seulement à l'âge de** *dix-huit* *ans* accomplis, être émancipé, si le conseil de famille l'en juge capable. — En ce cas, l'émancipation résultera de la délibération qui l'aura autorisée, et de la déclaration que le juge de paix, comme président du conseil de famille, aura faite dans le même acte, que le mineur est émancipé. C. 478.

Le compte de tutelle sera rendu au mineur émancipé, assisté d'un curateur qui lui sera nommé par le conseil de famille. C. 480. — Le mari tient lieu de curateur à sa femme, lorsqu'il est lui-même majeur. Merlin, Favard, Duranton. Pau, 11 mai 1811, et Paris 15 février 1838. — Le mari mineur, émancipé par le mariage, ne peut autoriser sa femme que pour les actes qu'il est susceptible de faire valablement lui-même, c'est-à-dire pour ceux de simple administration.

Enregistrement.

La loi du 22 frimaire an VII a abrogé toute la législation antérieure et posé les principes généraux qui servent encore de base à la législation actuelle sur la matière. — Elle a subi des changements partiels, notamment par les lois des 28 avril 1816, 25 mai 1818, 16 juin 1824, 21 avril 1832, 24 mai 1834, 18 mai et 7 août 1850, 23 août 1871, et 28 février 1872.

Les droits d'enregistrement sont *fixes* ou *proportionnels*. — Le droit fixe s'applique aux actes qui ne contiennent ni obligation ni libération. — Le droit proportionnel est établi pour les obligations, libérations, transmissions de propriété ou d'usufruit. — La perception du droit suit les sommes et valeurs de vingt francs sans fraction ; elle ne peut jamais être moindre de 25 sentimes. Art. 2, 3 et 4, loi du 22 frimaire an VI. — Lorsque dans un acte, il y a *plusieurs dispositions indépendantes ou ne dérivant pas nécessairement les unes des autres,* il est dû pour chacune d'elles, et selon son espèce, un droit particulier. Art. 11. — En ce qui concerne les *biens meubles,* la valeur de la propriété, de l'usufruit ou de la jouissance est déterminée, pour la liquidation et le paiement du droit proportionnel, ainsi qu'il suit, savoir : — L'*usufruit* transmis à titre gratuit d'objets mobiliers, s'évalue à *moitié* de la valeur entière. V. Art. 14, même loi. — En ce qui concerne les *immeubles,* la valeur de la propriété, de l'usufruit ou de la jouissance, est déterminée, pour la liquidation et le paiement du droit proportionnel, ainsi qu'il suit, savoir : — Pour les *échanges,* l'évaluation est faite au capital d'après le revenu annuel multiplié par vingt, sans distraction des charges, sur la moindre part ; s'il y a soulte, le droit est perçu comme vente sur ce qui en fait l'objet. — Si *l'usufruit est réservé par le vendeur,* on ajoute moitié du prix, et le droit est perçu sur le tout. — Pour les transmissions de propriété *entre vifs, à titre gratuit,* l'évaluation se fait à raison de vingt fois le produit des biens, ou le prix des baux courants sans distraction des charges ; il n'est rien dû pour la réunion de l'usufruit à la propriété, lorsque le droit d'enregistrement a été acquitté sur la valeur entière de la propriété. Pour les transmissions d'*usufruit entre vifs,* l'évaluation a lieu à raison de dix fois le produit des biens ou le prix des baux courants, aussi sans distraction des charges ; si l'usufruitier qui a acquitté le droit d'enregistrement pour son usufruit, acquiert la nue propriété, il paie le droit d'enregistrement sur sa valeur , sans qu'il y ait lieu de joindre celle de l'usufruit. Art. 15, même loi. — Lorsqu'un acte translatif de propriété ou d'usufruit à titre onéreux comprend des biens meubles et des immeubles, le droit d'enregistrement est perçu sur la totalité du prix au taux réglé pour les immeubles, à moins qu'il ne soit stipulé un prix particulier pour les objets mobiliers , et qu'ils ne soient *désignés et estimés, article par article*, dans le contrat. Art. 9, même loi. — V. *Succession, Déclaration.*

Hypothèques. — Privilèges.
Inscriptions.

L'hypothèque tient son existence du contrat, de la loi ou du jugement qui l'établit. — Le privilège, soit immobilier, soit mobilier, résulte de la qualité même de la créance dont il est l'accessoire. — L'inscription seule donne à l'hypothèque son *efficacité ;* c'est une formalité nécessaire pour le développement de l'hypothèque, une formalité qui lui donne la vie, et qui, seule, lui confère et le droit de suite, et le droit de prendre rang entre les créanciers inscrits.

Biens des mineurs, interdits, absents. — Les biens des mineurs, des interdits et ceux des absents, tant que la possession n'en est déférée que provisoirement, ne peuvent être hypothéqués que pour les causes et dans les formes établies par la loi, ou en vertu de jugements. C. 2126, 457, 125, 132.

Bordereaux. — Pour opérer l'inscription, le créancier représente soit par lui, soit par un tiers, au conservateur des hypothèques, l'original en brevet ou une expédition authentique du jugement ou de l'acte qui donne naissance au privilège ou à l'hypothèque. — Il y joint deux bordereaux écrits sur papier timbré, dont l'un peut être porté sur l'expédition du titre. Ils contiennent : 1° Les nom, prénoms, domicile du créancier, sa profession, s'il en a une, et l'élection d'un domicile pour lui dans un lieu quelconque de l'arrondissement du bureau ; 2° Les nom, prénoms, domicile du débiteur, sa profession, s'il en a une connue, ou une désignation individuelle et spéciale, telle que le conservateur puisse reconnaître et distinguer dans tous les cas l'individu grevé d'hypothèque ; 3° La date et la nature du titre ; 4° Le montant du capital des créances exprimées dans le titre ou évaluées par l'inscrivant, pour les rentes et prestations, ou pour les droits éventuels, conditionnels ou indéterminés, dans le cas où cette évaluation est ordonnée ; comme aussi le montant des accessoires des capitaux, et l'époque de l'exigibilité ; 5° L'indication de l'espèce et de la situation des biens sur lesquels il entend conserver son privilège ou son hypothèque. — Cette dernière disposition n'est pas nécessaire dans le cas des hypothèques légales ou judiciaires ; à défaut de convention, une seule inscription pour ces hypothèques, frappe tous les immeubles compris dans l'arrondissement du bureau. C. 2148. — Les inscriptions à faire sur les biens d'une personne décédée pourront être faites sous la simple désignation du défunt. C. 2149.

Bureau d'hypothèques. — Les inscriptions se font au bureau de conservation des hypothèques, dans l'arrondissement duquel sont situés les biens soumis au privilège ou à l'hypothèque. C. 2146.

Cohéritiers. — Au nombre des créanciers privilégiés sur les immeubles, sont les cohéritiers sur les immeubles de la succession, pour la garantie des partages faits entre eux, et des soultes ou retour de lots. C. 2103. — Le cohéritier ou copartageant conserve son privilège sur les biens de chaque lot ou sur le bien licité, pour les soulte et retour de lots ou pour le prix de la licitation, par l'inscription faite à sa diligence, dans soixante jours à dater de l'acte de partage ou de l'adjudication par licitation ; durant lequel temps aucune hypothèque ne peut avoir lieu sur le bien chargé de soulte ou adjugé par licitation, au préjudice du créancier de la soulte ou du prix. C. 2107, modifié par l'article 6 de la loi du 26 mars 1855, portant qu'à partir de la transcription, les créanciers privilégiés ou ayant hypothèque ne peuvent prendre utilement inscription sur le précédent propriétaire.

— Néanmoins le vendeur ou le *copartageant* peuvent utilement inscrire leurs privilèges dans les 45 jours de l'acte de vente ou du partage, nonobstant toute transcription d'actes, faite dans ce délai.

Créanciers et légataires. (Séparation de patrimoine.) — Les créanciers et les légataires qui demandent la séparation du *patrimoine* du défunt, C. 878, conservent à l'égard des créanciers, des héritiers ou représentants du défunt, leur privilège sur les immeubles de la succession, par les inscriptions faites sur chacun de ces biens, dans les six mois à compter de l'ouverture de la succession. — Avant l'expiration de ce délai, aucune hypothèque ne peut être établie avec effet sur ces biens par les héritiers ou représentants au préjudice de ces créanciers ou légataires. C. 2111. — Le droit de demander la séparation du patrimoine se prescrit, relativement aux meubles, par le laps de trois ans. — A l'égard des immeubles, l'action peut être exercée tant qu'ils existent dans les mains de l'héritier. C. 881.

DONATEUR. — Jugé que le donateur d'un immeuble n'a pas privilège pour raison des charges par lui imposées au donataire. Douai, 18 novembre 1846 et 6 juillet 1852 ; Orléans, 26 mai 1848 ; Agen, 4 janvier 1854 ; Nîmes, 29 novembre 1854 ; Troplong, Duranton, Grenier. — Il est donc nécessaire que par une convention formelle dans l'acte de donation, le donateur se réserve un privilège sur l'immeuble donné, et que le donataire l'hypothèque au profit du donateur, pour le montant des charges.

EFFET. — Les inscriptions ne produisent aucun effet entre les créanciers d'une succession, si elles n'ont été faites par l'un d'eux que depuis l'ouverture, et dans le cas où la succession n'est acceptée que par bénéfice d'inventaire. C. 2146. — Les inscriptions conservent l'hypothèque et le privilège pendant *dix années* à compter du jour de leur date ; leur effet cesse, si les inscriptions n'ont été renouvelées avant l'expiration de ce délai. C. 2154.

ENTREPRENEURS. — Les *architectes, entre-*

preneurs, maçons et autres ouvriers, employés
pour édifier, reconstruire ou réparer les bâtiments, canaux ou autres ouvrages, et ceux qui
ont, pour les payer et rembourser, prêté les
deniers dont l'emploi a été constaté, conservent,
par la double inscription faite, 1° du procès-verbal
qui constate l'état des lieux, 2° du procès–verbal
de réception, leur privilège à la date de l'inscription du premier procès-verbal, C. 2110, 2103, n°4.

Faillite. — Les syndics sont tenus de requérir
l'inscription sur les immeubles des débiteurs du
failli, si elle n'a pas été requise par lui, Com. 490.

Frais. — Les frais des inscriptions sont à la
charge du débiteur, s'il n'y a stipulation contraire. Les frais de la transcription qui peut
être requise par le vendeur, sont à la charge de
l'acquéreur. C. 2155.

Hypothèque conventionnelle. — Il n'y a
d'hypothèque conventionnelle valable que celle
qui, soit dans le titre authentique constitutif de
la créance, soit dans un acte authentique postérieur, *déclare spécialement* la nature et la
situation de chacun des immeubles actuellement
appartenant au débiteur, sur lesquels il consent
l'hypothèque de la créance. Chacun de tous ses
biens présents peut être nominativement soumis
à l'hypothèque. — Les biens à venir ne peuvent
pas être hypothéqués, C. 2129. — Néanmoins, si
les biens présents et libres du débiteur sont insuffisants pour la sûreté de la créance, il peut, en
exprimant cette insuffisance, consentir que
chacun des biens qu'il acquerra par la suite y demeure affecté à mesure des acquisitions, C. 2130.

Hypothèques diverses. — L'hypothèque légale
est celle qui résulte de la loi; — l'hypothèque

judiciaire est celle qui résulte des jugements et actes judiciaires ; — l'hypothèque conventionnelle est celle qui dépend des conventions et de la forme extérieure des actes et des contracts. C.2117.

HYPOTHÈQUE JUDICIAIRE. — L'hypothèque judiciaire résulte des jugements, soit contradictoires, soit par défaut, définitifs ou provisoires, en faveur de celui qui les a obtenus. Elle résulte aussi des reconnaissances ou vérifications faites en jugement, des signatures apposées à un acte obligatoire sous seing privé. — Elle peut s'exercer sur les immeubles actuels du débiteur et sur ceux qu'il pourra acquérir. C. 2123.

HYPOTHÈQUE LÉGALE. — Les droits et créances auxquels l'hypothèque légale est attribuée sont : ceux des femmes mariées, sur les biens de leur mari, — ceux des mineurs et interdits sur les biens de leur tuteur, — ceux de l'Etat, des communes et des établissements publics, sur les biens des receveurs et administrateurs comptables. C. 2121. — L'hypothèque existe, indépendamment de toute inscription : — 1° Au profit des mineurs et interdits, sur les immeubles appartenant à leur tuteur, à raison de sa gestion, du jour de l'acceptation de la tutelle, — 2° au profit des femmes, pour raison de leur dot et conventions matrimoniales, sur les immeubles de leur mari, à compter du jour du mariage. — La femme n'a hypothèque pour les sommes dotales qui proviennent de successions à elles échues, ou de donations à elles faites pendant le mariage, qu'à compter de l'ouverture des successions ou du jour que les donations ont eu leur effet. — Elle n'a hypothèque pour l'indemnité des dettes qu'elle a contractées avec son mari, et pour le remploi de ses propres aliénés, que du jour de l'obligation ou de la vente. Dans aucun cas, la disposition du présent article ne pourra préjudicier aux droits acquis à des tiers. C. 2135, 952, et 1004, — mais l'inscription doit être prise, en cas de purge, dans les deux mois de la signification prescrite par l'art. 2194 ; — et si la veuve, le mineur devenu majeur, l'interdit relevé de son interdiction, leurs héritiers ou ayants cause, n'ont pas pris inscription dans l'année qui suit la dissolution du mariage, ou la cessation de la tutelle, leur hypothèque légale ne date, à l'égard des tiers, que du jour des inscriptions prises ultérieurement. Art. 8, loi du 26 mars 1855.

Dans le cas où les femmes peuvent céder leur hypothèque légale ou y renoncer, cette cession ou cette renonciation doit être faite par acte authentique, et les cessionnaires n'en sont saisis, à l'égard des tiers, que par l'inscription de cette hypothèque prise à leur profit, ou par la mention de la subrogation en marge de l'inscription préexistante. — Les dates des inscriptions ou mentions déterminent l'ordre dans lequel ceux qui ont obtenu des cessions ou renonciations exercent les droits hypothécaires de la femme. Art. 9, même loi.

La femme dotale et ses héritiers n'ont point de privilège pour la répétition de la dot sur les créanciers antérieurs à elle en hypothèque. C. 1572.

Nullité, Faillite. — Est nulle et sans effet, toute hypothèque conventionnelle ou judiciaire constituée sur les biens du débiteur depuis l'époque déterminée par le Tribunal comme étant celle de la cessation des paiements, ou dans les *dix jours* qui auront précédé cette époque, pour dettes antérieurement constatées. Com. 446. — Les droits de privilège ou d'hypothèque valablement acquis pourront être inscrits jusqu'au jour du jugement déclaratif de la faillite. — Néanmoins les inscriptions prises après l'époque de la cessation des paiements ou dans les *dix jours* qui précèdent, pourront être déclarées nulles, s'il s'est écoulé plus de *quinze jours* entre la date de l'acte constitutif de l'hypothèque ou du privilège et celle de l'inscription, Com. 448. C. 2146.

RANG. — Entre les créanciers, l'hypothèque, soit légale, soit judiciaire, soit conventionnelle, n'a de rang que du jour de l'inscription prise par le créancier sur les registres du conservateur, dans les formes et de la manière prescrites par la loi, sauf les exceptions portées en l'art. 2135 ci-dessus, C. 2134.

SUBSTITUTION. — Les dispositions par actes entre vifs ou testamentaires, à charge de restitution, seront, à la diligence soit du grevé, soit du tuteur nommé pour l'exécution, rendues publiques, quant aux sommes colloquées avec privilège sur des immeubles, par l'inscription sur ces biens. C. 1069.

VENDEUR. — Le vendeur est créancier privilégié sur l'immeuble vendu pour le paiement du prix. C. 2103. — Il conserve son privilège par la transcription du titre qui a transféré la propriété à l'acquéreur, et qui constate que la totalité ou partie du prix lui est due. C. 2108. — *V. ci-dessus : Cohéritier.* — L'action résolutoire établie par l'art. 1655 du Code civil ne peut être exercée après l'extinction du privilège du vendeur, au préjudice des tiers qui ont acquis des droits sur l'immeuble, du chef de l'acquéreur, et qui se sont conformés aux lois pour les conserver. Art. 7, loi du 26 mars 1855.

Interdiction.

L'interdiction est l'état de celui qui est privé de l'administration de sa personne et de ses biens. — Elle est prononcée par jugement.

Actes. — Les actes antérieurs à l'interdiction pourront être annulés, si la cause de l'interdiction existait notoirement à l'époque où ces actes ont été faits. C. 503.

Administrateur provisoire. — Après le premier interrogatoire, le Tribunal commettra, s'il y a lieu, un administrateur provisoire pour prendre soin de la personne et des biens du défendeur. C. 497.

Assimilation. — L'interdit est assimilé au mineur pour sa personne et pour ses biens : les lois sur la tutelle des mineurs s'appliqueront à la tutelle des interdits. C. 509.

Causes. — Le majeur qui est dans un état habituel d'imbécillité, de démence ou de fureur, doit être interdit, même lorsque cet état présente des intervalles lucides. C. 489.

Conseil. — En rejetant la demande en interdiction, le Tribunal pourra néanmoins, si les circonstances l'exigent, ordonner que le défendeur ne pourra désormais plaider, transiger, emprunter, recevoir un capital mobilier, ni en donner décharge, aliéner ni grever ses biens d'hypothèques, sans l'assistance d'un conseil qui lui sera nommé par le même jugement. C. 499.

— L'interdiction ou la nomination d'un conseil aura son effet du jour du jugement, tous actes passés postérieurement par l'interdit, ou sans l'assistance du conseil, seront nuls de droit. C. 502.

Mariage. — L'interdit ne peut contracter mariage. C. 174, 490, 502.

Provocation. — Tout parent est recevable à provoquer l'interdiction de son parent. Il en est de même de l'un des époux à l'égard de l'autre. C. 490.

Tuteur, subrogé tuteur. — La femme pourra être nommée tutrice de son mari. En ce cas, le conseil de famille règlera la forme et les conditions de l'administration, sauf le recours devant les tribunaux de la part de la femme qui se croirait lésée par l'arrêté de la famille. C. 507.

— S'il n'y a pas d'appel du jugement d'interdiction rendu en première instance, ou s'il est confirmé sur l'appel, il sera pourvu à la nomination d'un tuteur et d'un subrogé tuteur à l'interdit, suivant les règles prescrites au titre *Tutelle*. L'administrateur provisoire cessera ses fonctions et rendra compte au tuteur, s'il ne l'est pas lui-même. C. 505, Pr. 895.

Interdiction légale.

C'est l'état d'un individu condamné (contradictoirement) soit à une peine afflictive perpétuelle, soit aux travaux forcés à temps, à la détention ou à la réclusion, *pendant la durée de sa peine.* P. 29. Art. 2, loi du 2 mai 1854.

L'interdiction légale, dit Marcadé, comme l'interdiction judiciaire, donne lieu à la formation d'un conseil de famille, à la nomination d'un tuteur et d'un subrogé tuteur ; elle produit les effets de l'interdiction judiciaire, sauf certaines différences. C. 508, 510 et 512. — Les incapacités dont l'interdit judiciairement se trouve atteint par les articles 502 et 509 C., frappent l'interdit légalement aux termes de l'article 29 du Code Pénal. Cass. 25 janvier 1825.

Si la condamnation a eu lieu par contumace, l'article 471 du Code d'instruction criminelle déclare que les biens des condamnés seront régis comme les biens d'absents, à partir de l'exécution de l'arrêt par effigie. — V. *Privation des droits civils.*

Inventaire.

L'Inventaire est un acte conservatoire qui a pour objet de constater l'existence, le nombre et la nature des biens et des dettes d'une succession, d'une communauté, d'un absent, à l'effet de maintenir les droits des parties intéressées. — Si les héritiers ou quelques-uns d'eux sont mineurs non émancipés, il ne sera procédé à la levée des scellés (ni à l'inventaire) qu'ils n'aient été, ou préalablement pourvus de tuteurs, ou émancipés. Pr. 929.

I. — *Personnes qui peuvent requérir l'inventaire, — Celles qui doivent y être appelées, — Sommation, — Notaire nommé pour représenter les absents.*

L'Inventaire peut être requis par ceux qui ont droit de requérir la levée des scellés. Pr. 941. — C'est-à-dire par : — 1° L'époux survivant lorsqu'il y a eu communauté, qu'il a la jouissance légale des biens de ses enfants mineurs, ou quelque répétition à exercer contre la succession. Pr. 909, 942. — V. *Absents, Succession.* — 2° Les héritiers présomptifs. C. 1004, Pr. 909, 942. — 3° L'exécuteur testamentaire si le testament est connu. C. 1031, Pr. 942. — 4° Les donataires et légataires universels ou à titre universel, soit en propriété, soit en usufruit. Pr. 942. — 5° Le mari, au nom de sa femme, s'ils sont communs en biens. C. 1414, 1428. — 6° La femme séparée de biens. C. 270, 1449, 1463, Pr. 174. — 7° Le mineur émancipé, assisté de son curateur. C. 482. — 8° Le tuteur de l'interdit, du mineur, en présence du subrogé tuteur. C. 451, Pr. 929, 941. — V. *Administration légale.* — 9° L'usufruitier. C. 600. — L'enfant naturel, l'époux survivant, l'Etat. C. 767, 768, 773, 758. — 10° Le curateur à une succession vacante. C. 813, Pr. 1000. — 11° Les envoyés en possession provisoire des biens de l'absent, ou l'épouse qui aura opté pour la continuation de la communauté, en présence du Procureur de la République ou du Juge de Paix. C. 126. — 12° Le grevé de substitution, C. 1059, ou, à son défaut, le tuteur nommé pour l'exécution. C. 1060. Ou les personnes désignées en l'article 1057. C. 1061. — 13° L'administrateur provisoire des biens d'une personne aliénée, non interdite. Art. 32, loi du 9 juillet 1838. C. 113. — 14° Les créanciers fondés en titre exécutoire ou autorisés soit par le Président du Tribunal, soit par le Juge de Paix du canton. Pr. 909, 930, 941, mais ils ne peuvent assister qu'à la première vacation ; ils sont ensuite représentés par un seul mandataire ou l'avoué le plus ancien, Pr. 932. — 15° Et les syndics de faillite, Com. 479. — Si le prétendant droit, dans une succession ou dans la communauté, est en faillite, il est représenté à l'inventaire par le syndic. Com. 443.

Doivent être appelés à l'Inventaire : — L'enfant naturel. C. 756. — Les créanciers de la succession et ceux de l'ayant droit qui ont formé opposition. Pr. 931, 934. C. 1166.

Une *sommation* d'assister à l'Inventaire sera faite, à la requête de celui qui le poursuit, — au conjoint survivant, — aux présomptifs héritiers, — à l'enfant naturel reconnu, C. 756, — à l'exécuteur testamentaire, — aux légataires universels et à titre universel, s'ils demeurent dans la distance de cinq myriamètres (12 lieues et demie), — et aux opposants, Pr. 931, 942. — S'ils ne comparaissent pas, il est donné *défaut* contre eux, et passé outre.

Pour représenter dans l'Inventaire, — les absents, les personnes absentes, — les aliénés, à défaut d'administrateur provisoire, — et les intéressés s'ils demeurent dans une distance au delà de cinq myriamètres, il sera appelé un seul notaire nommé par le Président du Tribunal de première instance. C. 113, Pr. 931, 942, art. 36. Loi du 6 juillet 1838.

II. — *Nécessité de l'Inventaire. — Délais pour le faire.*

L'inventaire est *nécessaire,* obligatoire, dans les divers cas, et doit être fait dans les *délais* ci-après indiqués.

Le scellé ne pourra être levé et l'inventaire fait que *trois jours après l'inhumation* s'il a été apposé auparavant, et *trois jours après l'apposition* si elle a été faite depuis l'inhumation. Pr. 928.

ABSENTS. — Le Tribunal, à la requête de la partie la plus diligente, commettra un notaire pour représenter les absents dans les inventaires dans lesquels ils seront intéressés. C. 113. — Ceux qui auront obtenu l'envoi en possession provisoire des biens de l'absent, ou l'époux qui aura opté pour la continuation de la communauté, *devront* faire procéder à l'inventaire dans les *dix jours* du jugement, du mobilier et des dettes de l'absent, en présence du Procureur de la République ou du Juge de paix. C. 126. C. 819 et 1031. — V. *Absents. Succession.*

ALIÉNÉS. — A défaut d'administrateur provisoire, le Président, à la requête de la partie la plus diligente, commettra un notaire pour représenter les personnes non interdites, placées dans les établissements d'aliénés, dans les inventaires dans lesquels elles seraient intéressées. Art. 36, loi du 6 juillet 1838.

BÉNÉFICE D'INVENTAIRE. — La déclaration d'un héritier, d'un donataire, d'un légataire universel, ou à titre universel, qu'il entend ne prendre cette qualité que sous bénéfice d'inventaire, *n'a d'effet* qu'autant qu'elle est précédée ou suivie d'un inventaire fidèle et exact des biens de la succession. C. 793, 794. — L'héritier a *trois mois* pour faire cet inventaire à compter du jour de l'ouverture de la succession. — Il a de plus, pour délibérer sur son acceptation ou sur la renonciation, un délai de *quarante jours* qui commencent à courir du jour de l'expiration des trois mois donnés pour l'inventaire, ou du jour de la clôture de l'inventaire, s'il a été terminé avant les trois mois. C. 795, Pr. 174. — L'héritier conserve néanmoins, après l'expiration des délais ci-dessus, la faculté de faire encore inventaire, s'il n'a pas fait d'ailleurs *acte d'héritier*, ou s'il n'existe pas contre lui de *jugement* passé en force de chose jugée, *qui le condamne en qualité d'héritier pur et simple.* C. 800. Pr. 174. — V. ci-après : *Femme, Succession (Acceptation bénéficiaire, Recelé.)*

COMMUNAUTÉ. — Lorsque la succession échue à l'un des époux est en partie mobilière et en partie immobilière, les dettes dont elle est grevée *ne sont à la charge de la communauté* que jusqu'à concurrence de la portion contributoire du mobilier dans les dettes, eu égard à la valeur de ce mobilier comparée à celle des immeubles. — Cette portion contributive se règle d'après l'inventaire auquel le mari *doit faire procéder,* soit de son chef, si la succession le concerne personnellement, soit comme dirigeant et autorisant les actions de sa femme, s'il s'agit d'une succession à elle échue. C. 1414.

Le mobilier qui échoit à chacun des époux pendant le mariage, *doit être constaté* par un inventaire. C. 1499, 1504. Com. 558 et 560.

Lorsque le contrat de mariage porte que les

époux se marient sans communauté, si, dans le mobilier qui échoit à la femme pendant le mariage, il y a des choses dont on ne peut faire usage sans les consommer, *il doit en être fait* inventaire lors de l'échéance, et le mari en doit rendre le prix d'après l'estimation. C. 1532.

Le défaut d'inventaire après la mort de l'un des époux ne donne pas lieu à la continuation de la communauté ; sauf les poursuites des parties intéressées, relativement à la consistance des biens et effets communs, dont la preuve pourra être faite tant par titre que par la commune renommée. C. 1442.

CONJOINT SURVIVANT. — L'ETAT. — ENFANT NATUREL. — Le conjoint survivant, l'Administration des domaines et l'enfant naturel qui prétendent droit à la succession, *sont tenus de faire faire* inventaire dans les trois mois accordés à l'héritier bénéficiaire. C. 758, 567, 769 et 773.

EXÉCUTEURS TESTAMENTAIRES. — Les exécuteurs testamentaires, s'il y a des héritiers mineurs, interdits ou absents, *feront faire,* en présence de l'héritier présomptif, ou lui dûment appelé, l'inventaire des biens de la succession.
— Il semble que la faculté de faire inventaire leur appartient *pendant l'année* du décès, puisque la loi ne fixe point de terme plus court, et que ce n'est qu'après ce délai que l'exécuteur testamentaire est tenu de rendre compte de sa gestion. C. 1031.

FAILLITE. — Dans les trois jours, les syndics doivent faire procéder à l'inventaire du failli, lequel sera présent, ou lui dûment appelé. Com. 479.

FEMME. — La femme survivante qui veut con

server la faculté de renoncer à la communauté, *doit,* dans les *trois mois* du jour du décès du mari, faire faire un inventaire fidèle et exact de tous les biens de la communauté, contradictoirement avec les héritiers du mari, ou eux dûment appelés. C. 1456. — Si la veuve meurt avant l'expiration des trois mois, sans avoir fait ou terminé l'inventaire, les héritiers auront, pour faire ou pour terminer l'inventaire, un nouveau délai de trois mois, à compter du décès de la veuve, et de quarante jours pour délibérer après la clôture de l'inventaire. C. 1461, 1459. Pr. 174. — La femme séparée de corps ou de biens seulement, qui veut conserver la faculté *d'accepter,* aura trois mois du jour de la dissolution de la communauté, pour faire inventaire, et quarante jours pour délibérer; si l'inventaire a été fait avant les trois mois, le délai de quarante jours commencera du jour qu'il aura été parachevé. C. 1463. Pr. 174. — Cette acceptation peut être expresse ou tacite. Cass., 8 février 1843. — La femme n'est tenue des dettes de la communauté, soit à l'égard du mari, soit à l'égard des créanciers, que jusqu'à concurrence de son émolument, *pourvu qu'il y ait eu bon et fidèle inventaire,* et en rendant compte tant du contenu de cet inventaire, que de ce qui lui est échu par le partage. C. 1483. — Pour profiter du bénéfice de cet article, elle *doit* faire faire inventaire dans les délais prescrits par les articles 1456 et 1457. Rouen, 13 août 1853; Lyon, 29 mars 1854; Besançon, 22 décembre 1855. — La femme commune qui, à défaut d'inventaire dans les délais, est déchue du droit de renoncer à la communauté et obligée envers les créanciers au delà même de son émolument, ne peut exercer son hypothèque légale sur les biens de son mari, au préjudice de ses créanciers. Cass. 19 avril 1854. — Elle ne peut, à défaut d'inventaire, être admise, à l'égard des tiers, à faire preuve par témoins de la valeur du mobilier qui lui est échu pendant le mariage. Bordeaux, 21 janvier et 9 avril 1853.

INTERDIT. — L'interdit est *assimilé au mineur,* pour sa personne et pour ses biens : les lois sur la tutelle des mineurs s'appliqueront à la tutelle des interdits. C. 509. — V. *plus loin : Mineur*.

JOUISSANCE LÉGALE. — S'il y a des enfants mineurs, le défaut d'inventaire fait perdre à l'époux survivant la jouissance de leurs revenus, C. 1442.

MINEUR. — Dans les *dix jours* qui suivent celui de sa nomination, le tuteur requerra la levée des scellés, s'ils ont été apposés, et fera *procéder* immédiatement à l'inventaire des biens du mineur, en présence du subrogé tuteur. C. 451, 819, 1031.

OPPOSITIONS. — L'inventaire est *obligatoire,* lorsque les scellés ont été apposés et qu'il y a des oppositions à leur levée ou des personnes intéressées dans la succession et non maîtresses de leurs droits.

PÈRE ADMINISTRATEUR. — V. *Administration légale*.

SUBSTITUTION. — Après le décès de celui qui aura disposé à la charge de substitution, il *sera procédé,* après le décès du substituant, soit dans le délai de *trois mois,* soit dans *le mois* qui suit le décès, à l'inventaire de tous les biens et effets qui composeront sa succession, excepté néanmoins le cas où il ne s'agirait que d'un legs particulier. Cet inventaire contiendra la prisée à juste prix des meubles et effets mobiliers, C. 1058, 1059 et 1060.

SUCCESSION VACANTE. — Le curateur à une succession vacante est tenu, *avant tout*, d'en faire constater l'état par un inventaire, C. 813, Pr. 1000.

USUFRUITIER. — L'usufruitier prend les choses dans l'état où elles se trouvent, mais il ne peut entrer en jouissance qu'après avoir fait dresser, *en présence du propriétaire*, ou lui dûment appelé, un inventaire des meubles et un état des immeubles sujets à l'usufruit, C. 600.

III. — *Formalités*.

Outre les formalités communes à tous les actes devant notaire, l'inventaire contiendra : — 1° Les noms, professions et demeures des requérants, des comparants, des défaillants et des absents, s'ils sont connus du notaire appelé pour les représenter, des commissaires priseurs ou experts ; et la mention de l'ordonnance qui commet le notaire pour représenter les absents et défaillants ; — 2° L'indication des lieux où l'inventaire est fait ; — 3° La description et estimation des effets, laquelle sera faite à juste valeur et sans crue ; — 4° La désignation des qualités, poids et titre de l'argenterie ; — 5° La désignation des espèces en numéraire ; — 6° Les papiers seront cotés par première et dernière ; ils seront paraphés de la main d'un notaire ; s'il y a des registres de commerce, l'état en sera constaté, les livres et feuillets en seront pareillement cotés et paraphés, s'ils ne le sont; s'il y a des blancs dans les pages écrites, ils seront bâtonnés. (Les titres au porteur ne doivent être ni cotés, ni paraphés; il suffit de les décrire et de les remettre entre les mains d'une personne convenue, ou nommée par le Président, conformément au n° 9 du présent article, Cass. 15 avril 1861, circulaire de M. le garde des sceaux du 2 octobre 1874.); — 7° La déclaration des titres actifs et passifs; — 8° La mention du serment prêté, lors de la clôture de l'inventaire, par ceux qui ont été en possession des objets avant l'inventaire, ou qui ont habité la maison dans laquelle sont lesdits objets, qu'ils n'en ont détourné, vu détourner, ni su qu'il en ait été détourné aucun; — 9° La remise des effets et papiers, s'il y a lieu, entre les mains de la personne dont on conviendra, ou qui, à défaut, sera nommée par le Président du Tribunal. Pr. 943.

L'inventaire fait à la requête de la femme survivante, doit être par elle *affirmé sincère et véritable,* lors de la clôture, devant l'officier public qui l'a reçu, C. 1456.

S'il est dû quelque chose au tuteur par le mineur, ou l'interdit, il devra le déclarer dans l'inventaire, à peine de déchéance, et ce, sur la *réquisition* que l'officier public sera tenu de lui en faire, et dont *mention* sera faite au procès-verbal, C. 451 et 509.

Licitation.

C'est la vente d'une chose qui appartient en commun à plusieurs cohéritiers ou copropriétaires, C. 1686.

Entre les colicitants, la licitation n'est pas autre chose qu'un partage. — V. *Liquidation et Partage.*

Effets. — Chaque cohéritier est censé avoir succédé seul et immédiatement à tous les objets à lui échus sur licitation et n'avoir jamais eu la propriété des autres biens de la succession. C. 883.

Étrangers. — Chacun des copropriétaires est le maître de demander que les étrangers soient appelés à la licitation : ils sont nécessairement appelés lorsque l'un des copropriétaires est mineur. C. 1687.

Indivision. — Nul ne peut être contraint de demeurer dans l'indivision. C. 815.

Immeubles impartageables. — Si une chose commune à plusieurs ne peut être partagée commodément et sans perte ; ou si, dans un partage fait de gré à gré de biens communs, il s'en trouve quelques-uns qu'aucun des copartageants ne puisse ou ne veuille prendre, la vente s'en fait aux enchères, et le prix en est partagé entre les copropriétaires. C. 1686.

Mineur. — S'il y a lieu à licitation, quand l'un des cohéritiers est mineur, elle ne peut être faite qu'en justice, avec les formalités prescrites pour l'aliénation des biens de mineur. Les étrangers y sont toujours admis. C. 459 et 839.

Les formalités exigées par les articles 457 et 458 du Code civil (autorisation du conseil de famille et homologation de la délibération) pour l'aliénation des biens du mineur, ne s'appliqueront point au cas où un jugement aurait ordonné la licitation sur la provocation d'un copropriétaire par indivis — seulement, et en ce cas, la licitation ne pourra se faire qu'en justice ; les étrangers y seront aussi nécessairement admis. C. 460.

Privilège. — V. *Inscription*.

Liquidation et Partage.

La *Liquidation* est l'acte par lequel on règle les droits des cointéressés dans une succession, une communauté ou une société. Et le partage est la division entre plusieurs personnes, conformément à leurs droits, des biens ou qui leur appartenaient ou qu'elles possédaient en commun. Le partage est déclaratif et non translatif de propriété. Colmar, 19 janvier 1856.

Absents. — Les tribunaux, à la requête de la partie la plus diligente, commettra un notaire pour représenter les présumés absents, dans les inventaires, comptes, partages et liquidations dans lesquels ils seront intéressés. C. 113. — A l'égard des cohéritiers absents, l'action en partage appartient aux parents envoyés en possession. C. 817.

Si l'absence a continué pendant trente ans depuis l'envoi provisoire, ou depuis l'époque à laquelle l'époux commun aura pris l'administration des biens de l'absent, ou s'il s'est écoulé cent ans révolus depuis la naissance de l'absent, les cautions seront déchargées ; tous les ayants droit pourront demander le partage des biens de l'absent ou faire prononcer l'envoi en possession définitif par le Tribunal de première instance. C. 129.

Aliénés. — A défaut d'administrateur provisoire, le président commet un notaire pour représenter les personnes non interdites dans les inventaires, liquidations et partages.

BAIL. — Le droit que donne le bailleur au preneur est de nature purement mobilière ; dès lors, s'il a pris naissance avant le mariage, il entre dans la communauté légale. Pothier, Toullier, Duranton.

CONSEIL JUDICIAIRE. — Ceux qui sont placés sous la surveillance d'un conseil judiciaire, ne peuvent provoquer un partage ou y défendre, sans l'assistance de ce conseil. — Ils peuvent procéder à un partage amiable, pourvu qu'ils soient assistés de leur conseil.

CRÉANCIERS. — Les créanciers personnels d'un copartageant peuvent provoquer le partage ou y défendre, au nom de leur débiteur, dans les termes de l'article 1166. C. 2205.

DEMANDE. — Nul ne peut être contraint à demeurer dans l'indivision, et le partage peut être toujours provoqué nonobstant prohibitions et conventions contraires. — On peut cependant convenir de suspendre le partage pendant un temps limité ; cette convention ne peut être obligatoire au delà de *cinq ans*, mais elle peut être renouvelée. C. 815. — Si l'un des cohéritiers refuse de consentir au partage, ou s'il s'élève des contestations soit sur le mode d'y procéder, soit sur la manière de le terminer, le Tribunal prononce en matière sommaire, ou commet, s'il y a lieu, pour les opérations du partage, un des juges, sur le rapport duquel il décide les contestations. C. 823. — Dans les cas des articles 823 et 838 du Code civil, lorsque le partage doit être fait en justice, la

partie la plus diligente se pourvoira. Pr. 966.
— Le partage de la communauté, pour tout ce qui concerne ses formes, la licitation des immeubles, quand il y a lieu, les effets du partage, la garantie qui en résulte, et les soultes; est soumis à toutes les règles qui sont établies pour les partages entre cohéritiers. C. 1476.

Dettes et charges. — Les cohéritiers contribuent entre eux au paiement des dettes et charges de la succession, chacun dans la proportion de ce qu'il y prend. C. 870. — Ils y sont tenus personnellement pour leur part et portion virile et hypothécairement pour le tout, sauf leur recours, soit contre les cohéritiers, soit contre les légataires universels, à raison de la part pour laquelle ils doivent y contribuer. C. 873.

Le légataire à titre universel contribue, avec les héritiers, aux dettes et charges au prorata de son émolument. C. 871. — Il sera tenu des dettes et charges personnellement pour sa part et portion, et hypothécairement pour le tout. C. 1012. — Le légataire universel qui sera en concours avec un héritier auquel la loi réserve une quotité des biens, sera tenu des dettes et charges de la succession du testateur, personnellement pour sa part et portion, et hypothécairement pour le tout; et il sera tenu d'acquitter tous les legs, sauf le cas de réduction. C. 1009.

Lorsque le testateur n'aura disposé que d'une quotité de la portion disponible, et qu'il l'aura fait à titre universel, ce légataire sera tenu d'acquitter les legs particuliers par contribution avec les héritiers naturels. C. 1013.

Le légataire à titre particulier ne sera point tenu des dettes de la succession, sauf la réduction du legs, et sauf l'action hypothécaire des créanciers. C. 871, 1024.

Le legs fait par un testateur, d'une rente viagère ou pension alimentaire, doit être acquittée par le légataire universel *de l'usufruit* dans son intégrité, et par le légataire à titre universel *de l'usufruit* dans la proportion de sa jouissance, sans aucune répétition de leur part. C. 610.

L'usufruitier à titre particulier n'est pas tenu des dettes auxquelles le fonds est hypothéqué ; s'il est forcé de les payer, il a son recours contre le propriétaire. C. 611.

L'usufruitier, ou universel ou à titre universel, doit contribuer avec le propriétaire au paiement des dettes, ainsi qu'il suit : — On estime la valeur du fonds sujet à usufruit ; on fixe ensuite la contribution aux dettes à raison de cette valeur. — Si l'usufruitier ne veut pas faire cette avance, le propriétaire a le choix, ou de payer cette somme, et, dans ce cas, l'usufruitier lui tient compte des intérêts pendant la durée de l'usufruit, ou de faire vendre jusqu'à due concurrence une portion des biens soumis à l'usufruit. C. 612.

Le s dettes de la communauté sont pour moitié à la charge de chacun des époux ou de leurs héritiers. C. 1482. — La femme qui s'oblige solidairement avec son mari pour les affaires de la communauté ou du mari n'est réputée, à l'égard de celui-ci, s'être obligée que comme caution, elle doit être indemnisée de l'obligation qu'elle a contractée. C. 1431. — Elle n'est tenue des dettes de la communauté, soit à l'égard du mari, soit à l'égard des créanciers, que jusqu'à concurrence de son émolument, pourvu qu'il y ait eu bon et fidèle inventaire, et en rendant compte tant du contenu de cet inventaire que de ce qui lui est échu par le partage. C. 1483. — La femme renonçante est déchargée de toute contribution aux dettes de la communauté, tant à l'égard du mari qu'à l'égard des créanciers ; elle reste néanmoins tenue envers ceux-ci lorsqu'elle s'est obligée conjointement avec son mari, ou lorsque la dette, devenue dette de communauté, provenait originairement de son chef ; le tout, sauf recours contre son mari ou ses héritiers. C. 1494.

EFFETS. — Chaque cohéritier est censé avoir succédé seul et immédiatement à tous les effets compris dans son lot et n'avoir jamais eu la propriété des autres effets de la succession. C. 883.

ENFANTS NATURELS. — Les enfants naturels ont le droit de provoquer le partage de la succession ou d'y défendre. — Chabot sur l'article 857.

ETRANGERS. — Toute personne, même parente du défunt, qui n'est pas son successible, et à laquelle un cohéritier aurait cédé son droit à la succession, peut être écartée du partage, soit par tous les cohéritiers, soit par un seul, en lui remboursant le prix de la cession. C. 841.

FAILLITE. — Le jugement déclaratif de la faillite emporte de plein droit, à partir de sa date, dessaisissement pour le failli de l'administration de tous ses biens, *même de ceux qui peuvent lui échoir tant qu'il est en état de faillite.* — A partir de ce jugement, toute action mobilière et immobilière ne pourra être suivie ou intentée que contre les syndics. Com. 443.

FEMME MARIÉE. — La femme ne peut seule provoquer judiciairement le partage, qui est un acte de propriété. C. 217, 219. — La femme mineure, émancipée par le mariage, n'a pas besoin de l'autorisation du conseil de famille, mais il lui suffit de celle du mari, pour provoquer le partage. — La femme séparée de biens peut seule procéder à un partage amiable d'une succession *mobilière*. C. 217, 1449. — Troplong.

La femme renonçante perd toute espèce de droits sur les biens de la communauté, et même sur le mobilier qui y est entré de son chef. C. 1492.

Le mari de la femme dotale ne peut procéder seul au partage définitif des biens dotaux, le partage ainsi fait ne serait que provisionnel. Nîmes, 12 mars 1835. — Jugé toutefois qu'il peut procéder à un partage définitif des biens dotaux de la femme, ainsi qu'à la licitation des immeubles impartageables, mais avec les formalités prescrites par l'article 1558 C. (V. *Régime dotal*), Cass., 23 août 1830. — Mais le partage des biens dotaux *régulièrement* consenti par la femme, peut être fait à l'*amiable*; la femme ne pourrait *compromettre* sur un semblable partage. Cass., 29 janvier 1838 et 17 décembre 1849.

Forme. — Le partage amiable n'a lieu qu'entre majeurs présents et capables de l'exercice de leurs droits civils. C. 819. Pr. 985. — Il y a lieu à partage judiciaire, lorsque parmi les cohéritiers ou copropriétaires il y a des mineurs, des interdits, des absents dûment représentés, des aliénés, des grevés de substitution ou autres incapables, C. 466, 838 ; Pr. 984 et 985 ; — ou lorsque les intéressés ne sont pas d'accord, soit sur la demande en partage, soit sur le mode de procéder. C. 823.

Frais. — Les frais de la demande en délivrance de legs seront à la charge de la succession sans qu'il puisse en résulter de réduction de la réserve légale. — Les droits d'enregistrement seront dus par le légataire. — Le tout, s'il n'en a été autrement ordonné par le testament. C. 1016. — Ceux de scellé, inventaire, vente de mobilier, liquidation, licitation et partage sont à la charge de la communauté. C. 1482.

GARANTIE. — Les cohéritiers demeurent respectivement garantis, les uns envers les autres, des troubles et évictions seulement qui procèdent d'une cause antérieure au partage. — La garantie n'a pas lieu, si l'espèce d'éviction soufferte a été exceptée par une clause particulière et expresse de l'acte de partage; elle cesse, si c'est par sa faute que le cohéritier souffre l'éviction. C. 884. — La garantie de la solvabilité du débiteur d'une rente ne peut être exercée que dans les cinq ans qui suivent le partage. Il n'y a pas lieu à garantie à raison de l'insolvabilité du débiteur, quand elle n'est survenue que depuis le partage consommé. C. 886.

HOMOLOGATION. — Le notaire remettra l'expédition du procès-verbal de partage à la partie la plus diligente pour en poursuivre l'homologation par le Tribunal; sur le rapport du Juge commissaire, le Tribunal homologuera le partage, s'il y a lieu, les parties présentes ou appelées si toutes n'ont pas comparu à la clôture du procès-verbal, et sur les conclusions du Procureur de la République dans le cas où la qualité des parties requerra son ministère. Pr. 981. — Le partage judiciaire n'est définitif que par l'homologation. Lyon, 7 janvier 1859.

INDIVISION. — V. *ci-dessus : Demande.*

Interdit. — V. *plus loin : Mineur.*

Intérêts. — Les fruits et les intérêts des choses sujettes à rapport ne sont dus qu'à compter du jour de l'ouverture de la succession. C. 856. — Les remplois et récompenses dus par la communauté aux époux, et les récompenses et indemnités par eux dues à la communauté, emportent les intérêts de plein droit du jour de la dissolution de la communauté. C. 1473. — Les créances personnelles que les époux ont à exercer l'un contre l'autre, ne portent intérêt que du jour de la demande en justice. C. 1479.

Légataire. — Le légataire universel, ou à titre universel, peut provoquer le partage et y intervenir.

Lots. — Chacun des cohéritiers peut demander *sa part en nature* des biens meubles et immeubles de la succession. C. 826. — Dans la formation et composition des lots, on doit éviter, autant que possible, de morceler les héritages et de diviser les exploitations ; et il *convient de faire entrer dans chaque lot,* s'il se peut, la même quantité de meubles, d'immeubles, de droits ou de créances de même nature et valeur. C. 832.

Mari. — Le mari a l'administration de tous les biens personnels de la femme, et il est responsable de tout dépérissement de ces biens, causé par défaut d'acte conservatoire. C. 1428. — Il peut, sans le concours de sa femme, provoquer le partage des objets meubles et immeubles à elle échus qui tombent dans la communauté ; à l'égard des objets qui ne tombent pas dans la communauté, le mari ne peut provoquer le partage sans le concours de sa femme ; il *peut seulement,* s'il a le droit de jouir de ses biens, demander un partage *provisionnel*. C. 818. — V. *Régime dotal, et ci-dessus : Femme.*

Mineur. — L'autorisation du conseil de famille sera nécessaire au tuteur pour provoquer un partage ; mais il pourra, sans cette autorisation, répondre à une demande en partage dirigée contre le mineur. C. 465, 817. — La délibération du conseil de famille n'a pas besoin d'être homologuée. Arrêt de la Cour de Riom, du 11 juin 1842.

Pour obtenir à l'égard des mineurs tout l'effet qu'il aurait entre majeurs, le partage devra être fait en justice, et précédé d'une estimation faite par experts nommés par le Tribunal civil de première instance du lieu de l'ouverture de la succession. — Les experts, après avoir prêté devant le Président du même Tribunal, ou autre juge par lui délégué, le serment de bien et fidèlement remplir leur mission, procèderont à la division des héritages, et à la formation des lots, qui seront tirés au sort, en présence, soit d'un membre du Tribunal, soit d'un notaire par lui commis, lequel fera délivrance des lots. — Tout autre partage ne sera considéré que comme *provisionnel*. C. 466, 840. — V. *plus loin : Provisionnel.* — S'il y a plusieurs mineurs qui aient des intérêts opposés dans le partage, il doit leur être donné à chacun un tuteur spécial et particulier. — Le mineur émancipé ne peut faire de demande en partage qu'avec l'assistance de son curateur ; il ne peut procéder à un partage amiable, même avec l'assistance de son curateur. C. 838.

Nullité. — Tout traité, transaction, liquidation, partage, etc., qui pourra intervenir entre le tuteur et le mineur devenu majeur, sera nul, s'il n'a été précédé de la reddition d'un compte détaillé, et de la remise des pièces justificatives, le tout constaté par un *récépissé* de l'ayant compte, *dix jours* au moins avant le traité. C. 472.

Père. — V. *Administration légale.*

Portion disponible. — V. *ce titre.*

Préciput. — Dispense de Rapport. — V. *ci-après : Rapport.*

Privilège. — V. *Inscription (cohéritiers).*

Procès-verbal de dires. — Si, dans les opérations renvoyées devant un notaire, il s'élève des contestations, le notaire dressera un procès-verbal des difficultés et des dires respectifs des parties, et les renverra devant le juge commissaire nommé pour le partage. C. 837.

Provisionnel. — Le partage fait conformément à la loi, soit par le tuteur, avec l'autorisation d'un conseil de famille, soit par le mineur émancipé, assisté de son curateur, soit au nom de l'absent ou non présent, est définitif : il n'est que *provisionnel*, si les règles prescrites n'ont pas été observées. C. 840.

Le partage provisionnel est un *acte d'administration* qui n'a d'effet que provisoirement et relativement à la jouissance des biens, en attendant le partage définitif de la propriété. — Il est provisionnel, ou parce que les parties, ou leurs représentants (maris, tuteurs, curateurs, etc.) l'ont voulu, ou parce que la loi le répute tel, soit à cause de leur incapacité, soit pour tout autre motif. C. 818. — Il laisse subsister l'action en partage définitif : une convention contraire ne serait valable que pour cinq ans. C. 815.

Rapport. — Tout héritier, même bénéficiaire,

venant à une succession, doit rapporter à ses cohéritiers tout ce qu'il a reçu du défunt, par donation entre vifs, directement ou indirectement; il ne peut retenir les dons ni réclamer les legs à lui faits par le défunt, à moins que les dons et legs ne lui aient été faits expressément par *préciput et hors part* ou avec *dispense de rapport*. C. 829, 843. — V. l'art. 1573 C., pour le rapport de la dot d'une fille mariée, sous le régime dotal, à un mari insolvable. — Le prix d'un *remplacement militaire* est sujet à rapport. Amiens, 17 mars 1853. Le rapport n'est dû que par le cohéritier à son cohéritier, il n'est pas dû aux légataires ni aux créanciers de la succession. C. 857. — L'héritier *venant à partage ne peut retenir* les dons et legs faits par préciput ou avec dispense de rapport que jusqu'à concurrence de la quotité disponible. C. 844. — V. *Vente (Successible)*. — Celui qui *renonce* à la succession, peut cependant retenir le don entre vifs, ou réclamer le legs à lui fait jusqu'à concurrence de la portion disponible. C. 845. — *L'enfant donataire qui renonce* à la succession de son auteur peut, en faisant cette renonciation, *retenir la réserve et la quotité disponible*. Cass. 23 janvier et 17 juillet 1854. — Le rapport peut être exigé en nature, à l'égard des immeubles, toutes les fois que l'immeuble donné n'a pas été aliéné par le donataire, et qu'il n'y a pas dans la succession d'immeubles de même nature, valeur et bonté, dont on puisse former des lots à peu près égaux pour les autres cohéritiers. C. 859. — Il a lieu en moins prenant, quand le donataire a aliéné l'immeuble avant l'ouverture de la succession (ou lorsque la donation porte que le donataire ne rap-

portera pas l'immeuble, mais bien une somme déterminée représentant sa valeur. — V. *Donation,
note pratique*, N° 5); — il est dû de la valeur
de l'immeuble à l'époque de l'ouverture. C. 860.
— Si le rapport n'est pas fait en nature, les
cohéritiers à qui il est dû prélèvent une portion
égale sur la masse de la succession. Les prélèvements se font, autant que possible, en objets
de même nature, qualité et bonté, que les objets
non rapportés en nature. C. 830. — Après ces
prélèvements il est procédé, sur ce qui reste dans
la masse, à la composition d'autant de lots égaux
qu'il y a d'héritiers copartageants ou de souches
copartageantes. C. 831.

Les enfants naturels ou leurs descendants sont
tenus d'imputer sur ce qu'ils ont droit de prétendre, tout ce qu'ils ont reçu du père ou de la
mère dont la succession est ouverte, et qui serait
sujet à rapport. C. 760. — Ils doivent le rapport
comme ils peuvent le réclamer des enfants légitimes. Chabot, sur l'art. 757; Malpel, Duranton;
Paris, 5 juin 1826; Pau, 14 juillet 1827. — Cass.
11 janvier et 28 juin 1831.

Recélé. — Celui des héritiers, des époux, qui
aurait diverti ou recélé quelques effets de la
succession, de la communauté, est privé de sa
portion dans lesdits effets. C. 792, 1477. — Pour
le recèlement, on peut être poursuivi pour
l'action de vol. P. 379. — Cass. 14 mars 1878.

Renvoi devant notaire. — Après que les meubles et immeubles ont été estimés et vendus, s'il y
a lieu, le juge commissaire renvoie les parties
devant un notaire dont elles conviennent, ou
nommé d'office, si les parties ne s'accordent pas
sur le choix. — On procède, devant cet officier,

aux comptes que les copartageants peuvent se devoir, à la formation de la masse générale, à la composition des lots, et aux fournissements à faire à chacun des copartageants. C. 828. — Le notaire commis procède seul et sans l'assistance d'un second notaire ou de témoins. Pr. 997.

Reprise. — Sur la masse des biens de communauté, *chaque époux* ou son héritier prélève : dans l'état où ils se trouvent *(V. plus loin: Note pratique)*, ses biens personnels qui ne sont point entrés en communauté, s'ils existent en nature, ou ceux qui ont été acquis en remploi, le prix de ses immeubles qui ont été aliénés pendant la communauté, et dont il n'a point été fait remploi ; les indemnités qui lui sont dues par la communauté. C. 1470. — Les créances doivent être reprises en nature si elles existent. Cass. 16 juillet 1856.

La femme renonçante a le droit de reprendre : 1° Ses habits, linges et hardes à son usage, sans déduction sur ses reprises, C. 1492, 1495, Trib. de Dreux, 21 février 1855 ; sous le régime dotal elle doit précompter leur valeur dans le cas prévu par l'art. 1566. C. ; 2° Les immeubles à elle appartenant, lorsqu'ils existent en nature, ou ceux qui ont été acquis en remploi ; 3° Le prix de ses immeubles aliénés dont le remploi n'a point été fait et accepté ; 4° Toutes les indemnités qui peuvent lui être dues par la communauté. C. 1493, Com. 557 et suivants. — Elle peut exercer toutes les actions et reprises ci-dessus détaillées, tant sur les biens de la communauté que sur les biens personnels du mari ; ses héritiers le peuvent de même, sauf en ce qui concerne le prélèvement des linges et hardes, ainsi que le logement et la nourriture pendant le délai donné pour faire inventaire et délibérer (2 mois et 40 jours), C. 1465, — lesquels droits sont purement personnels à la femme survivante. C. 1495.

RESCISION. — Les partages peuvent être rescindés pour cause de violence ou de dol. Il peut aussi y avoir lieu en rescision lorsqu'un des cohéritiers établit, à son préjudice, une lésion de plus du quart. La simple omission d'un objet de la succession ne donne pas ouverture à l'action en rescision, mais seulement à un supplément à l'acte de partage. C. 887-788.

RETOUR LÉGAL. — *V. Succession.*

RETRAIT SUCCESSORAL. — *V. ce titre.*

SOMMATION. — La partie poursuivante fait sommation aux copartageants de comparaître devant le notaire commis, pour procéder aux opérations de la liquidation et au partage. Pr. 976.

TITRES. — Après le partage, remise doit être faite à chacun des copartageants, des titres particuliers aux objets qui lui seront échus. — Les titres d'une propriété divisée restent à celui qui a une plus grande part, à la charge d'en aider ceux de ses copartageants qui y auront intérêt, quand il en sera requis. — Les titres communs à toute l'hérédité seront remis à celui que tous les héritiers ont choisi pour en être le dépositaire, à la charge d'en aider ses copartageants à toute réquisition. — S'il y a difficulté sur ce choix, il est réglé par le juge. C. 842.

TUTEUR SPÉCIAL. — *Voyez ci-dessus : Mineur.*

USUFRUIT LÉGAL. — A défaut de frères ou de sœurs, ou de descendants d'eux, et à défaut d'ascendants dans l'une ou l'autre ligne, la succession est déférée pour moitié aux ascendants survivants ; et pour l'autre moitié aux parents les plus proches dans l'autre ligne. C. 753. — *Dans ce cas, le père ou la mère survivant a* l'usufruit de tous les biens auxquels il ne succède pas en propriété. C. 754.

Usufruitier. — L'usufruitier à *titre universel* peut provoquer un partage, mais l'usufruitier universel ne le peut pas.

NOTE PRATIQUE

I. — Communauté légale.

§ 1er. — *Sur la* { *Division des valeurs mobilières et immobilières. Distinction des capitaux et des fruits.*

Dans les opérations de liquidation, par deux colonnes séparées, il y a lieu, à la masse active : — De *diviser les valeurs mobilières et les immeubles,* toutes les fois que l'un des copartageants est marié sous le régime de la communauté légale, parce que les valeurs mobilières appartiennent à la communauté. — Et de *distinguer les capitaux ou fonds d'avec les fruits,* c'est-à-dire les revenus courus depuis le décès, lorsque l'un des copartageants est marié en communauté et quand, au moment du décès, il y a des enfants mineurs dont les biens sont soumis à la jouissance légale du père ou de la mère.

On suit, pour la masse passive, la même marche que dans la masse active ; on la divise également en deux colonnes, dont l'une comprend les dettes et prélèvements à la charge des capitaux, et l'autre, les dettes et prélèvements à la charge des revenus.

C'est au notaire liquidateur à reconnaître les cas où ces divisions et distinctions doivent être faites.

§ 2. — *Sur les indemnités.*

On appelle indemnités, d'après les articles 1470 et 1493 du Code civil, toutes les sommes qui sont *dues par la communauté* aux époux, ou à l'un des époux sur les biens de l'autre, pour les diverses causes ci-après : 1° Coupes de bois et produit des carrières et mines. C. 1403. — 2° Dettes d'une succession immobilière. C. 1412. — 3° Dettes contractées par la femme avec le consentement du mari. C. 1419. — 4° Amendes encourues par le mari pour crime. C. 1424. — 5° Vente d'un immeuble appartenant à l'un des époux et rachat de services fonciers dus à des héritages propres à l'un d'eux. C. 1433, 1435, 1436, 1470. — 6° Dots des enfants communs, constituées par le père et la mère conjointement, en biens personnels à l'un des époux. C. 1438, 1469. — 7° Dettes des époux antérieures au mariage. C. 1510, 1511, 1513.

Le mari est *responsable* de tout dépérissement des biens personnels de sa femme, causés par défaut d'actes conservatoires. C. 1428.

La femme a particulièrement droit à une *indemnité* sur les biens du mari et de la communauté pour les dettes auxquelles elle s'est obligée conjointement avec lui. C. 1431.

Elle peut faire preuve, à défaut d'inventaire, tant par titres et papiers domestiques, que par témoins, et au besoin par commune renommée, de la consistance et valeur du mobilier non inventorié. — Le mari n'est jamais recevable à faire cette preuve. C. 1415, 1442 et 1504.

§ 3. — *Sur les récompenses.*

Bien que le mot *récompense* puisse s'employer pour celui *indemnité*, ordinairement on ne l'applique qu'aux sommes *dues par les époux* à la communauté.

Toutes les fois qu'il est pris sur la communauté une somme, soit pour acquitter les dettes ou charges personnelles à l'un des époux, tels que le prix ou la partie du prix d'un immeuble à lui propre ou le rachat de services fonciers, soit pour la *conservation* ou *l'amélioration* de ses biens personnels, et généralement toutes les fois que l'un des époux a *tiré un profit personnel* des biens de la communauté, il en doit récompense. C. 1437.

Le mari qui prétendrait avoir payé pour sa femme une dette mobilière par elle contractée avant le mariage, et ne résultant pas d'un acte *authentique* ou ayant reçu avant la même époque une date certaine, n'en peut demander la récompense ni à sa femme ni à ses héritiers. C. 1410.

Il est dû *récompense* pour les causes suivantes: — 1° Immeuble abandonné par père, mère ou autre ascendant, à la charge de payer des dettes. C. 1406. — 2° Echange avec soulte, contre un immeuble appartenant à l'un des deux époux. C. 1407. — 3° Acquisitions à titre de licitation. C. 1408. — 4° Dettes au jour du mariage, relatives aux immeubles propres à l'un ou à l'autre des époux. C. 1409. — 5° Dettes d'une succession en partie mobilière et en partie immobilière, échue à l'un des époux. C. 1414 et 1416 (portion contributoire). — 6° Dettes contractées par la femme avec le consentement du mari. C. 1419. — 7° Dot d'un enfant d'un autre lit en valeurs de la communauté. C. 1469.

Les fruits naturels ou industriels ne sont acquis à la communauté qu'au fur et à mesure de leur séparation du fonds. Ainsi tous les fruits pendant par branches ou par racines au moment de la dissolution de la communauté, appartiennent à celui sur le fonds duquel ils sont nés, Troplong, Pothier, Duranton, Dalloz ; — ici s'applique l'article 585 du Code civil, mais la communauté a droit de *répéter les frais de labours, engrais et semences*, parce que c'est une dépense dont l'époux survivant *tire un profit personnel*, et qui donne droit à récompense aux termes de l'article 1437 du Code civil. Les principes de l'usufruit, C. 585, ne sont plus applicables à cet égard, Toullier, Duranton, Troplong ; Rennes, 26 janvier 1828 ; Douai, 20 décembre 1848.

Lorsque deux époux communs en biens ont placé ou donné moyennant une *rente viagère reversible sur la tête du survivant*, un capital appartenant à la communauté, l'époux survivant doit. *récompense* à la communauté de la valeur de la rente viagère au jour de la dissolution ;

récompense que les tribunaux doivent fixer, eu
égard à l'âge du survivant et au bénéfice probable
qui doit en résulter pour lui, Paris 11 juin 1853 ;
Cass. 29 avril 1851 ; Dijon, 8 décembre 1858.
D'après l'arrêt de Dijon, la récompense peut consister dans le partage des arrérages de la rente.
— Si l'intention des époux est que le survivant
profite de la rente, sans avoir à tenir compte
d'aucune somme soit à la communauté, soit aux
héritiers du premier mourant, il est nécessaire
qu'ils se fassent réciproquement, le jour même de
l'acte de la constitution, une *donation de la
récompense* que le survivant pourrait devoir à
la communauté, à raison de cette aliénation.
— La femme renonçante a droit néanmoins à la
rente viagère stipulée à son profit pendant la
communauté, Cass. 15 mai 1844.

La récompense due à la communauté par l'un
des époux, à raison des *impenses et améliorations* faites à l'immeuble qui lui est propre, doit
être de la plus-value donnée à l'immeuble, eu
égard, non à sa valeur vénale au moment de la
dissolution de la communauté, mais eu égard à la
valeur réelle qu'il aurait eue à cette époque si la
dépense n'eût pas été faite, Metz, 24 novembre 1869.

§ 4ᵉ. — *Sur les immeubles qui n'entrent point en communauté.*

N'entrent point en communauté : — 1° Les
immeubles que les époux possèdent au jour de
la célébration du mariage, ou qui leur échoient
pendant son cours à titre de succession ou de

donation, C. 1402, 1404 et 1405; — 2° Ceux abandonnés ou cédés par père, mère ou autre ascendant, à l'un des deux époux, soit pour le remplir de ce qu'il lui doit, soit à la charge de payer des dettes, C. 1407; — 3° La portion acquise à titre de licitation ou autrement, d'un immeuble dont l'un des époux était propriétaire par indivis, C. 1408.

§ 5. — *Sur les prélèvements.*

Les reprises sont *mobilières* ou *immobilières* selon la nature des biens sur lesquels elles s'exercent. — V. *Donation entre époux, biens mobiliers.*

Les prélèvements de la femme s'exercent avant ceux du mari. — Ils s'exercent pour les biens qui n'existent plus en nature, d'abord sur l'argent comptant, ensuite sur le mobilier, et subsidiairement sur les immeubles de la communauté; dans ce dernier cas, le *choix* des immeubles est déféré à la femme et à ses héritiers, C. 1471. — Le mari ne peut exercer ses reprises que sur les biens de la communauté. — La femme et ses héritiers, en cas d'insuffisance de la communauté, exercent leurs reprises sur les biens personnels du mari, C. 1472 et 1495.

Si l'époux de l'absent demande la dissolution provisoire de la communauté, il *exercera* ses reprises et tous ses droits légaux et conventionnels, à la charge de donner caution pour les choses susceptibles de restitution, C. 124.

§ 6. — *Sur l'actif de communauté.*

Font partie de l'actif : — 1° Les récompenses, § 3, C. 1438, 1468 et 1469 ; — 2° Les intérêts de ces récompenses du jour de la dissolution de la communauté, C. 1473, Cass. 9 février 1870. ; — 3° Les immeubles acquis depuis le contrat de mariage et avant la célébration du mariage, C. 1404 ; — 4° Le mobilier que les époux possédaient au jour de la célébration du mariage, ensemble tout celui qui leur échoit et les immeubles acquis pendant le mariage, C. 1401 ; — 5° Les coupes de bois et les produits des carrières et mines, C. 1403.

Le fonds de commerce doit être classé parmi les biens meubles, C. 528 et 535, Duranton ; or, celui qui appartenait à l'un des époux avant le mariage ou qui lui échoit pendant son cours, entre dans la communauté, Duranton, Troplong ; — Metz, 10 août 1841 ; Cass. 29 novembre 1842.

La femme qui renonce perd toute espèce de droit sur les biens de la communauté ; elle retire seulement les linges et hardes à son usage, C. 1492, 1495.

§ 7. — *Sur le passif de communauté.*

Le passif comprend : — 1° Les indemnités, § 2, C. 1470 ; — 2° Les intérêts de ces indemnités à partir du jour de la dissolution de la communauté, C. 1473, Cass. 9 février 1870. ; — 3° Les dons et legs faits aux époux avec stipulation qu'ils n'entreront pas dans la communauté, C. 1400. — 4° L'indemnité de logement et de nourriture due à la veuve, soit qu'elle accepte, soit qu'elle renonce, pour elle et ses domestiques, pendant trois mois et quarante jours, C. 1465 et 1495. *Cette indemnité est une charge de l'usufruit légal;* — 5° Les frais de scellés, inventaire, vente de mobiliers, licitation, liquidation, partage, homologation, C. 1482; — 6° Les frais de dernière maladie; — 7° Les dettes et charges déterminées par les articles 1409, 1410, 1411, 1414 et 1418 du Code civil.

La femme renonçante est déchargée de toute contribution aux dettes de la communauté, C. 1494.

§ 8. — *Sur l'actif de succession.*

Sont de l'actif : — Les rapports dus par les héritiers, C. 843; — Les fruits et intérêts de ces rapports à compter du jour de l'ouverture de la succession, C. 856; — Les propres, et les droits indivis dans une communauté de biens et dans une succession; — Et les revenus au jour du décès, de ces propres et droits.

§ 9 et dernier. — *Sur le passif de succession.*

Ce passif se compose : — 1° Des dettes résultant d'engagements et obligations contractés par le défunt; — 2° Des intérêts et arrérages de ces obligations, gages des domestiques, loyers, fermage, frais de *réparations,* contributions et autres charges au jour du décès; — 3° Des frais de scellés, inventaire, vente de mobilier, licitation, liquidation, partage, homologation; — 4° De ceux de délivrance de legs, C. 1016; — 5° Des legs particuliers; — 6° Des frais funéraires; — 7° Du deuil de la veuve, même renonçante;

8*

deuil qui est aux frais des héritiers du mari prédécédé, dont la valeur est réglée selon la fortune
du mari, C. 1481, et la durée fixée à une année.
La veuve qui a *l'usufruit légal* des biens de
ses enfants mineurs, *ne peut réclamer* les frais
de deuil, ce deuil faisant partie des frais funéraires, C. 385.

Les droits de mutation sont une charge personnelle de l'héritier et des légataires, et non point
une dette de succession, C. 1016 ; — Quant aux
frais de testament, — V. *ce mot : Frais*.

II. — Communauté conventionnelle.

La loi ne régit l'association conjugale, quant
aux biens, qu'à défaut de *conventions spéciales,*
C. 1387. Et à défaut de stipulations qui dérogent
au régime de la communauté ou le *modifient,* les
règles établies par les articles 1400 à 1496 du
Code civil forment le droit commun de la France,
C. 1393. — Or, tout ce qui est dit sous les sept
premiers paragraphes du titre I, *s'applique* à la
communauté conventionnelle, en tant qu'il n'y a
pas été dérogé, ni apporté de modifications, par le
contrat de mariage.

Louage des domestiques et ouvriers.

C'est l'engagement des *gens de travail* au
service de quelqu'un. C. 1711, 1779.

On entend généralement par *gens de travail,* les domestiques et les ouvriers mais les ouvriers ; diffèrent des domestiques, en ce que ceux-ci sont particulièrement attachés à la personne ou au ménage de leur maître, demeurent chez lui et reçoivent des gages fixes ou à l'année, tandis que ceux-là travaillent seulement à quelque ouvrage, ne demeurent pas chez le maître qui les emploie, et reçoivent simplement de lui le prix de leur travail, mais non à titre de gages fixes ou annuels.

La convention qui intervient entre un maître et un domestique est un véritable contrat de louage.

Le louage des services, quelle que soit la condition de ceux qui contractent, est parfait par ce seul consentement. S'il résulte de conventions verbales, la preuve peut s'en faire par témoins, lorsque l'objet du contrat est d'une valeur qui n'excède pas 150 francs. *Troplong.*

Il engendre pour le maître et pour le domestique ou l'ouvrier des obligations réciproques qui consistent, à l'égard du premier, à payer exactement le prix ou les gages de la manière et aux époques convenues ; et, pour le second, à exécuter fidèlement l'ouvrage, objet du contrat, ou à observer scrupuleusement les devoirs imposés par le maître. Ainsi, le locateur est tenu de faire l'ouvrage en temps utile, d'y apporter tous les soins désirables, et, s'il s'agit d'un travail qui lui ait été confié à raison de son talent personnel, de le faire par lui-même.

La durée des engagements est fixée par la convention, par la nature des travaux ou par l'usage des lieux. — Ainsi, lorsqu'un domestique ou un ouvrier se loue à tant par jour ou à tant par mois, il est censé être engagé pour un jour ou pour un mois; néanmoins il ne faudrait pas toujours conclure de là que, lorsque le louage est fait à tant par an, il doit durer une année entière ; car, à Paris et dans presque toutes les grandes villes, les gages des domestiques sont fixés à tant par an, et cependant leur engagement n'est pas fait pour une année entière. *Troplong.*

Le maître est cru sur son affirmation pour la quotité des gages, pour le paiement des salaires de l'année échue, et pour les acomptes donnés pour l'année courante. C. 1481.

Les gens de travail ou les ouvriers qui ont été loués pour un ouvrage *particulier, quoique payés* à tant par jour, sont engagés jusqu'à la fin de l'opération. *Duvergier.*

En général, les domestiques attachés à la personne, tels que valets de chambre, femmes de chambre, etc., peuvent quitter leur *maître, pour* en prendre un autre ou pour rentrer chez eux, sans être tenus à aucuns dommages-intérêts. Il est également loisible au maître de les congédier lorsqu'il le juge convenable, sans leur payer aucune indemnité. *Henrion de Pensey.*

Mais les serviteurs pour l'agriculture s'engagent toujours pour un temps limité, et le plus communément pour un an, pour six mois, ou seulement pour un travail déterminé, telle qu'une moisson à recueillir ou des semailles à faire. *Ibid.*

Et on a jugé que, d'après l'usage, les serviteurs pour l'agriculture s'engageant pour une année, le domestique qui rompt son engagement avant ce terme, est passible de dommages-intérêts envers le maître, Tribunal de Châlons-sur-Marne, 3 février 1832.

Il suit de là que les règles sont différentes à l'égard des serviteurs employés aux travaux de la campagne, et qu'aucune des parties ne peut, avant le temps convenu, à moins de circonstances appréciables par le juge, se délier de son engagement sous peine de dommages-intérêts. Mais il en serait autrement en cas de force majeure résultant d'un enrôlement forcé du serviteur *(Troplong)*, soit de maladie rendant le service ultérieurement impossible, soit de toute autre circonstance analogue.

Le délai du congé à donner aux ouvriers se règle d'après la pratique suivie pour chaque profession. *Duvergier.*

La tacite reconduction a lieu dans le louage d'ouvrage et de services *(Troplong)*, et le temps que doit durer cette reconduction est celui assigné par l'usage aux locations de services.

En cas de maladie survenue à des domestiques ou à des ouvriers loués pour un temps déterminé, le maître peut retenir une partie de leurs gages, proportionnée à la durée de la maladie. Dans aucun cas, le maître qui appelle un médecin et fait quelques menues dépenses pour soigner son domestique n'est autorisé à les réclamer. *Duvergier.*

Les maîtres et les commettants sont responsables du dommage causé par leurs domestiques et préposés dans les fonctions auxquelles ils les ont employés ; — Les artisans, du dommage causé par leurs apprentis pendant le temps qu'ils sont sous leur surveillance. Cette responsabilité a lieu à moins que les artisans ne prouvent qu'ils n'ont pu empêcher le fait qui donne lieu à cette responsabilité. C. 1384. — De leur côté les domestiques sont responsables de leurs délits envers ceux qui les emploient. Titre II, art. 8, Loi 26 septembre 1791.

Les Juges de paix sont compétents pour connaître, sans appel, jusqu'à la valeur de 100 fr. et à la charge d'appel, à quelque valeur que la demande puisse monter, du paiement des salaires des gens de travail, des gages des domestiques, et de l'exécution des engagements respectifs des maîtres, de leurs domestiques ou gens de travail. Art. 5, loi du 25 mai 1838.

Le vol commis par un domestique, soit dans la maison de son maître, soit dans celle où il l'accompagnait, est puni plus sévèrement que le simple vol dépouillé de cette circonstance. Pén. 385 et 386.

Mainlevée.

Acte qui annihile ou restreint l'inscription.

Les inscriptions sont rayées du *consentement* des parties intéressées et ayant *capacité* à cet effet (V. *Administration*), ou en vertu d'un jugement en dernier ressort ou passé en force de chose jugée. C. 2157. — Dans l'un et l'autre cas, ceux qui requièrent la radiation déposent au bureau du conservateur l'expédition de l'acte *authentique* portant consentement, ou celle du jugement. C. 2157.

Les privilèges et hypothèques s'éteignent par

la renonciation du créancier à l'hypothèque.
C. 2180.

L'usufruitier peut donner mainlevée de l'inscription hypothécaire prise pour sûreté de créance, mais seulement quand on la *rembourse*.

Mariage.

C'est l'union légitime de l'homme et de la femme.

Les époux contractent ensemble, par le seul fait du mariage, l'obligation de nourrir, entretenir et élever leurs enfants. C. 203.

ACTE RESPECTUEUX. — Les enfants de famille, ayant atteint vingt-cinq ans, sont tenus, avant de contracter mariage, de demander par un acte respectueux et formel, le conseil de leur père et de leur mère, ou celui de leurs aïeuls ou aïeules, lorsque leur père et leur mère sont décédés ou dans l'impossibilité de manifester leur volonté. C. 151. — Depuis la majorité de vingt-cinq ans, jusqu'à l'âge de trente ans accomplis pour les fils, et jusqu'à l'âge de vingt-cinq ans accomplis pour les filles, l'acte respectueux, prescrit par l'article précédent et sans lequel il n'y aurait pas de consentement au mariage, sera renouvelé deux autres fois, de mois en mois; et un mois après le troisième acte, il pourra être passé outre à la célébration du mariage. C. 152. — Après l'âge de trente ans, il pourra être, à défaut de consentement sur un acte respectueux, passé outre, un mois après, à la célébration du mariage. C. 153.

Ages. — L'homme, avant dix-huit ans révolus, la femme avant quinze ans révolus, ne peuvent contracter mariage. C. 144.

Aliments. — Les enfants doivent des aliments à leurs père et mère et autres ascendants qui sont dans le besoin. C. 205. — Les gendres et les belles-filles doivent également, et dans les mêmes circonstances, des aliments à leurs beau-père et belle-mère ; mais cette obligation cesse : 1° Lorsque la belle-mère a convolé en secondes noces ; 2° Lorsque celui des époux qui produisait l'affinité, et les enfants issus de son union avec l'autre époux, sont décédés. C. 206. — Les obligations résultant de ces dispositions sont réciproques. C. 207. — Les aliments ne sont accordés que dans la proportion du besoin de celui qui les réclame, et de la fortune de celui qui les doit. C. 208.

Consentement. — Le fils qui n'a pas atteint l'âge de vingt-cinq ans accomplis, la fille qui n'a pas atteint l'âge de vingt et un ans accomplis, ne peuvent contracter mariage sans le consentement de leurs père et mère, en cas de dissentiment, le consentement du père suffit. C. 148. — Si l'un des deux est mort, ou s'il est dans l'impossibilité de manifester sa volonté, le consentement de l'autre suffit. C. 149. — Cette impossibilité existe si l'époux est interdit, absent, ou privé de ses droits civils. — V. ces mots.

Si le père et la mère sont morts ou s'ils sont dans l'impossibilité de manifester leur volonté, les aïeuls et aïeules les remplacent, C. 150 ; s'il n'y a ni père, ni mère, ni aïeuls, ni aïeules, ou s'ils sont dans l'impossibilité de manifester leur volonté, le fils ou la fille mineurs de vingt et un ans ne peuvent contracter mariage sans le consentement du conseil de famille. C. 160. — Mais, dans ce cas, la nécessité d'obtenir le consentement ne s'étend pas au delà de vingt et un ans. Toullier.

La femme mariée en secondes noces peut, sans le concours de son mari, consentir au mariage de l'enfant de sa première union, lors même que cet enfant est mineur. Huteau d'Origny.

L'acte *authentique de consentement* des père et mère ou aïeuls et aïeules, ou, à leur défaut, celui de la famille, contiendra les prénoms, noms, professions et domiciles des futurs époux, et de tous ceux qui auront concouru à l'acte, ainsi que le degré de parenté.

ENFANTS NATURELS. — Les dispositions relatives à l'acte respectueux qui doit être fait aux père et mère, sont applicables aux enfants naturels légalement reconnus. C. 158.

INDIGENTS. — V. *Loi du 18 décembre 1850*.

INTERDIT. — Celui qui est interdit est par cela même incapable de contracter mariage. C. 174. 1124.

NOTIFICATION. — L'acte respectueux sera *notifié* à celui ou à ceux des ascendants désignés en l'article 151, ci-dessus, par deux notaires, ou par un notaire et deux témoins; et, dans le procès-verbal qui doit en être dressé, il sera fait mention de la réponse. C. 154.

OPPOSITION. — Le père, et à défaut du père, la mère, et à défaut des père et mère, les aïeuls et aïeules, peuvent former opposition au mariage de leurs enfants et descendants, encore que ceux-ci aient vingt-cinq ans accomplis. C. 173.

Obligations.

I. — CONDITIONS, EFFET, PREUVE, ETC.

Le contrat est une convention par laquelle une ou plusieurs personnes s'obligent, envers une ou plusieurs autres, à donner à faire, ou à ne pas faire quelque chose. C. 1101. — Jugé par la Cour de cassation, le 16 février 1856, que la clause suivante, insérée dans une obligation hypothécaire, est valable et que la nullité prononcée par l'art. 742, Pr., ne s'applique pas à cette clause : « Faute de paiement à l'échéance, « il sera libre à M... *(créancier)* de prendre « possession, à titre de propriétaire incommu- « table, de tout ou partie des objets affectés à « la sûreté de lad. créance d'après l'estimation « qui en sera faite par MM..... et, à leur défaut, « par tous autres convenus ou nommés d'office « par M. le juge de paix, dispensés dans tous « les cas du serment et autres formalités de « justice, et autorisés à procéder tant en l'ab- « sence que présence des parties, après somma- « tion préalable. »

ALIMENTS. — V. *Mariage.*

BILLET A ORDRE. — Le billet à ordre est daté; il énonce : 1° Les sommes à payer, 2° les noms de celui à l'ordre de qui il est souscrit, 3° l'époque à laquelle le paiement doit s'effectuer, 4° la valeur qui a été fournie en espèces, en marchandises, en compte, ou de toute autre manière. Com. 188.

BORDEREAU DE COLLOCATION. — Dans les dix jours après l'ordonnance du juge commissaire, le greffier délivrera à chaque créancier utilement colloqué, le bordereau de collocation qui sera *exécutoire,* contre l'acquéreur. P. 771.

CLAUSE PÉNALE. — La classe pénale est celle par laquelle une personne, pour assurer l'exécution d'une convention, s'engage à quelque chose en cas d'inexécution, C. 1220.

COMPENSATION. — Lorsque deux personnes se trouvent débitrices l'une envers l'autre, il s'opère entre elles une compensation qui éteint les deux dettes, de la manière et dans les cas ci-après exprimés. C. 1289. — La compensation s'opère de plein droit par la seule force de la loi, même à l'insu des débiteurs ; les deux dettes s'éteignent réciproquement, à l'instant où elles se trouvent exister à la fois, jusqu'à concurrence de leurs quotités respectives. C. 1290. — Elle n'a lieu qu'entre deux dettes qui ont également pour objet une somme d'argent, ou une certaine quantité de choses fongibles de la même espèce et qui sont également liquides et exigibles. C. 1291.

CONDITIONS ESSENTIELLES. — Quatre conditions sont essentielles pour la validité d'une convention : — le consentement de la partie qui s'oblige ; — sa capacité de contracter ; — un objet certain, qui forme la matière de l'engagement ; — une cause licite dans l'obligation. C. 1108.

CONDITION RÉSOLUTIVE. — La condition résolutive est celle qui, lorsqu'elle s'accomplit, opère la révocation de l'obligation, et qui remet les choses au même état que si l'obligation n'avait pas existé. — Elle ne suspend point l'exécution de l'obligation ; elle oblige seulement le créancier à restituer ce qu'il a reçu, dans le cas où l'évènement prévu par la condition arrive. C. 1183.

Condition suspensive. — L'obligation contractée sous une condition suspensive, est celle qui
dépend ou d'un évènement futur et incertain, ou
d'un évènement actuellement arrivé, mais encore
inconnu des parties. — Dans le premier cas,
l'obligation ne peut être exécutée qu'après l'évènement. — Dans le second cas, l'obligation a son
effet du jour où elle a été contractée. C. 1181.

Confusion. — Lorsque les qualités de créancier
et de débiteur se réunissent dans la même personne, il se fait une confusion de droit qui éteint
les deux créances. C. 1300.

Délégation. — La délégation par laquelle un
débiteur donne au créancier un autre débiteur
qui s'oblige envers le créancier, n'opère point
de novation si le créancier n'a expressément
déclaré qu'il entendait décharger son débiteur
qui a fait la délégation. C. 1275. — Elle est
parfaite quand le délégué s'oblige envers le
délégataire. — La simple indication faite par
le débiteur, d'une personne qui doit payer à sa
place, n'opère point de novation. — Il en est
de même de la simple indication faite par le
créancier, d'une personne qui doit recevoir pour
lui. C. 1277. —Elle ne devient délégation parfaite que par la notification au délégué, ou par
l'acceptation de ce dernier.

Délit. — Tout fait quelconque de l'homme
qui cause à autrui un dommage, oblige celui
par la faute duquel il est arrivé, à le réparer.
C. 1382. — Chacun est responsable du dommage
qu'il a causé non seulement par son fait, mais
encore par sa négligence ou par son imprudence.
C. 1383. — On est responsable non seulement
du dommage que l'on cause par son propre fait.

mais encore de celui qui est causé par le fait des personnes dont on doit répondre, ou des choses que l'on a sous sa garde. — Le père, et la mère après le décès du mari, sont responsables du dommage causé par leurs enfants mineurs habitant avec eux ; — les instituteurs, du dommage causé par leurs élèves pendant le temps qu'ils sont sous leur surveillance ; — la responsabilité ci-dessus a lieu, à moins que les père et mère, et instituteurs, ne prouvent qu'ils n'ont pu empêcher le fait qui donne lieu à cette responsabilité. C. 1384. — (V. *Louage des domestiques et des ouvriers.*) — Le propriétaire d'un animal, ou celui qui s'en sert, pendant qu'il est à son usage, est responsable du dommage que l'animal a causé, soit que l'animal fût sous sa garde, soit qu'il fût égaré ou échappé. C. 1385.

Divisibilité. — L'obligation qui est susceptible de division, doit être exécutée entre le créancier et le débiteur comme si elle était indivisible. La divisibilité n'a d'application qu'à l'égard de leurs héritiers, qui ne peuvent demander la dette, ou qui ne sont tenus de la payer que pour les parts dont ils sont saisis ou dont ils sont tenus comme représentant le créancier ou le débiteur. C. 1220.

Domicile élu. — Lorsqu'un acte contiendra, de la part des parties ou de l'une d'elles, élection de domicile pour l'exécution de ce même acte dans un autre lieu que celui du domicile réel, les significations, demandes et poursuites relatives à cet acte, pourront être faites au domicile convenu, et devant le juge de ce domicile. C. 111.

Dommages et intérêts. — Toute obligation de faire ou de ne pas faire se résout en dommages et intérêts, en cas d'inexécution de la part du débiteur. C. 1142. — Lorsque la convention porte que celui qui manquera de l'exécuter paiera une certaine somme à titre de dommages-intérêts, il ne peut être alloué à l'autre partie une somme plus forte ni moindre. C. 1152.

Entrepreneur, responsabilité. — Si l'édifice construit à prix fait, périt en tout ou en partie par le vice de la construction, même par le vice du sol, les architectes et entrepreneurs en sont responsables pendant dix ans. C. 1792.

Exigibilité. — Le débiteur ne peut plus réclamer le bénéfice du terme lorsqu'il a fait faillite, ou lorsque par son fait il a diminué les sûretés qu'il avait données par le contrat à son créancier, C. 1188. — et le jugement déclaratif de la faillite rend exigibles, à l'égard du failli, les dettes passives non échues. — En cas de faillite d'un souscripteur d'un billet à ordre, les autres obligés seront tenus de donner caution pour le paiement à l'échéance, s'ils n'aiment mieux payer immédiatement. Com. 444.

Femme commune en biens, ses héritiers. — V. *Liquidation*.

Imputation des paiements. — Le débiteur d'une dette qui porte intérêt ou produit des arrérages, ne peut point, sans le consentement du créancier, imputer le paiement qu'il fait sur le capital par préférence aux intérêts ou arrérages; le paiement fait sur le capital et intérêts, mais qui n'est point intégral, s'impute d'abord sur les intérêts. C. 1254.

Immobilisation. — Les fruits naturels et industriels recueillis postérieurement à la transcription, ou le prix qui en proviendra, seront immobilisés pour être distribués avec le prix de l'immeuble par ordre d'hypothèque. Pr. 682. — Les loyers et fermages seront immobilisés à partir de la transcription de la saisie, pour être distribués avec le prix de l'immeuble par ordre d'hypothèque. Pr. 687.

Interdiction. — V. *ce mot.*

Intérêts. — Les intérêts échus des capitaux peuvent produire des intérêts, ou par une demande judiciaire, ou par une convention spéciale, pourvu que, soit dans la demande, soit dans la convention, il s'agisse d'intérêts dus au moins pour une année entière. C. 1154. — Le jugement déclaratif de faillite arrête, à l'égard de la masse seulement, le cours des intérêts de toute créance non garantie par un privilège, par un nantissement, ou par une hypothèque. Les intérêts des créances garanties ne pourront être réclamés que sur les sommes provenant des biens affectés au privilège, à l'hypothèque ou au nantissement. Com. 445.

Lieu de paiement. — Le paiement doit être exécuté dans le lieu désigné par la convention. Si le lieu n'y est pas désigné, le paiement, lorsqu'il s'agit d'un corps certain et déterminé, doit être fait dans le lieu où était, au temps de l'obligation, la chose qui en fait l'objet. Hors ces deux cas, le paiement doit être fait au domicile du débiteur. C. 1247.

Mari. — Le mari a l'administration de tous les biens personnels de sa femme, et il est responsable de tout dépérissement de ces biens, causé par défaut d'actes conservatoires. C. 1428.

Mineur émancipé. — Le mineur émancipé ne pourra faire d'emprunt, sous aucun prétexte, sans une délibération du conseil de famille, homologuée par le Tribunal de première instance. C. 483.

NOVATION. — La novation s'opère de trois manières : 1° lorsque le débiteur contracte envers son créancier une nouvelle dette qui est substituée à l'ancienne, laquelle est éteinte ; 2° lorsqu'un nouveau débiteur est substitué à l'ancien, qui est déchargé par le créancier ; 3° lorsque, par l'effet d'un nouvel engagement, un nouveau créancier est substitué à l'ancien, envers lequel le débiteur se trouve déchargé. C. 1271.

NULLITÉ. — Sont nuls et sans effet, relativement à la masse, lorsqu'ils auront été faits par le débiteur depuis l'époque déterminée par le Tribunal comme étant celle de la cessation de ses paiements, ou dans les dix jours qui auront précédé cette époque, tous actes translatifs de propriétés mobilières ou immobilières à titre gratuit ; toute hypothèque conventionnelle ou judiciaire, et tous droits d'antichrèse ou de nantissement constitués sur les biens du débiteur pour dettes antérieurement contractées. Com. 446.

OFFRE ET CONSIGNATION. — Lorsque le créancier refuse de recevoir son paiement, le débiteur peut lui faire des offres réelles, et, au refus du créancier de les accepter, consigner la somme ou la chose offerte. — Les offres réelles suivies d'une consignation libèrent le débiteur ; elles tiennent lieu à son égard de paiement, lorsqu'elles sont valablement faites, et la chose ainsi consignée demeure aux risques du créancier. C. 1257. — Les frais des offres réelles et de la consignation sont à la charge du créancier, si elles sont valables. C. 1260. — Tout procès verbal d'offre désignera l'objet offert, de manière qu'on ne puisse y en substituer un autre, et si ce sont des espèces, il en contiendra l'énumération et la qualité. Pr. 812.

Ouvriers. — Les maçons, charpentiers et autres ouvriers qui ont été employés à la construction d'un bâtiment ou d'autres ouvrages faits à l'entreprise, n'ont d'action contre celui pour lequel les ouvrages ont été faits, que jusqu'à concurrence de ce dont il se trouve débiteur envers l'entrepreneur, au moment où leur action est intentée. C. 1798.

Présomption. — Les présomptions sont des conséquences que la loi ou le magistrat tire d'un fait connu à un fait inconnu. C. 1349.

Prêt. — Le prêt de consommation est un contrat par lequel l'une des parties livre à l'autre une certaine quantité de choses qui se consomment par l'usage, à la charge par cette dernière de lui en rendre autant de même espèce et qualité. C. 1892.

Preuves. — Celui qui réclame l'exécution d'une obligation, doit la prouver. — Réciproquement, celui qui se prétend libéré doit justifier le paiement ou le fait qui a produit l'extinction de son obligation. C. 1315. — Les registres des marchands ne font point, contre les personnes non marchandes, preuve des fournitures qui y sont portées, sauf ce qui sera dit à l'égard du serment. C. 1329 — Les livres des marchands font preuve contre eux ; mais celui qui en veut tirer avantage, ne peut les diviser en ce qu'ils contiennent de contraire à sa prétention. C. 1330. — Les registres et papiers domestiques ne font point un titre pour celui qui les a écrits. Ils font foi contre lui ; 1° Dans tous les cas, où ils énoncent formellement un payement reçu. — 2° Lorsqu'ils contiennent la mention expresse que la note a été faite pour suppléer le défaut du titre en faveur de celui au profit duquel ils énoncent une obligation. C. 1331. — L'écriture mise par le créancier à la suite, en marge ou au dos d'un titre qui est toujours resté en sa possession, fait foi, quoique non signé ni daté par lui, lorsqu'elle tend à établir la libération du débiteur. — Il en est de même de l'écriture mise par le créancier au dos, ou en marge, ou à la suite du double d'un titre ou d'une quittance, pourvu que ce double soit entre les mains du débiteur. C. 1332.

Preuve testimoniale. — Il doit être passé acte devant notaires ou sous signature privée, de toute chose excédant la somme ou valeur de cent cinquante francs, même pour dépôt volontaire ; et il n'est reçu aucune preuve par témoins contre et outre le contenu aux actes, ni sur ce qui serait allégué avoir été dit avant, lors ou depuis les actes, encore qu'il s'agisse d'une somme ou valeur moindre de cent cinquante francs ; le tout sans préjudice de ce qui est prescrit dans les lois relatives au commerce. C. 1341. — Le jugement qui ordonnera la preuve contiendra : 1° les faits à prouver ; 2° la nomination du juge devant qui l'enquête sera faite. — Si les témoins sont éloignés, il pourra être ordonné que l'enquête sera faite devant un juge commis par un tribunal désigné à cet effet. Pr. 255. — La preuve contraire sera de droit ; la preuve du demandeur et la preuve contraire seront commencées et terminées dans les délais fixés par la loi. Pr. 256.

Ratification. — On ne peut, en général,

s'engager, ni stipuler en son propre nom que pour soi-même. C. 1119. — Néanmoins on peut se porter fort pour un tiers, en promettant le fait de celui-ci ; sauf l'indemnité contre celui qui s'est porté fort ou qui a promis de faire ratifier, si le tiers refuse de remplir l'engagement. C. 1120.

RECONNAISSANCE D'ÉCRITURE. — Lorsqu'il s'agira de reconnaissance et vérification d'écritures privées, le demandeur pourra, sans permission du juge, faire assigner à trois jours pour avoir acte de la reconnaissance, ou pour faire tenir l'écrit pour reconnu ; — si le défendeur ne dénie pas la signature, tous les frais relatifs à la reconnaissance ou à la vérification, même ceux de l'enregistrement de l'écrit, seront à la charge du demandeur. Pr. 193. — Si le défendeur dénie la signature à lui attribuée, ou déclare ne pas reconnaître celle attribuée à un tiers, la vérification en pourra être ordonnée tant par titres que par experts et par témoins. Pr. 195.

RÉHABILITATION. — Le failli qui aura intégralement acquitté, en principal, intérêts et frais, toutes les sommes par lui dues, pourra obtenir sa réhabilitation. — Il ne pourra l'obtenir, s'il est l'associé d'une maison de commerce tombée en faillite, qu'après avoir justifié que toutes les dettes de la société ont été intégralement acquittées, en principal, intérêts et frais, lors même qu'un concordat particulier lui aurait été accordé. Com. 604.

REMBOURSEMENT. — Le débiteur ne peut point forcer le créancier à recevoir en partie le paiement d'une dette, même divisible : — Les juges peuvent néanmoins, en considération de la position du débiteur, et en usant de ce pouvoir avec une grande réserve, accorder des délais modérés pour le paiement, et surseoir à l'exécution des poursuites, toutes choses demeurant en état. C. 1244.

REMISE DE DETTE. — La remise volontaire du titre original sous signature privée, par le créancier au débiteur, fait preuve de libération. C. 1282. — Celle de la grosse du titre, fait présumer la remise de la dette ou le paiement, sans préjudice de la preuve contraire. C. 1283.

SERMENT. — Le serment judiciaire est de deux espèces : — 1° Celui qu'une partie défère à l'autre pour en faire dépendre le jugement de la cause ; il est appelé décisoire ; — 2° Celui qui est déféré d'office par le juge à l'une ou à l'autre des parties. C. 1357. — Celui décisoire peut être déféré sur quelque espèce de contestation que ce soit.

SIGNIFICATION. — Les titres exécutoires contre le défunt sont pareillement exécutoires contre l'héritier personnellement ; et néanmoins les créanciers ne pourront en poursuivre l'exécution que huit jours après la signification de ces titres à la personne ou au domicile de l'héritier. C. 877.

SOLIDARITÉ. — Il y a solidarité de la part des débiteurs, lorsqu'ils sont obligés à une même chose, de manière que chacun puisse être contraint pour la totalité, et que le paiement fait par un seul libère les autres envers le créancier. C. 1200.

SUBROGATION CONVENTIONNELLE. — La subrogation est conventionnelle : — 1° Lorsque le créancier, recevant son paiement d'une tierce personne, la subroge dans ses droits, actions, privilèges ou hypothèques contre le débiteur ; cette subrogation doit être expresse et faite en même temps que le paiement ; — 2° lorsque le débiteur emprunte une somme à l'effet de payer sa dette, et de subroger le prêteur dans les droits du créancier. Il faut, pour que cette subrogation soit valable, que l'acte d'emprunt et la quittance soient passés devant notaires ; que dans l'acte d'emprunt, il soit déclaré que la somme a été empruntée pour faire le paiement, et que, dans la quittance, il soit déclaré que le paiement a été fait des deniers fournis à cet effet par le nouveau créancier. Cette subrogation s'opère sans le concours de la volonté du créancier. C. 1250. — V. *Quittance.*

Subrogation de droit. — La subrogation a lieu de plein droit : — 1° Au profit de celui qui, étant lui-même créancier, paie un autre créancier qui lui est préférable à raison de ses privilèges ou hypothèques. — 2° Au profit de l'acquéreur d'un immeuble qui emploie le prix de son acquisition au paiement des créanciers auxquels cet héritage était hypothéqué. — 3° Au profit de celui qui, étant tenu avec d'autres ou pour d'autres au paiement de la dette, avait intérêt de l'acquitter. — 4° Au profit de l'héritier bénéficiaire qui a payé de ses deniers les dettes de la succession. C. 1251. —

Terme. — S'il n'a pas été fixé de terme pour la restitution, le juge peut accorder à l'emprunteur un délai suivant les circonstances. C. 1900. — S'il a été seulement convenu que l'emprunteur paierait quand il le pourrait, ou quand il en aurait les moyens, le juge lui fixera un terme de paiement, suivant les circonstances. C. 1901.

Tiers. — On peut stipuler au profit d'un tiers, lorsque telle est la condition d'une stipulation que l'on fait pour soi-même ou d'une donation que l'on fait à un autre. Celui qui a fait cette stipulation ne peut plus la révoquer, si le tiers a déclaré vouloir en profiter. C. 1121. — Une obligation peut être acquittée par toute personne qui y est intéressée, telle qu'un coobligé ou une caution. — L'obligation peut même être acquittée par un tiers qui n'y est point intéressé, pourvu que ce tiers agisse au nom et en l'acquit du débiteur, ou que, s'il agit en son propre nom, il ne soit pas subrogé aux droits du créancier. C. 1236.

TITRE AUTHENTIQUE. — L'acte authentique est celui qui a été reçu par officiers publics, ayant le droit d'instrumenter dans le lieu où l'acte a été rédigé et avec les solennités requises. C. 1317.

II. — GARANTIES QUE PEUT DONNER LE DÉBITEUR AU CRÉANCIER.

ANTICHRÈSE. — L'antichrèse ne s'établit que par écrit. Le créancier n'acquiert par le contrat que la faculté de percevoir les fruits de l'immeuble, à la charge de les imputer annuellement sur les intérêts, s'il lui en est dû, et ensuite sur le capital de sa créance. C. 2085. — Le créancier ne devient point propriétaire de l'immeuble par le seul défaut de paiement au terme convenu; toute clause contraire est nulle : en ce cas, il peut poursuivre l'expropriation de son débiteur par les voies légales. C. 2088. — Lorsque les parties ont stipulé que les fruits se compenseraient avec les intérêts, ou totalement, ou jusqu'à une certaine concurrence, cette convention s'exécute comme toute autre qui n'est point prohibée par les lois. C. 2089.

DÉLÉGATION. C. 1275. — V. *ci-dessus*.

Gage — Le gage confère au créancier le droit de se faire payer sur la chose qui en est l'objet, par privilège et préférence aux autres créanciers. C. 2073. — Ce privilège n'a lieu qu'autant qu'il y a un acte public ou sous seing privé, dûment enregistré, contenant la déclaration de la somme due, ainsi que l'espèce et la nature des choses remises en gage, ou un état annexé de leur qualité, poids et mesure. — La rédaction de l'acte par écrit et son enregistrement, ne sont néanmoins prescrits qu'en matière excédant la valeur de cent cinquante francs. C. 2074. — Il ne s'établit sur les meubles incorporels, tels que les créances mobilières, que par acte public ou sous seing privé, aussi enregistré, et signifié au débiteur de la créance donnée en gage. C. 2075. — Le créancier ne peut, à défaut de paiement, disposer du gage ; sauf à lui à faire ordonner en justice que ce gage lui demeurera en paiement et jusqu'à due concurrence, d'après une estimation faite par experts, ou qu'il sera vendu aux enchères. — Toute clause qui autoriserait le créancier à s'approprier le gage ou à en disposer sans les formalités ci-dessus, serait nulle. C. 2078. — Les syndics pourront, à toute époque, avec l'autorisation du juge commissaire, retirer les gages au profit de la faillite, en remboursant la dette. Com. 547. — Dans le cas où le gage ne sera pas retiré par les syndics, s'il est vendu par le créancier, moyennant un prix qui excède la créance, le surplus sera recouvré par les syndics ; si le prix est moindre que la créance, le créancier nanti viendra à contribution pour le surplus, dans la masse, comme créancier ordinaire. Com. 548.

Hypothèque. — L'hypothèque est un droit réel sur les immeubles affectés à l'acquittement d'une obligation. Elle est, de sa nature, indivisible, et subsiste en entier sur tous les immeubles affectés, sur chacun et sur chaque portion de ces immeubles ; elle les suit dans quelques mains qu'ils passent. C. 2114.

Nantissement. — Le nantissement est un contrat par lequel un débiteur remet une chose à son créancier pour sûreté de la dette. C. 2071.

Nullités. — *V. ci-dessus.*

III. — Exercice des droits du créancier

sur les biens du débiteur

Les biens du débiteur sont le gage commun de tous les créanciers ; et le prix s'en distribue entre eux par contribution, à moins qu'il n'y ait entre les créanciers des causes légitimes de préférence. C. 2093. — Et les créanciers peuvent exercer les droits et actions de leur débiteur. C 1166.

Acceptation de communauté. — Les créanciers de la femme peuvent attaquer la renonciation qui aurait été faite par elle ou par ses héritiers en fraude de leurs créances, et accepter la communauté de leur chef. C. 1464.

Acceptation de succession. — Les créanciers de celui qui renonce au préjudice de leurs droits. peuvent se faire autoriser en justice à accepter la succession du chef de leur débiteur, en son lieu et place. — Dans ce cas, la renonciation n'est annulée qu'en faveur des créanciers et jusqu'à concurrence seulement de leurs créances : elle ne l'est point au profit de l'héritier qui a renoncé. C. 788.

ACTE CONSERVATOIRE. — Le créancier peut, avant que la condition soit accomplie, exercer tous les actes conservatoires de son droit. — Les actes conservatoires seront valables nonobstant le délai accordé. C. 1180. Pr. 125.

ACTE FRAUDULEUX. — Les créanciers de l'usufruitier peuvent faire annuler la renonciation qu'il aurait faite à leur préjudice. C. 622. — Les créanciers peuvent, en leur nom personnel, attaquer les actes faits par leur débiteur, en fraude de leurs droits. C. 1167.

BILLET A ORDRE. — Le porteur d'un billet à ordre doit en exiger le paiement le jour de son échéance. Com. 161. — Le refus de paiement doit être constaté, le lendemain du jour de l'échéance, par un acte que l'on nomme *protêt, faute de paiement*. Com. 162. — Le porteur d'un billet à ordre protesté faute de paiement, peut exercer son action en garantie, tant contre le souscripteur que contre les endosseurs. Com. 164. — Faute de protêt, il est déchu de tous droits contre les endosseurs. C. 168.

CONSEIL DE FAMILLE. — Le conseil de famille sera convoqué sur la réquisition et à la diligence des parents du mineur, de ses créanciers ou autres personnes intéressées. C. 406.

DÉCHÉANCE DU TERME. — Le débiteur ne peut plus réclamer le bénéfice du terme lorsqu'il a fait faillite, ou lorsque, par son fait, il a diminué les sûretés qu'il avait données par le contrat à ses créanciers. C. 1188. — En cas que l'immeuble ou les immeubles présents assujettis à l'hypothèque eussent péri, ou éprouvé des dégadations, de manière qu'ils fussent devenus insuffisants pour la sûreté du créancier, celui-ci pourra ou poursuivre dès à présent son remboursement, ou obtenir un supplément d'hypothèque. C. 2131. — Le capital de la rente constituée en perpétuel devient exigible en cas de faillite ou de déconfiture du débiteur. C, 1913. — *V. ci-dessous : Exigibilité.*

EXÉCUTION PROVISOIRE. — *V. Pr.* 135.

EXPROPRIATION — Le créancier peut poursuivre l'expropriation : 1° Des biens immobiliers et de leurs accessoires, réputés immeubles appartenant en propriété à son débiteur. — 2° De l'usufruit appartenant à son débiteur sur les biens de même nature. C. 2204. — Néanmoins, la part indivise d'un cohéritier dans les immeubles d'une succession ne peut être mise en vente par ses créanciers personnels, avant le partage ou la licitation qu'ils peuvent provoquer s'ils le jugent convenable, ou dans lesquels ils ont le droit d'intervenir, conformément à l'article 882 du Code civil. C. 2205. — Le cessionnaire d'un titre exécutoire ne peut poursuivre l'expropriation qu'après que la signification du transport a été faite au débiteur. C. 2214. — A partir du jugement qui déclarera la faillite, les créanciers ne pourront poursuivre l'expropriation des immeubles sur lesquels ils n'auront pas d'hypthèque. Com. 571. — La saisie immobilière ne pourra être faite que trente jours après le commandement ; si le créancier laisse écouler plus de quatre-vingt-dix jours entre le commandement et la saisie, il sera tenu de le réitérer dans les formes et avec les délais ci-dessus. Pr. 674.

Faillite. — Le jugement déclaratif de la faillite, emporte de plein droit, à partir de sa date, dessaisissement pour le failli, de l'administration de tous ses biens, même de ceux qui peuvent lui échoir, tant qu'il est en état de faillite. — A partir de ce jugement, toute action mobilière ou immobilière ne pourra être suivie ou intentée que contre les syndics. — Il en sera de même de toute voie d'exécution, tant sur les meubles que sur les immeubles. — Le Tribunal, lorsqu'il le jugera convenable, pourra recevoir le failli partie intervenante. Com. 443. — Toutes voies d'exécution pour parvenir au paiement des loyers sur les effets mobiliers servant à l'exploitation du commerce du failli, seront suspendues pendant trente jours, à partir du jugement déclaratif de faillite, sans préjudice de toutes mesures conservatrices, et du droit qui serait acquis au propriétaire, de reprendre possession des lieux loués. Com. 450. — Si le failli n'est pas déclaré excusable, les créanciers rentreront dans l'exercice de leurs actions individuelles, tant sur sa personne que sur ses biens. Com. 539.

Femme commune en biens. — La femme peut être poursuivie pour la totalité des dettes qui procèdent de son chef et étaient entrées dans la communauté. C. 1486. — La femme, même personnellement obligée pour une dette de la communauté, ne peut être poursuivie que pour la moitié de cette dette, à moins que l'obligation ne soit solidaire. C. 1487. — La communauté n'est tenue des dettes mobilières contractées par la femme, qu'autant qu'elles résultent d'un acte authentique antérieur au mariage, ou ayant reçu avant la même époque une date certaine, soit par l'enregistrement, soit par le décès d'un ou de plusieurs signataires dudit acte. — Le créancier de la femme en vertu d'un acte n'ayant pas date certaine avant le mariage, ne peut en poursuivre contre elle le paiement que sur la nue propriété de ses biens personnels. C. 1410.

HYPOTHÈQUE JUDICIAIRE. — L'hypothèque judiciaire résulte des jugements, soit contradictoires, soit par défaut, définitifs ou provisoires, en faveur de celui qui les a obtenus. Elle résulte aussi des *reconnaissances ou vérifications,* faites en jugement, des signatures apposées à un acte obligatoire sous seing privé. Elle peut s'exercer sur les immeubles actuels du débiteur et sur ceux qu'il pourra acquérir. C. 2123. — Lorsqu'il s'agira de reconnaissance et vérification d'écritures privées, le demandeur pourra, sans permission du juge, faire assigner à trois jours pour avoir acte de la reconnaissance, ou pour faire tenir l'écrit pour reconnu. — Si le défenseur ne dénie pas la signature, tous les frais relatifs à la reconnaissance ou à la vérification, même ceux de l'enregistrement de l'écrit, sont à la charge du demandeur. Pr. 193. — V. *ci-dessus: Immobilisation.*

INSCRIPTION. — Tout créancier pourra prendre inscription pour conserver les droits de son débiteur, mais le montant de la collocation du débiteur sera distribué, comme chose mobilière, entre tous les créanciers inscrits ou opposants avant la clôture de l'ordre. Pr. 778.

INVENTAIRE. — L'inventaire peut être requis par ceux qui ont droit de requérir la levée du scellé. Pr. 941.

MISE EN DEMEURE. — Le débiteur est constitué

en demeure, soit par une sommation, ou par autre acte équivalent, soit par l'effet de la convention, lorsqu'elle porte que, sans qu'il soit besoin d'acte, et par la seule échéance du terme, le débiteur sera en demeure. C. 1139.

OPPOSITIONS. — S'il y a des créanciers opposants, l'héritier bénéficiaire ne peut payer que dans l'ordre et de la manière réglés par le juge. — S'il n'y a pas de créanciers opposants, il paie les créanciers et les légataires à mesure qu'ils se présentent. C. 808. — Les créanciers non opposants qui ne se présentent qu'après l'apurement du compte et le paiement du reliquat, n'ont de recours à exercer que contre les légataires. Dans l'un et l'autre cas, le recours se prescrit par le laps de trois ans, à compter du jour de l'apurement du compte et du paiement du reliquat. C. 809. — Lorsque le rapport se fait en nature, les biens se réunissent à la masse de la succession, francs et quittes de toutes charges créées par le donataire, mais les créanciers ayant hypothèque peuvent intervenir au partage, pour s'opposer à ce que le rapport se fasse en fraude de leurs droits. C. 865. — Les créanciers d'un copartageant, pour éviter que le partage ne soit fait en fraude de leurs droits, peuvent s'opposer à ce qu'il y soit procédé hors de leur présence; ils ont le droit d'y intervenir à leurs frais; mais ils ne peuvent attaquer un partage consommé, à moins toutefois qu'il n'y ait été procédé sans eux et au préjudice d'une opposition qu'ils auraient formée. C. 882. — Ceux du saisi, pour quelque cause que ce soit, même pour loyers, ne pourront former opposition que sur le prix de la vente. Pr. 609.

PÉREMPTION. — Toute instance, encore qu'il n'y ait pas eu constitution d'avoué, sera éteinte par discontinuation de poursuites pendant trois ans. Ce délai sera augmenté de six mois dans tous les cas où il y aura lieu à demander en reprise d'instance ou constitution de nouvel avoué. Pr. 397. — La péremption n'éteint pas l'action; elle emporte seulement extinction de la procédure, sans qu'on puisse, dans aucun cas, opposer aucun des actes de la procédure éteinte, ni s'en prévaloir. En cas de péremption, le demandeur principal est condamné à tous les frais de la procédure périmée. Pr. 401. — V. *ci-dessus: Expropriations.*

PRÉCIPUT. — Les créanciers de la communauté ont toujours le droit de faire vendre les effets compris dans le préciput. C. 1519.

REVENDICATION. — V. *Possession.*

SAISIE-ARRÊT. — Tout créancier peut, en vertu de titres authentiques ou privés, saisir-arrêter entre les mains d'un tiers, les sommes et effets appartenant à son débiteur, ou s'opposer à leur remise. Pr. 557. — S'il n'y a pas de titre, le juge du domicile du débiteur, ou même celui du domicile du tiers saisi, pourront, sur requête, permettre la saisie-arrêt et opposition. P. 558.

Seront insaisissables : — 1° Les choses déclarées insaisissables par la loi. — 2° Les provisions alimentaires adjugées par la justice. — 3° Les sommes et objets disponibles déclarés insaisissables par le testateur ou donateur. — 4° Les sommes ou pensions pour aliments, encore que le testament ou l'acte de donation ne les déclare pas insaisissables. Pr. 581.

Les provisions alimentaires ne pourront être

saisies que pour cause d'aliments. Les objets mentionnés aux numéros 3 et 4 du précédent article pourront être saisis par des créanciers postérieurs à l'acte de donation ou à l'ouverture du legs, et ce, en vertu de la permission du juge, et pour la portion qu'il déterminera. Pr. 582. — La rente viagère ne peut être stipulée insaisissable que lorsqu'elle a été constituée à titre gratuit. C. 1981. — Les traitements des fonctionnaires publics et employés civils ne sont saisissables que jusqu'à concurrence, savoir : du cinquième sur les premiers 1000 fr. et toutes les sommes au-dessous ; du quart sur les 5000 fr. suivants, et du tiers sur la portion excédant 6000 francs, à quelque somme qu'elle s'élève, et ce, jusqu'à l'acquittement des créances. Loi du 21 ventôse an IX. — Le salaire des ouvriers est saisissable pour la totalité même avant d'être échu. Cass. 22 novembre 1852. C. 2092 et 2093.

Le saisissant est tenu, dans le délai de huitaine, de dénoncer la saisie au débiteur saisi, et de l'assigner en validité. Pr. 563. — La demande en validité doit être dénoncée, dans un pareil délai de huitaine, au tiers saisi. Pr. 564. — Et faute de demande en validité, la saisie ou opposition est nulle. Faute de dénonciation de cette demande au tiers saisi, les paiements par lui faits jusqu'à la dénonciation, sont valables. P. 565. — Si le saisissant ne suit pas sur sa demande en validité, le saisi a le droit de demander la mainlevée. — Le tiers saisi ne pourra être assigné en déclaration s'il n'y a titre authentique au jugement qui ait déclaré la saisie-arrêt ou l'opposition valable. Pr. 568.

Les loyers ou fermages seront immobilisés à

partir de la transcription de la saisie, pour être distribués avec le prix de l'immeuble par ordre d'hypothèque. Un simple acte d'opposition à la requête du poursuivant ou de tout autre créancier, vaudra saisie-arrêt entre les mains des fermiers et locataires qui ne pourront se libérer qu'en exécution de mandements de collocation, ou par le versement des loyers ou fermages à la Caisse des consignations ; ce versement aura lieu à leur réquisition, ou sur la simple réquisition des créanciers ; — à défaut d'opposition, les paiements faits au débiteur seront valables, et celui-ci sera comptable, comme sequestre judiciaire, des sommes qu'il aura reçues. Pr. 685.

Saisie-brandon. — La saisie-brandon ne pourra être faite que dans les six semaines qui précèderont l'époque ordinaire de la maturité des fruits ; elle sera précédée d'un commandement avec un jour d'intervalle. Pr. 626.

Saisie de rente sur particuliers. — La saisie d'une rente constituée en perpétuel ou en viager, moyennant un capital déterminé, ou pour prix de la vente d'un immeuble, ou de la cession de fonds immobiliers, ou à tout autre titre onéreux ou gratuit, ne peut avoir lieu qu'en vertu d'un titre exécutoire. — Elle sera précédée d'un commandement fait à la personne ou au domicile de la personne obligée ou condamnée, au moins un jour avant la saisie, et contenant notification du titre, si elle n'a déjà été faite. Pr. 636. — Les règles et formalité prescrites au titre de la *saisie immobilière*, seront observées pour l'adjudication des rentes. Pr. 648, loi du 24 mai 1842.

Saisie-exécution. — Dans les cas qui requerront célérité, le Président du Tribunal pourra permettre d'assigner, même de jour à jour et d'heure à heure, et de saisir les effets mobiliers ; il pourra, suivant l'exigence des cas, assujettir le demandeur à donner caution, ou justifier de solvabilité suffisante ; ses ordonnances seront exécutoires nonobstant opposition ou appel. Pr. 417. — Toute saisie-exécution sera précédée d'un commandement à la personne ou au domicile du débiteur, fait au moins un jour avant la saisie, et contenant notification du titre, s'il n'a déjà été notifié. Pr. 583. — Faute par le saisissant de faire vendre dans le délai fixé par la loi, tout opposant ayant titre exécutoire pourra, sommation préalablement faite au saisissant, et sans former aucune demande en subrogation, faire procéder au récolement des effets saisis, sur la copie du procès-verbal de saisie que le gardien sera tenu de représenter, et de suite à la vente. Pr. 612. — Lorsque la valeur des effets saisis excèdera le montant des causes de la saisie et des oppositions, il ne sera procédé qu'à la vente des objets suffisants à fournir la somme nécessaire pour le paiement des créances et frais. Pr. 622.

Saisie-gagerie. — Les propriétaires et principaux locataires de maisons ou biens ruraux, soit qu'il y ait bail, soit qu'il n'y en ait pas, peuvent, un jour avant le commandement, et sans permission du juge, faire saisir-gager, pour loyers ou fermages échus, les effets et fruits étant dans ladite maison, ou bâtiments ruraux, et sur les terres. — Ils peuvent même faire saisir-gager à l'instant, en vertu de la permission qu'ils en auront obtenue, sur requête, du Président du Tribunal de première instance. Ils peuvent aussi saisir les meubles qui garnissaient la maison ou la ferme, lorsqu'ils ont été déplacés sans leur consentement; et ils conservent sur eux leur privilège, pourvu qu'ils en aient la revendication, conformément à l'article 2102 du Code civil. Pr. 819. — Peuvent les effets des sous-fermiers et sous-locataires garnissant les lieux par eux occupés, et les fruits des terres qu'ils sous-louent, être saisis-gagés pour les loyers et fermages dus par le locataire ou fermier de qui ils tiennent, mais ils obtiendront mainlevée, en justifiant qu'ils ont payé sans fraude, et sans qu'ils puissent opposer les paiements faits par anticipation. Pr. 820. — Tout créancier, même sans titre, peut, sans commandement préalable, mais avec permission du Président du Tribunal de première instance, — même du Juge de paix, — faire saisir les effets trouvés en la commune qu'il habite, appartenant à son débiteur forain. P. 822. — La saisie-gagerie sera faite en la même forme que la saisie-exécution. Pr. 821. — Seront, au surplus, observées les règles prescrites pour la saisie-exécution, la vente et la distribution des deniers. Pr. 825.

SAISIE IMMOBILIÈRE. — V. *ci-dessus: Expropriation*.

SAISIE REVENDICATION. — Il ne pourra être procédé à aucune saisie revendication, qu'en vertu d'ordonnance du Président du Tribunal de première instance, rendue sur requête, et ce, à peine de dommages-intérêts, tant contre la partie que contre l'huissier qui aura procédé à la saisie. Pr. 826.

SCELLÉS. — Les créanciers peuvent requérir l'apposition des scellés, en vertu d'un titre exécutoire ou d'une permission du juge. C. 820,

Pr. 909. — Lorsque le scellé aura été apposé, tous les créanciers peuvent y former opposition, encore qu'ils n'aient ni titre exécutoire ni permission du juge. C. 821, Pr. 926. — Tous ceux qui ont droit de faire apposer les scellés, pourront en requérir la levée, excepté ceux qui ne les ont fait apposer qu'en exécution de l'article 909, n° 3 du Code de procédure (les personnes qui demeuraient avec le défunt, ses serviteurs et domestiques). Pr. 930.

Le greffier du Tribunal de commerce (en cas de faillite) adressera au Juge de paix avis de la disposition du jugement qui aura ordonné l'apposition des scellés. — Le Juge de paix pourra, même avant ce jugement, apposer les scellés, soit d'office, soit sur la réquisition d'un ou de plusieurs créanciers, mais seulement dans le cas de disparition du débiteur et de détournement de tout ou partie de son actif. Com. 457.

Séparation de biens. — Les créanciers personnels de la femme ne peuvent, sans son consentement, demander la séparation de biens. — Néanmoins, en cas de faillite ou de déconfiture du mari, ils peuvent exercer les droits de leur débiteur jusqu'à concurrence du montant de leurs créances. C. 1446. — Ceux du mari peuvent se pourvoir contre la séparation de biens prononcée et même exécutée en fraude de leurs droits; ils peuvent même intervenir dans l'instance, sur la demande en séparation pour la contester. C. 1447. — Ils pourront, jusqu'au jugement définitif, sommer l'avoué de la femme, par acte d'avoué à à avoué, de leur communiquer la demande en séparation et les pièces justificatives, même intervenir pour la conservation de leurs droits, sans préliminaires de conciliation. Pr. 871.

Séparation de patrimoine. — Les créanciers d'une succession peuvent demander contre tout créancier de l'héritier la séparation du patrimoine du défunt, d'avec le patrimoine de l'héritier. C. 878.

Signification de titres. — Les titres exécutoires contre le défunt sont pareillement exécutoires contre l'héritier personnellement ; et néanmoins les créanciers ne pourront en poursuivre l'exécution que huit jours après la signification de ces titres à la personne ou au domicile de l'héritier. C. 877. — Le cessionnaire d'un titre exécutoire ne peut poursuivre l'expropriation qu'après que la signification du transport a été faite au débiteur. C. 2211.

Sommation. — Faute par le tiers détenteur de satisfaire pleinement à l'une des obligations imposées par les articles 2167 et 2168 C. (V. *Vente, Notification*), chaque créancier hypothécaire a droit de faire vendre sur lui l'immeuble hypothéqué, trente jours après commandement fait au débiteur originaire, et sommation faite au tiers détenteur, de payer la dette exigible ou de délaisser l'héritage. C. 2169.

Surenchère. — V. *Vente d'immeubles.*

Transport. — V. *Expropriation.*

Titre nouvel. — Après vingt-huit ans de la date du dernier titre, le débiteur d'une rente peut être contraint à fournir à ses frais un titre nouvel à son créancier ou à ses ayants cause. C. 2263.

Pour l'exercice des droits du créancier de la femme, du mari et de sa femme, et d'une succession échue à l'un d'eux, sur les biens, soit

*de la communauté, soit personnels aux époux,
voyez les art.* 1412, 1413, 1416, 1417, 1419,
1420 *et* 1510 *du Code civil.*

Ordre.

Opération qui détermine le rang des **créanciers**
hypothécaires, d'après la date de leurs inscriptions.

Les créanciers ayant privilège ou hypothèque
inscrite sur un immeuble, le suivent en quelques
mains qu'il passe, pour être colloqués et payés
suivant l'ordre de leurs créances ou inscriptions,
C. 2166. — L'ordre et la distribution du prix des
immeubles et la manière d'y procéder sont réglés
par les lois sur la procédure. C. 2218.

V. Pr. 749 à 779. — Com. 552 à 556. — Loi
du 26 mars 1856.

Ouverture de Crédit.

Acte par lequel un commerçant, et le plus
ordinairement un banquier, s'oblige à fournir à
une personne des fonds ou des effets négociables
jusqu'à concurrence d'une somme déterminée. —
Il constitue, de la part du *créditeur*, la promesse
de prêter, et, de la part du *crédité*, celle d'emprunter. En effet, le premier s'engage envers
l'autre à payer ou accepter, jusqu'à concurrence
de la somme convenue, les lettres de change ou
mandats que celui-ci doit tirer, ou les billets et

10*

autres effets de commerce qu'il souscrira pour être payés chez lui ; et réciproquement, le crédité se constitue débiteur du montant du crédit, et de ses accessoires, Pardessus. — Par *le montant du crédit et de ses accessoires*, il faut entendre : 1° les capitaux qui sont employés par le commerçant à l'acquit des lettres de change, billets et effets de commerce ; 2° les droits de commission et autres bénéfices fixés par l'usage ou par la convention ; 3° les intérêts des fonds, qui courent de plein droit, de même qu'en matière de *compte courant*, à partir des époques des avances successivement réalisées, conformément au crédit. C. 2001, Dalloz. Au moyen de l'ouverture d'un crédit, le créditeur et le crédité se trouvent effectivement en état de compte courant. Les intérêts du reliquat de compte courant se capitalisent lors de chaque arrêté, et produisent alors de nouveaux intérêts, alors même qu'il s'agirait d'intérêts de moins d'une année : tel est l'usage du commerce, et l'article 1154 C. est ici sans application. Dijon, 24 août 1832 ; Bourges, 22 mars 1832 ; Cass. 14 juillet 1840 ; Orléans, 21 août 1840 ; Cass. 14 août 1845.

Le crédit est généralement limité à un certain temps ; quelquefois il est illimité, c'est-à-dire qu'il ne cesse que par la volonté de la partie à laquelle ce droit a été réservé, ou que de leur consentement réciproque. — En n'usant pas du crédit qui lui est ouvert, le crédité peut être poursuivi en dommages intérêts par le créditeur ; car celui-ci a dû tenir des fonds à la disposition de l'autre partie ; il a pu dès lors se refuser à d'autres opérations qui lui ont été offertes. Arg. C. 1149.

L'hypothèque stipulée pour sûreté d'un crédit ouvert est valable, et prend rang du jour de l'inscription, jusqu'à concurrence des sommes versées et quelle que soit l'époque des versements. Cass. 21 mars 1849 et 8 mars 1853.

L'acte d'ouverture de crédit ne renfermant qu'une obligation conditionnelle, ne donne ouverture qu'au droit fixe de 2 fr. d'enregistrement, et le droit proportionnel de l'obligation ne peut être exigé qu'à l'évènement de la condition, c'est-à-dire de la réalisation du crédit. Cass. 10 mai 1831, 9 mai 1832 et 29 avril 1844; Inst. Rég. 30 sept. 1832; — et l'inscription n'est point sujette au droit proportionnel de 1 fr. par 1000 fr. établi par l'art. 60 de la loi du 28 avril 1816. Délib. Rég. 24 septembre, 13 novembre et 11 décembre 1832.

Pacte de famille.

Traité passé entre les membres d'une même famille, pour le règlement de leurs intérêts. — Ces sortes de conventions sont des contrats d'une *nature mixte*, qui doivent être exécutés avec faveur, parce qu'ils ont pour objet d'éviter les procès ou les contestations dans les familles, mais qui ne sont pas soumis aux règles de tel ou tel contrat d'une nature déterminée par la loi. Agen, 4 août 1824. — Cass., 20 novembre 1832, 15 novembre 1837, 1er mai 1832, 27 avril 1824, 27 janvier 1834; Riom, 17 mai 1817; Metz, 18 avril 1824.

Partage

V. *ci-dessus : Liquidation.*

Partage d'ascendant.

Les père et mère et autres ascendants pourront faire, entre leurs enfants et descendants, *la distribution et le partage* de leurs biens. C. 1075. — Ces partages pourront être faits par actes entre vifs ou testamentaires, avec les formalités, conditions et règles prescrites pour les donations entre vifs et testaments. Les partages faits par actes entre vifs ne pourront avoir pour objet que les biens présents. C. 1076. — La femme mariée sous le régime dotal *ne peut* faire le partage anticipé de ses biens par actes entre vifs, Cass. 18 avril 1864. Si le partage n'est pas fait entre tous les enfants qui existeront à l'époque du décès et les descendants de ceux prédécédés, le partage sera nul pour le tout. C. 1078. — Le partage pourra être attaqué pour cause de lésion de plus du quart ; il pourra l'être aussi dans le cas où il résulterait du partage et des dispositions faites par préciput, que l'un des copartagés aurait un avantage plus grand que la loi ne le permet. C. 1079. — V. *Contrat de mariage, note pratique ; —* Pour la réserve d'usufruit au profit du survivant des époux donateurs, la condition de ne pas exiger de compte de tutelle, et la renonciation à demander partage, V. *Donation entre vifs, note pratique;* et *Actes notariés, note pratique n° 9,* pour l'énonciation des actes sous seings privés non enregistrés.

Le partage d'ascendants est assujetti aux règles qui sont de l'essence des partages, en général, et spécialement à celles qui attribuent à chaque cohéritier sa part en nature dans les biens meubles et immeubles, et qui exigent que chacun des lots soit, autant que possible, composé d'une même quantité de chaque espèce de biens. C. 826 et 832.

En conséquence est nul :

Le partage d'ascendants par acte entre vifs dans lequel tous les biens meubles et immeubles (partageables en nature, Cass. 11 avril 1856 et 9 juin 1857) sont *attribués en nature* à l'un des copartageants, à la charge de payer à l'autre ou aux autres, *une soulte en argent.* La doctrine et la jurisprudence sont constantes sur ce point, Cass. 18 avril 1826, 12 avril 1831, 11 mai 1847, 18 décembre 1848 et 11 avril 1856. — Les défendeurs ne peuvent arrêter l'action exercée par un cohéritier qui prétend n'avoir pas reçu sa part dans chaque nature de biens, en fournissant un supplément, Cass. 10 novembre 1847 et 21 août 1848. — Cette action en nullité doit avoir son cours ;

Et celui qui *n'attribue* à l'un des enfants qu'une *rente viagère* payable au décès du premier mourant des père et mère. Cette nullité peut être demandée du vivant des donateurs. Elle n'est pas couverte par l'offre de compléter le lot de l'enfant demandeur. Paris 2 août 1850. — Peu importe, d'ailleurs, que l'ascendant ait stipulé des rentes viagères ou réserves d'usufruit, et qu'on puisse considérer un tel partage comme un pacte de famille. Cass. 18 octobre 1848. — Le partage d'ascendant entre vifs étant soumis aux règles des partages ordinaires, s'il est nul par inégalité des lots, il ne peut produire d'effets comme donation. Ainsi, lorsqu'un père a partagé entre vifs ses biens à ses trois enfants, en réduisant l'un d'eux à *l'usufruit de son lot* dont il a attribué la *nue propriété aux enfants de ce dernier*, la nullité d'un tel partage doit être prononcée pour le tout. Cass. 25 février 1856.

Exceptions :

Si, dit M. Troplong, un ou plusieurs de ces biens *ne pouvaient se partager commodément,* le père pourrait composer les parts d'enfants en tenant compte de cette circonstance ; et il n'y aurait pas lieu de se plaindre si, par exemple, un lot comprenait l'immeuble impartageable, l'autre des valeurs mobilières correspondantes ; et il ajoute : Il est toujours au pouvoir du père, *en ne réduisant* aucun de ses enfants à une position moins avantageuse que celle des autres, de combiner et de modifier cette distribution elle-même, de manière à satisfaire le mieux possible à leurs intérêts, convenances, situations respectives, et assurer par là la paix de la famille. Cass. 26 mars 1845. On sait d'ailleurs que l'article 832 lui-même reconnaît que, dans son application, il est susceptible d'être modifié par les faits. Cass. 9 juin 1857.

Doit être qualifié partage d'ascendants, l'acte par lequel le père qui donne à ses enfants ses immeubles, en reconnaissant que deux d'entre eux sont impartageables, charge les donataires auxquels ils les attribue, d'une soulte envers les autres; on ne peut, sans violer les caractères de la convention, donner à cet acte les effets d'une simple licitation entre les donataires. Cass. 4 juin 1849.

Et jugé que la règle qui prescrit, même pour le partage d'ascendant, de faire entrer dans les lots la même quantité de meubles et d'immeubles n'est pas applicable, lorsque les dons faits en argent antérieurement à quelques-uns des enfants, les ont à peu près remplis de leurs parts héréditaires; et que l'ascendant, ne laissant plus d'argent dans sa succession, se borne à compléter leurs lots en immeubles, tout en ne composant que d'immeubles les lots des autres. Angers, 10 mai 1838.

Il peut être stipulé dans un partage d'ascendant que les enfants ne pourront inquiéter soit le père donateur, soit le tiers, relativement aux propres de la mère, donatrice, aliénés sans remplacement. Rouen, 25 avril et 22 mai 1839.

Les *rapports* dans les partages d'ascendants, à la charge, par l'héritier qui fait le rapport, de payer une somme de..... aux autres partageants pour les égaliser, n'entraînent pas au droit de soulte. Cass. 11 décembre 1855 et 27 avril 1858.

Un partage d'ascendant fait en *fraude* des créanciers du *donateur*, doit être annulé, sans qu'il soit besoin de prouver la connivence ou la mauvaise foi des donataires. Douai, 20 février 1845.

Portion disponible.

C'est la portion des biens dont on peut disposer à titre *gratuit*. La portion dont on ne peut disposer se nomme *réserve*.

Pour fixer la quotité disponible, on forme une masse de tous les biens *existant au décès* du donateur ou testateur. On y réunit *fictivement* ceux dont il a été *disposé* par donation entre vifs, d'après leur état à l'époque des donations et de leur valeur au temps du décès du donateur. On calcule sur tous ces biens, après en avoir déduit les dettes, quelle est, eu égard à la qualité des héritiers qu'il laisse, la quotité dont il a pu disposer C. 922, mais il n'y a pas lieu de réunir les biens soumis au *retour légal*. Cass. 8 mars 1858. — Les biens qui ont fait l'objet d'un partage entre vifs par un ascendant à ses enfants, sont *irrévocablement retranchés* du patrimoine de cet ascendant et le rapport même *fictif*, ne peut en être exigé pour la supputation de la réserve et de la quotité disponible. Cass. 4 février 1845 ; Bordeaux, 12 avril 1851 ; Rouen, 25 janvier 1855 ; Bourges, 21 février 1854.

L'enfant *absent* ne compte, pour la fixation de la quotité disponible, qu'autant que son existence est prouvée au moment de l'ouverture de la succession. C. 135, Toulouse 1er mai 1823 ; Toullier, Delvincourt, Troplong. — S'il a laissé des enfants, ils font nombre comme aurait fait leur père. C. 136. Toullier, Garnier, Duranton, Troplong.

Les enfants *naturels* ne font pas nombre pour calculer la portion disponible ou indisponible, l'article 913 du Code civil est décisif, puisqu'il ne fait entrer en supputation que les enfants *légitimes*. Troplong.

Jugé par la Cour de cassation, les 11 et 12 janvier 1853, que lorsqu'un *époux* a fait à son conjoint une *libéralité irrévocable* atteignant la quotité disponible de l'article 913 du Code civil, il ne peut plus rien donner au delà, même dans les bornes de l'article 1094 du Code, à un enfant ou à un étranger.

Ascendants. — Les libéralités, par acte entre vifs ou par testament ne peuvent excéder la moitié des biens, si, à défaut d'enfant, le défunt laisse un ou plusieurs ascendants dans chacune des lignes paternelle ou maternelle, et les trois quarts, s'il ne laisse d'ascendants que dans une ligne. Les biens ainsi réservés au profit des ascendants seront par eux recueillis dans l'ordre où la loi les appelle à succéder ; ils auront seuls droit à cette réserve, dans tous les cas où un partage en concurrence avec des collatéraux ne leur donnerait pas la quotité de biens à laquelle elle est fixée. C. 915.

Collatéraux. — A défaut d'ascendants ou de descendants, les libéralités par acte entre vifs ou testamentaire, pourront épuiser la totalité des biens. C. 916.

Enfants. — Les libéralités, soit par acte entre vifs, soit par testament, ne pourront excéder la moitié des biens du disposant, s'il ne laisse à son décès qu'un enfant légitime ; le tiers, s'il laisse deux enfants ; le quart, s'il en laisse trois ou un plus grand nombre. C. 913.

Enfants d'un premier lit. — Si la confusion du mobilier ou des dettes opérait, au profit de l'un des époux un avantage supérieur à celui qui est autorisé par l'article 1098 du Code civil, les enfants du premier lit de l'autre époux auront l'action en retranchement, C. 1496. — Dans le cas où il y aurait des enfants d'un précédent mariage, toute convention par contrat de mariage qui

.tendrait dans ses effets à donner à l'un des époux au delà de la portion réglée par le même article 1098 du Code civil, sera sans effet pour tout l'excédant de cette portion ; mais les simples bénéfices résultant des travaux communs et des économies faites sur les revenus respectifs, quoique inégaux, des deux époux ne sont pas considérés comme des avantages faits au préjudice des enfants du premier lit. 1527.

ENFANT ADOPTIF. — L'enfant adoptif a sur la succession de l'adoptant les mêmes droits que ceux qu'y aurait l'enfant né en mariage. C. 350. *V. Succession.*

ENFANTS NATURELS. — Les enfants naturels ne pourront, par donation entre vifs ou par testament, rien recevoir au delà de ce qui leur est accordé au titre de succession, C. 908. — L'enfant naturel reconnu à un droit de réserve dans la succession de ses père et mère. C. 756. — La quotité de la réserve de l'enfant naturel doit être fixée, par analogie, à raison de la qualité des parents légitimes avec lesquels il concourt, de la même manière que la loi a fixé, dans les mêmes circonstances, la quotité de son droit à la succession entière. Toullier, Grenier, Duranton. C'est-à-dire que la quotité des droits de l'enfant naturel se calcule dans la proportion de ceux qu'il aurait eus s'il était légitime. Troplong. — *V. Succession.* — Les père et mère de l'enfant naturel reconnu ont un droit de réserve sur sa succession. Loiseau, Razeille, Grenier, Troplong. Bordeaux, 24 avril 1834, 20 mars 1837, Cass. 3 mars 1846.

ENTRE ÉPOUX. — **V.** *Donation entre époux.*

MINEUR. — Le mineur parvenu à l'âge de seize ans ne pourra disposer que par testament, et jusqu'à concurrence seulement de la moitié des biens dont la loi permet au majeur de disposer. C. 904. — Lorsqu'un mineur de plus de seize ans ne laisse que son père dans la ligne ascendante auquel il a légué l'universalité de ses biens, celui-ci a droit aux trois quarts de la succession et à l'usufruit du tiers du quart auquel il ne succède pas. Rouen, 27 février 1855.

RENTE VIAGÈRE. — Dans le cas où la rente viagère a été constituée à titre gratuit, elle est réductible, si elle excède ce dont il est permis de disposer ; elle est nulle si elle est au profit d'une personne incapable de recevoir. C. 1970. — Elle peut être constituée au profit d'un tiers, quoique le prix en soit fourni par une autre personne. — Dans ce cas, quoiqu'elle ait les caractères d'une libéralité, elle n'est point assujettie aux formes requises pour les donations; sauf les cas de réduction et de nullité énoncés dans l'art. 1970. C. 1973.

VENTE A UN SUCCESSIBLE. — La valeur en pleine propriété des biens aliénés, soit à charge de rente viagère, soit à fonds perdu, ou avec réserve d'usufruit, à l'un des successibles en ligne directe, sera imputée sur la portion disponible; et l'excédant, s'il y en a, sera rapporté à la masse. Cette imputation et ce rapport ne pourront être demandés par ceux des autres successibles en ligne directe qui auraient consenti à ces aliénations, ni, dans aucun cas, par les successibles en ligne collatérale. C. 918.

Possession — Revendication.

La *possession* est la détention ou la jouissance d'une chose ou d'un droit que nous tenons ou que nous exerçons par nous-mêmes, ou par un autre, qui la tient ou qui l'exerce en notre nom. C. 2228. — Pour pouvoir prescrire, il faut une possession continue et non interrompue, paisible, publique, non équivoque, et à titre de propriétaire. C. 2229. — La possession a pour conséquence de faire aquérir la prescription, et de mettre la preuve à la charge de celui qui revendique la propriété, alors qu'il n'est pas en possession de la chose revendiquée ; jusqu'à preuve contraire, celui qui possède est propriétaire, pourvu que sa possession ait duré un an. Pr. art. 23 ainsi conçu : « Les actions « possessoires ne seront recevables qu'autant « qu'elles auront été formées, dans l'année de « trouble, par ceux qui, depuis une année au « moins, étaient en possession paisible par eux « ou les leurs, à titre non précaire. » C. 2243. Les actions *possessoires* sont celles que la loi accorde aux possesseurs d'un immeuble, d'un droit réel, de meubles, à l'effet d'être maintenus dans leur possession lorsqu'ils y sont troublés par quelqu'un, ou à l'effet d'y être rétablis, lorsqu'ils ont été depossédés. — Les actions *pétitoires* ont pour objet de revendiquer la propriété.

La *revendication* est une action par laquelle on réclame la restitution d'une chose dont on se prétend propriétaire. — Le propriétaire peut saisir les meubles qui garnissent sa maison ou sa ferme, lorsqu'ils ont été déplacés sans son consentement, et il conserve sur eux son privilège, pourvu qu'il ait fait la revendication; savoir : lorsqu'il s'agit du mobilier qui garnissait une ferme, dans le délai de quarante jours; et dans celui de quinzaine s'il s'agit de meubles garnissant une maison. Le vendeur d'effets mobiliers non payés, si la vente a été faite à terme, peut revendiquer ces effets tant qu'ils sont en la possession de l'acheteur, et en empêcher la revente, pourvu que la revendication soit faite dans la huitaine de la livraison, que les effets se trouvent dans le même état dans lequel cette livraison a été faite. C. 2102. — Cette revendication au profit du vendeur d'effets mobiliers, ne sera point admise en cas de faillite. Com. 550. Pourront être revendiqués en cas de faillite, les remises à effets de commerce ou autres titres non encore payés, et qui se trouveront en nature dans le portefeuille du failli à l'époque de sa faillite, lorsque ces remises auront été faites par le propriétaire, avec le simple mandat d'en faire le recouvrement et d'en garder la valeur à sa disposition, ou lorsqu'elles auront été, de sa part, spécialement affectées à des paiements déterminés. Com. 574. — Pourront être également revendiquées, aussi longtemps qu'elles existeront en nature, en tout ou en partie, les marchandises consignées au failli à titre de dépôt, ou pour être vendues pour le compte du propriétaire; pourra même être revendiqué, le prix ou la partie du prix des dites marchandises qui n'aura été ni payé, ni réglé en valeur, ni compensé en compte courant entre le failli et l'acheteur.

Com. 575. — Pourront être revendiquées les marchandises expédiées au failli, tant que la tradition n'en aura point été effectuée dans ses magasins, ou dans ceux du commissionnaire chargé de les vendre pour le compte du failli. Com. 576. — Pourront être retenues par le vendeur, les marchandises par lui vendues qui ne sont pas délivrées au failli, ou qui n'auront pas encore été expédiées, soit à lui, soit à un tiers pour son compte. Com. 577. — Toute possession ne suffit pas pour rendre non recevable l'action du propriétaire : il faut une possession de bonne foi. C. 1141.

En fait de meubles, possession vaut titre. — V. *Distinctions des biens.* — Si le possesseur actuel de la chose volée ou perdue l'a achetée dans une foire ou dans un marché, ou dans une vente publique, ou d'un marchand vendant des choses pareilles, le propriétaire originaire ne peut se la fait rendre qu'en remboursant au possesseur le prix qu'elle lui a coûté. C. 2280.

Prescription.

La prescription est un moyen d'acquérir ou de se libérer par un certain laps de temps, et sous les conditions déterminées par la loi. C. 2219.

ACTION DU MINEUR. — Toute action du mineur contre son tuteur, relativement aux faits de la tutelle, se prescrit par dix ans, à compter de la majorité. C. 475.

AVOUÉS. — L'action des avoués, pour le

paiement de leurs frais et salaires, se prescrit par deux ans, à compter du jugement des procès, ou de la conciliation des parties, ou depuis la révocation desdits avoués. A l'égard des affaires non terminées, ils ne peuvent former de demandes pour leurs frais et salaires qui remontent à plus de cinq ans. C. 2273.

Billets a ordre. — Toutes actions relatives aux lettres de change, et à ceux des billets à ordre souscrits par des négociants, marchands ou banquiers, ou pour faits de commerce, se prescrivent par cinq ans, à compter du jour du procès, ou de la dernière poursuite juridique, s'il n'y a eu condamnation, ou si la dette n'a été reconnue par acte séparé. — Néanmoins, les prétendus débiteurs seront tenus, s'ils en sont requis, d'affirmer sous serment, qu'ils ne sont plus redevables ; et leurs veuves, héritiers ou ayants cause, qu'ils estiment de bonne foi, qu'il n'est plus rien dû. Com. 189.

Dix et vingt ans. — Celui qui acquiert de bonne foi et par juste titre un immeuble, en prescrit la propriété par dix ans, si le véritable propriétaire habite dans le ressort de la cour d'appel, dans l'étendue de laquelle l'immeuble est situé ; et par vingt ans, s'il est domicilié hors dudit ressort. C. 2205.

Enregistrement. — Il y a prescription : après deux ans du jour de l'enregistrement s'il s'agit d'un droit non prévu sur une disposition particulière dans un acte, ou d'un supplément de perception insuffisamment faite ou d'une fausse évaluation dans une déclaration. Art. 60, loi du 22 frimaire, an VII.

Après cinq ans, à partir du jour de l'enregistrement, s'il s'agit d'une omission dans une déclaration faite après décès. Art. 11, loi du 18 mai 1850.

Après dix ans, du jour du décès, pour les droits des successions non déclarées, même article.

ENTREPRENEUR. — Si l'édifice construit à prix fait, périt en tout ou en partie par le vice de la construction, même par le vice du sol, les architectes et entrepreneurs en sont responsables pendant 10 ans. C. 1792, 2270.

INSTITUTEURS. — HOTELIERS. — OUVRIERS. — L'action des maîtres et instituteurs des sciences et arts, pour les leçons qu'ils donnent au mois ; celles des hôteliers et traiteurs à raison du logement et de la nourriture qu'ils fournissent ; celles des ouvriers et gens de travail, pour le paiement de leurs journées, fournitures et salaire, se prescrivent par six mois. C. 2271.

INTERRUPTION. — Une citation en justice, un commandement ou une saisie, signifiés à celui qu'on veut empêcher de prescrire, forment l'interruption civile. C. 2244. — La prescription est interrompue par la reconnaissance que le débiteur ou le possesseur fait du droit de celui contre lequel il prescrivait. C. 2248.

LOYERS. — INTÉRÊTS. — Les arrérages de rentes perpétuelles et viagères ; — ceux des pensions alimentaires ; — les loyers des maisons, et le prix de ferme des biens ruraux, les intérêts de sommes prêtées, et généralement tout ce qui est payable par année, ou à des termes périodiques plus courts, se prescrivent par cinq ans. C. 2277.

MÉDECINS, — PHARMACIENS, — HUISSIERS, MARCHANDS, — MAITRES DE PENSION. — DOMES-

Tiques. — L'action des médecins, chirurgiens, et apothicaires pour leurs visites, opérations et médicaments ; celle des huissiers pour le salaire des actes qu'ils signifient et des commissions qu'ils exécutent ; celle des marchands pour les marchandises qu'ils vendent aux particuliers non marchands ; celle des maîtres de pension, pour le prix de la pension de leurs élèves, et des autres, pour le prix de l'apprentissage ; celle des domestiques qui se louent à l'année pour le paiement de leur salaire, se prescrivent par un an. C. 2272.

Possession. — La possession est la détention ou la jouissance d'une chose ou d'un droit que nous tenons ou que nous exerçons par nous-mêmes, ou par un autre qui la tient ou qui l'exerce en notre nom. C, 2228. — Pour pouvoir prescrire il faut une possession continuelle et non interrompue, paisible, publique, non équivoque et à titre de propriétaire. C. 2229.

Rescision. — Lésion. — Les partages peuvent être rescindés pour cause de violence ou de dol. — Il peut aussi y avoir lieu à rescision, lorsqu'un des cohéritiers établit, à son préjudice, une lésion de plus du quart. La simple omission d'un objet de la succession ne donne pas ouverture à l'action en rescision, mais seulement un supplément à l'acte de partage. C. 887. — V. *Partage d'ascendants*. — Dans tous les cas où l'action en nullité ou en rescision d'une convention n'est pas limitée d'un moindre temps par une loi particulière, cette action dure dix ans. — Ce temps ne court, dans le cas de violence, que du jour où elle a cessé ; dans le cas d'erreur ou de dol, du jour où ils ont été découverts ; et par les actes passés par les femmes mariées non autorisées, du jour de la dissolution du mariage ; le temps ne court, à l'égard des actes faits par les interdits, que du jour où l'interdiction est levée ; et à l'égard de ceux faits par les mineurs, que du jour de la majorité. C. 1304. — La demande en rescision de la vente, n'est plus recevable après deux années, à compter du jour du contrat. C. 1676.

Revendication. — *V. Possession.*

Séparation de patrimoine. — Le droit de demander la séparation de patrimoine se prescrit, relativement aux meubles, par le laps de trois ans. — A l'égard des immeubles, l'action peut être exercée tant qu'ils existent dans la main de l'héritier. C. 880.

Succession. — La faculté d'accepter ou de répudier une succession se prescrit par le laps de temps requis pour la prescription la plus longue des droits immobiliers. C. 789.

Succession bénéficiaire. — Les créanciers non opposants qui ne se présentent qu'après l'apurement du compte et le paiement du reliquat, n'ont de recours à exercer que contre les légataires. — Dans l'un et dans l'autre cas, le recours se prescrit par le laps de trois ans, à compter du jour de l'apurement du compte et du paiement du reliquat. C. 809.

Trentenaire. — Toutes les actions, tant réelles que personnelles, sont prescrites par trente ans, sans que celui qui allègue cette prescription soit obligé d'en rapporter un titre, ou qu'on puisse lui opposer l'exception déduite de la mauvaise foi. C. 2262.

Privation des droits civils.

Les droits civils sont ceux qui règlent le rapport des particuliers entre eux et que les *lois confèrent* aux individus. — Ils diffèrent, par leur origine, des droits naturels, lesquels sont fondés sur les simples lumières de la *raison*, indépendamment de toute loi civile.

On peut en être *privé*, ou à temps (P. 9 et 48), ou à perpétuité (P. 28); mais cette privation ne peut être prononcée par les tribunaux que dans le cas où elle est formellement autorisée par la loi (P. 43). Elle est encourue, ou comme peine (P. 42), ou comme conséquence d'une peine. (P. 28.)

Les condamnations à des peines dont l'effet est de priver celui qui est condamné de toute participation aux droits civils, emportent la mort civile. C. 22. — Les peines afflictives perpétuelles n'emportent la mort civile qu'autant que la loi y aurait attaché cet effet. C. 24. — Ces peines sont la mort naturelle. C. 23. — Les condamnations aux travaux forcés à perpétuité et la déportation. P. 18. — Celles afflictives et infamantes sont: 1° la mort; 2° les travaux forcés à perpétuité; 3° la déportation; 4° les travaux forcés à temps; 5° la détention; 6° la réclusion. — P. 7.

La loi du 2 mai 1854 est ainsi conçue: « Art. 1er. La mort civile est abolie. — Art. 2. « Les condamnations à des peine *afflictives per-* « *pétuelles* emportent la dégradation civique et « l'*interdiction légale* établie par les art. 29 et

« 30 du Code pénal. — Art. 3. Le condamné à
« une peine afflictive perpétuelle ne peut *disposer*
« *de ses biens* en tout ou en partie, soit par dona-
« tion entre vifs, soit par testament, ni recevoir
« à ce titre, si ce n'est pour cause d'aliments. —
« Tout testament par lui fait antérieurement à sa
« condamnation contradictoire, devenue défini-
« tive, est nul. — Le présent article n'est applicable
« au condamné par contumace que cinq ans après
« l'exécution par effigie. »

Quiconque aura été condamné à la peine des
travaux forcés à temps, de la détention ou de la
réclusion, sera pendant la durée de sa peine, en
état d'interdiction légale ; il lui sera nommé
un *tuteur* et un *subrogé tuteur* pour gérer et
administrer ses biens dans les formes prescrites
pour les nominations des tuteurs et subrogés
tuteurs aux interdits. P. 29.

Les biens du condamné lui seront remis après
qu'il aura subi sa peine, et le tuteur lui rendra
compte de son administration. P. 30. — Mais
l'affranchissement de son interdiction légale,
n'empêche pas le condamné d'être privé de certains droits civils ou de famille : ainsi il ne peut
jamais être juré, ni expert, ni employé comme
témoin dans les actes, ni déposer en justice que
pour y donner de simples renseignements ; il ne
peut être *tuteur* ni *curateur* si ce n'est de ses
enfants et sur l'*avis de sa famille seulement*.
— Il est déchu du droit de port d'armes et du
droit de servir dans l'armée. — Pendant la durée
de la peine, il ne pourra lui être remis aucune
somme, aucune provision, aucune partie de ses
revenus. P. 31. — V. *Interdiction légale*.

Privilège.

V. *Distribution par contribution. — Inscriptions.*

Procuration.

Le mandat ou procuration est un acte par lequel une personne donne à une autre le pouvoir de faire quelque chose pour le mandant et en son nom. C. 1984.

Compte de mandat. — Tout mandataire est tenu de rendre compte de sa gestion, et de faire raison au mandant de tout ce qu'il a reçu en vertu de sa procuration, quand même ce qu'il aurait reçu n'eût point été dû au mandant. C. 1993.

Générale (Procuration). — La procuration conçue en termes généraux n'embrasse que les actes d'administration. — V. *plus loin: Spéciale (Procuration).*

Femme mariée. — Mineurs émancipés. — Les femmes, les mineurs émancipés peuvent être choisis pour mandataires ; mais le mandant n'a d'action contre le mandataire mineur, que d'après les règles générales relatives aux obligations des mineurs, et contre la femme mariée qui a accepté le mandat sans autorisation de son mari, que d'après les règles établies au titre du contrat de mariage et des droits respectifs des époux. C. 1990.

Minute. — Si le donataire est majeur, l'acceptation doit être faite par lui, ou, en son nom, par la personne fondée de procuration, portant pouvoir d'accepter la donation faite, ou un pouvoir général d'accepter les donations qui auraient été ou qui pourraient être faites. — Cette procuration devra être faite devant notaire ; et une expédition devra en être annexée à la minute de la donation, ou à la minute de l'acceptation qui serait faite par acte séparé. C. 933.

Le pouvoir de transférer une rente sur l'Etat au-dessus de 50 fr. doit être en forme authentique et en minute. Instruction ministérielle du 1er mai 1819, art. 21 et 22 ; — et au-dessous de 50 fr. elles peuvent être en brevet. Ordonnance du 3 mars 1823.

Spéciale (Procuration). — La procuration est ou spéciale et pour une affaire ou certaines affaires seulement, ou générale et pour toutes les affaires du mandant. C. 1987. — S'il s'agit d'aliéner ou hypothéquer, ou de quelque autre acte de propriété, la procuration doit être expresse. C. 1988.

Substitution. — Le mandataire répond de celui qu'il s'est substitué dans la gestion : — 1° quand il n'a pas reçu le pouvoir de se substituer quelqu'un ; — 2° quand ce pouvoir lui a été conféré sans désignation d'une personne, et que celle dont il a fait choix était notoirement incapable ou insolvable. — Dans tous les cas, le mandant peut agir directement contre la personne que le mandataire s'est substituée. C. 1994.

Propriété.

V. *Dispositions générales.*
La propriété d'un trésor appartient à celui qui

le trouve dans son propre fonds. Si le trésor est trouvé dans le fonds d'autrui, il appartient, pour moitié à celui qui l'a découvert, et pour l'autre moitié au propriétaire du fonds. — Le trésor est toute chose cachée ou enfouie, sur laquelle personne ne peut justifier sa propriété, et qui est découverte par le pur effet du hasard. C. 716.

La personne qui trouve un objet ou une somme, n'est pas tenue de la remettre à la police. — Elle est seulement tenue de lui déclarer ce qu'elle a trouvé. Tribunal de la Seine, 4 avril 1865.

Quittance.

C'est l'écrit par lequel on tient quitte quelqu'un d'une somme d'argent ou de quelque autre obligation. — V. *Administration*, — *Aliéner*, — *Testament (Exécuteur testamentaire)*, *Administration légale*.

L'usufruitier a le droit de recevoir ses capitaux et d'en donner quittance. C. 578, 582 et 587.

La quittance du capital donnée sans réserve des intérêts en fait présumer le paiement, et en opère la libération. C. 1908.

Bien que le paiement soit antérieur à la quittance subrogative, la subrogation conventionnelle n'en est pas moins valable. Cass. 6 novembre 1854.

Sont soumis au droit de timbre de dix centimes, les quittances ou acquits donnés au pied des mémoires et factures, les quittances pures et simples, reçus ou décharges de sommes, titres, valeurs ou objets, et généralement tous les titres, de quelque nature qu'ils soient, signés ou non signés, qui emporteraient libération, reçu ou décharge.

Art. 18, loi du 23 août 1871. — Sont exemptés du droit de timbre de dix centimes, les quittances de *dix francs et au-dessous, quand il ne s'agit pas d'un à compte ou d'une quittance finale sur une plus forte somme*. Art. 20, même loi.

Sont *nuls et sans effet*, relativement à la masse, lorsqu'ils auront été faits par le débiteur depuis l'époque déterminée par le Tribunal comme étant celle de la cessation de ses paiements, ou dans les *dix jours* qui ont précédé cette époque, *tous paiements* soit *en espèces*, soit par transport, vente, compensation ou autrement, pour dettes non échues, et pour dettes échues tous paiements faits autrement qu'en espèces ou effets de commerce. Com. 446. — Tous autres paiements faits par le débiteur pour dettes échues, et tous autres actes à titre onéreux par lui passés après la cessation de ses paiements et avant le jugement déclaratif de faillite, *pourront être annulés*, si de la part de ceux qui ont reçu du débiteur ou qui ont traité avec lui, ils ont eu lieu avec connaissance de la cessation de ses paiements. Com. 447.

Les frais du paiement sont à la charge du débiteur. C. 1248.

Ratification.

C'est la confirmation ou l'approbation d'un acte.

On ne peut, en général, s'engager, ni stipuler en son propre nom, que pour soi-même. C. 1119. — Néanmoins, on peut se porter fort pour un tiers, en promettant le fait de celui-ci ; sauf l'indemnité contre celui qui s'est porté fort ou qui a promis de faire ratifier, si le tiers refuse de tenir l'engagement C. 1120.

L'acte de confirmation ou ratification d'une obligation contre laquelle la loi admet l'action en nullité ou rescision, *n'est valable* que lorsqu'on y trouve la *substance de cette obligation*, la mention du motif de l'acte en rescision, et l'intention de réparer le vice sur lequel cette action est fondée. À défaut d'acte de confirmation ou ratification, il suffit que l'obligation soit exécutée volontairement après l'époque à laquelle l'obligation pourrait être valablement confirmée ou ratifiée. La confirmation, ratification ou exécution volontaire dans les formes et à l'époque déterminées par la loi, emporte la renonciation, aux moyens et exceptions que l'on pourrait opposer contre cet acte, sans préjudice néanmoins du droit des tiers. C. 1338. — La confirmation ou ratification, ou exécution volontaire d'une donation par les hérétiers ou ayants cause du donateur, après son décès, emporte leur renonciation, à opposer, soit le vice de formes, soit toute autre exception. C. 1340.

Régime dotal.

Les inconvénients du régime dotal, ses abus, ses dangers, les fraudes qu'il autorise contre les tiers, *les impossibilités qu'il élève contre toutes les entreprises commerciales et industrielles*, ses résultats contraires au but et à l'essence même de l'union conjugale, ont été signalés par Marcadé dans ces termes : « Cette institution énorme de

« l'inaliénabilité était le couronnement obligé, le
« dernier mot inévitable du système dotal... dont
« l'esprit est de sacrifier tout, absolument tout, à la
« grande idée de la conservation de la dot ; il faut
« toujours et quand même que la dot se retrouve,
« au prix de la dignité et du bonheur même de la
« famille, au prix de la prospérité et des affaires
« de la maison, au prix de la fortune des tiers si
« scandaleusement spoliés parfois, au prix du
« crédit et des transactions entravées par l'inalié-
« nabilité, au prix de l'honneur et de la morale
« publique, à tout prix enfin, il faut que la dot
« soit sauve ; la raison d'état l'exige. »

ADMINISTRATION. — Le mari seul a l'administration des biens dotaux pendant le mariage. Il
a seul le droit d'en poursuivre les débiteurs et
détenteurs, d'en percevoir les fruits et les intérêts,
et de recevoir le remboursement des capitaux. Cependant il peut être convenu, par le contrat de
mariage, que la femme touchera annuellement
sur ses seules quittances, une partie de ses revenus pour son entretien et ses besoins personnels,
C. 1549. — Il est tenu, à l'égard des biens
dotaux, de toutes les obligations de l'usufruitier, C. 1562 ; mais il n'est obligé de faire emploi
des capitaux mobiliers que quand cette condition
existe dans le contrat de mariage. — L'inaliénabilité de la dot mobilière n'ôte pas au mari le droit
d'administrer les biens dotaux, et par conséquent
de recevoir le remboursement des capitaux, d'en
disposer soit par voie d'emploi, soit par voie de
cession. Ainsi est valable la cession faite par le
mari d'une créance dotale à un tiers, ou l'aliénation d'une rente faisant partie de la dot,
Cass., 12 août 1846, 29 août 1848 ; Bordeaux,

26 mai 1849 ; Cass., 1er décembre 1851. Est aussi valable le transport, avant l'échéance du terme et aux risques et périls du cessionnaire, des créances dotales, Agen, 30 novembre 1843. Au contraire, les obligations contractées par la femme dotale ne peuvent faire l'objet de saisies-arrêts sur sa dot mobilière, Limoges, 26 juillet 1862. Comme aussi l'autorisation, dans le contrat de mariage, d'aliéner les immeubles dotaux n'emporte pas pour la femme, l'autorisation d'aliéner ou engager sa *dot mobilière,* en subrogeant, par exemple, un tiers à son hypothèque légale, Cass., 2 janvier 1837. Chambres réunies, 29 avril 1837.

Le mari peut jouir des biens paraphernaux de sa femme, mais il est comptable des fruits et tenu de toutes les obligations de l'usufruitier, C. 1577, 1578, 1579 et 1580.

BIENS DOTAUX, INALIÉNABILITÉ. — **La constitution de dot peut frapper tous les biens présents** et à venir de la femme, ou tous ses biens présents seulement, ou une partie de ses biens présents et à venir, ou même un objet individuel. La constitution en termes généraux de tous les biens de la femme, ne comprend pas les biens à venir. C. 1542. — Les constructions et améliorations faites par le mari sur un bien dotal, participent de la dotalité ; et dès lors, en cas de vente, le prix total de l'immeuble doit être payé à la femme, sauf la récompense due au mari. Cass. 14 février 1843. — L'immeuble acquis de deniers dotaux n'est pas dotal, si la condition de l'emploi n'a été stipulée par le contrat de mariage ; il en est de même de l'immeuble donné en paiement de la dot constituée en argent. C. 1553. — L'immeuble dotal peut être échangé, en justifiant de l'utilité de l'échange et en obtenant l'autorisation en justice ; l'immeuble reçu en échange sera dotal ; l'excédant du prix, s'il y en a, le sera aussi et il en sera fait emploi comme tel au profit de la femme. C. 1559.

Les immeubles constitués en dot ne peuvent être aliénés ou hypothéqués pendant le mariage, ni par le mari, ni par la femme, ni par les deux conjointement. C. 1554, Com. 7. — La dot mobilière est inaliénable, comme la dot immobilière, Cass. 1er février 1819, 26 mai 1836, 23 décembre 1839, 14 novembre 1846. Chambres réunies, — mais cette inaliénabilité n'ôte pas au mari le droit d'administrer les biens dotaux. — V. *ci-dessus* : *Administration*. — L'inaliénabilité frappe l'immeuble dotal aussi bien après qu'avant la séparation de biens, Rouen 25 juin 1818. Cass. 9 août 1819. — Si, malgré la prohibition d'aliéner, il est vendu un immeuble dotal, la femme ou ses héritiers, et le mari lui-même, peut faire révoquer l'aliénation. C. 1560. — Le principe de l'inaliénabilité n'atteint pas les biens qui échoient à la femme, après la dissolution du mariage, Troplong, Caen, 26 juin 1835. Cass. 7 décembre 1842, Rouen, 29 juin 1843, — et il ne s'applique pas aux obligations résultant d'un délit ou quasi-délit ; la femme qui, pour un fait de ce genre, a causé préjudice à autrui, doit être condamnée à le réparer, même sur ses biens dotaux, Troplong, Cass. 4 mars 1845, 7 décembre 1846 et 23 novembre 1852.

L'immeuble dotal peut être ALIÉNÉ lorsque l'aliénation en a été *permise* par le contrat de mariage. C. 1557. — La prohibition d'aliéner emporte celle de compromettre sur des contestations relatives à la dot, Grenoble 4 juin 1819 ; — et particulièrement sur un redressement de comptes, liquidation et partage relatif à des droits successifs, mobiliers. Cass. 18 mai 1841. — La faculté pure et simple d'aliéner, stipulée dans le contrat de mariage, n'entraîne pas par elle-même celle d'*hypothéquer* l'immeuble dotal. Cass. 25 janvier 1830, 22 juin 1836, 16 août 1837 ; Chambres réunies, 28 mai 1839 et 14 février 1843.

L'immeuble dotal peut encore être aliéné avec *permission de la justice* (on peut stipuler dans le contrat de mariage que les biens dotaux pourront être aliénés sans formalités de justice), et aux enchères après trois affiches, pour tirer de prison le mari ou la femme, pour fournir des aliments à la famille dans les cas prévus par les articles 203, 205 et 206, C. ; pour payer les dettes de la femme ou de ceux qui ont constitué la dot, lorsque ces dettes ont une date certaine antérieure au contrat de mariage ; pour faire de grosses réparations indispensables pour la conservation de l'immeuble dotal ; enfin lorsque l'immeuble se trouve *indivis* avec des tiers et qu'il est reconnu impartageable ; dans tous ces cas, l'excédant du prix de la vente au-dessus des besoins reconnus, restera dotal, et il en sera fait emploi comme tel au profit de la femme. C. 1558. — Rentrent dans les cas prévus par cet article 1558 C., les *hypothèques* du bien dotal autorisées par justice, pour pourvoir à l'éducation des enfants, pour grosses réparations à faire aux immeubles, et pour les améliorations nécessaires à la mise en location de ces immeubles. Cass. 22 août 1855. — Dans lesdits cas spécifiés par l'article 1558 C., non seulement l'aliénation de l'immeuble dotal est permise, mais cet immeuble peut également être *hypothéqué* avec l'autorisation de justice. Cass. 1ᵉʳ juin 1840, 1ᵉʳ décembre 1840, 23 août 1842. — La loi du 2 juin 1841 porte : « Lorsqu'il y aura lieu de vendre des immeubles dotaux, dans le cas prévu par l'article 1558 C., la vente sera préalablement autorisée sur requête par jugement rendu en audience publique. Seront en surplus applicables les articles 955, 956 et suivants du Code de Procédure. »

La femme peut, avec l'autorisation de son mari, ou, sur son refus, avec permission de justice, donner ses biens dotaux pour l'établissement des enfants qu'elle aurait d'un mariage antérieur ; mais, si elle n'est autorisée que par justice, elle doit réserver la jouissance à son mari. C. 1555. — Elle peut aussi, avec l'autorisation de son mari, donner ses biens dotaux pour l'établissement de leurs enfants communs. C. 1556.

Biens paraphernaux. — Tous les biens de la femme qui n'ont pas été constitués en dot, sont paraphernaux. C. 1574. — Si tous les biens de la femme sont paraphernaux, et s'il n'y a pas de convention dans le contrat de mariage pour lui faire supporter une portion des charges du mariage, la femme y contribue jusqu'à concurrence du tiers de ses revenus. C. 1575. — Les biens paraphernaux peuvent être aliénés, 1576.

Droits de la femme. — La femme mariée sous le régime dotal est capable de s'obliger *personnellement*, nonobstant l'inaliénabilité de ses immeubles (Cass. 29 juin 1842); cette obligation peut subsister quoiqu'elle ne puisse s'exécuter sur les biens dotaux. Troplong. — Elle ne peut même être exécutée sur le *fonds dotal immobilier après la dissolution*. Cass. 26 août 1828, 11 janvier 1831, 16 décembre 1846. Seine, 21 février 1850, mais la Cour de Cassation a jugé le 14 novembre 1855, que l'enfant de la femme dotale qui a fait acte d'héritier pur et simple, est personnellement tenu des obligations valablement contractées par sa mère durant le mariage. — La femme peut disposer par testament, Cass. 14 août 1821 ; faire, avec l'autorisation de son mari, une institution contractuelle de tout ou partie des biens qui composeront sa succession, conformément à l'article 1082 C. Delvincourt, Duranton, Troplong, Grenoble, 11 juin 1851 ; — et donner entre vifs à son mari pendant le mariage. Troplong, Riom, 5 décembre 1825. — La femme dotale, *séparée de biens*, a capacité pour recevoir sa dot mobilière, sans faire emploi. Montpellier, 22 juin 1819, Aix, 6 décembre 1822, et une créance dotale, sans être assujettie à faire emploi, et sans que les tiers qui payent aient le droit de l'exiger. Cass. 23 décembre 1839.

La femme a l'administration et la jouissance des biens paraphernaux, mais elle ne peut les aliéner (ni hypothéquer, Bellot), ni paraître en jugement à raison desdits biens, sans l'autorisation du mari, ou, à son refus, sans la permission de la justice. C. 1576. Il en résulte qu'elle est assimilée sous beaucoup de rapports, à cet égard, à la femme séparée de biens. L'étendue de ce droit d'administration doit être déterminé d'après les règles ordinaires, relatives à la capacité des administrateurs, Troplong. Ainsi elle peut consentir des baux de neuf ans, recevoir des sommes paraphernales et en donner quittance, avec désistement d'hypothèque et consentement à radiation d'inscription, *en faire le placement;* en un mot dispose de son mobilier et l'aliène. C. 1449. Troplong. — La société d'acquêts stipulée pour les mariés sous le régime dotal, n'ôte pas à la femme l'administration de ses paraphernaux. Cass. 15 juillet 1846. — La femme ne peut acquérir de nouveaux biens sans le consentement du mari; toutefois cette interdiction ne pourrait raisonnablement être étendue à des acquisitions peu importantes pouvant être considérées comme acte de simple administration. C. 217. Bellot.

Si la dot est mise en péril, la femme peut poursuivre la séparation de biens, ainsi qu'il est dit aux articles 1443 et suivants du Code civil. C. 1563. — V. *Séparation de biens.*

Remploi. — Le mari doit faire emploi du prix des immeubles dotaux aliénés pendant le mariage. et des deniers constitués en dot, lorsque la condition d'emploi a été stipulée par le contrat de mariage. C. 1553. — A défaut de stipulation le remploi doit s'effectuer soit en immeubles, soit en actions mobilières immobilisées, soit en rentes sur l'Etat français. Bellot, Troplong, loi sur le budget de l'année 1843. — Le remploi peut être exigé immédiatement par la femme. Cass. 20 février 1852. — Quand le contrat de mariage ne prescrit pas l'emploi, la femme n'est pas tenue de le faire. Bordeaux, 8 avril 1835, Cass. 11 avril 1842, Paris, 25 février 1843. — Le remploi et l'emploi doivent être acceptés par la femme. C. 1435. Troplong, Duranton. — Le remploi peut s'opérer *par anticipation.* C. 1434, 1435.

Cass. 5 décembre 1854. — La validité du remploi déclaré par le mari et accepté par la femme, est indépendante du paiement du prix de l'immeuble acquis en remploi. Rouen, 20 février 1843, contraire Paris, 6 mars 1847.

L'acquéreur d'un bien dotal, dit M. Troplong, doit veiller au remploi dont il est *responsable;* il doit se refuser à payer, tant que le remploi n'est pas fait. S'il paie sans s'assurer que le remploi a été opéré, il s'expose à l'action en délaissement de l'épouse. Cass. 22 novembre 1820, 29 janvier 1822, 12 décembre 1833, 23 décembre 1839, 25 août 1840, Paris, 23 mars 1844, Aix, 20 juin 1844. — Il a le droit d'exiger, avant de payer son prix, qu'il lui soit justifié de l'existence du remploi, quoique le contrat de mariage autorise l'aliénation sans que les acquéreurs soient tenus de surveiller le remploi, ni responsables de sa validité. Riom, 10 janvier 1856. — Jugé par la Cour de cassation, le 12 mai 1857, que l'acquéreur d'un immeuble dotal qui est tenu de surveiller le remploi de son prix, n'est pas libéré de cette obligation par les offres réelles et la consignation de ce prix, non plus que par le jugement passé en force de chose jugée qui ordonne la radiation du privilège du vendeur. Ces divers actes ne libèrent l'acquéreur que de l'obligation de payer, et *non de celle de surveiller l'emploi* qui doit être ordonné avec lui et non avec la Caisse des consignations.

Le débiteur d'une somme dotale exigible à charge de remploi, fait offre valable de cette somme, en exigeant comme condition, qu'on lui justifie du remploi, Paris, 6 mars 1849.

Lorsque le contrat de mariage stipule que

les biens dotaux pourront être aliénés *sans formalité de justice,* ce colicitant, de même qu'un acquéreur, peut se refuser à payer le prix de la licitation autrement que sur un bon et valable remploi. Cass. 23 août 1830.

RESTITUTION DE LA DOT. — Si la dot est en immeubles, ou en meubles non estimés dans le contrat de mariage ou bien mis à prix avec déclaration que l'estimation n'en ôte pas la propriété à la femme, le mari ou ses héritiers peuvent être contraints de la restituer sans délai, après la dissolution du mariage. C. 1564. — Si elle consiste en une somme d'argent, ou en meubles mis à prix par le contrat, sans déclaration que l'estimation n'en rend pas le mari propriétaire, la restitution n'en peut être exigée qu'un an après la dissolution. C. 1565. — La femme pourra retirer les linges et hardes à son usage actuel, sauf à précompter leur valeur, lorsque ces linges et hardes auront été primitivement constitués avec estimation. C. 1566. — Si le mariage est dissous par la mort de la femme, l'intérêt et les fruits de la dot à restituer courent de plein droit au profit de ses héritiers depuis le jour de la dissolution. Si c'est par la mort du mari, la femme a le *choix* d'exiger les intérêts de sa dot pendant l'an de deuil, ou de se faire fournir des aliments pendant ledit temps aux dépens de la succession du mari ; mais, dans les deux cas, l'habitation durant cette année et les habits de deuil, doivent lui être fournis sur la succession et sans imputation sur les intérêts à elle dus. C. 1570. — A la dissolution du mariage, les fruits des immeubles dotaux se partagent entre le mari et la femme ou leurs héritiers, à proportion du temps qu'il a duré pendant la dernière année. L'année commence à partir du jour où le mariage a été célébré. C. 1571.

Renonciations.

La renonciation emportant abdication d'un droit ou d'une prétention et l'aliénation des biens meubles et immeubles d'une communauté, d'une succession, ne peut être faite que par une personne *capable d'aliéner*.

Le *tuteur* d'un mineur, d'un interdit, d'un condamné, doit être autorisé par le conseil de famille, pour faire une renonciation. C. 461, 509. P. 29. La même autorisation est nécessaire au *mineur émancipé*. C. 461 et 484. — Celui qui est pourvu d'un *conseil judiciaire* ne peut renoncer sans l'assistance de ce conseil. C. 499 et 513. — La femme, même séparée, a besoin de l'autorisation du mari ou de justice pour renoncer. C. 217 et 219. — La *femme dotale*, avec le consentement de son mari, ne peut renoncer à une succession à elle échue, *Dictionnaire du notariat*, mais cette doctrine est contestée par M. Demolombe. Cet auteur pense que les femmes mariées sous le régime dotal peuvent accepter purement et simplement, sauf la question de savoir si cette acceptation oblige la dot ; et c'est en effet la conséquence de leur capacité générale de s'obliger. — Les *envoyés en possession provisoire*, C. 120, étant considérés comme simples dépositaires, semblent avoir besoin de l'autorisation du Tribunal pour renoncer à une succession échue à l'absent avant sa disparition (celle échue depuis à l'absent, est dévolue à ses cohéritiers ou **aux** parents les plus proches, C. 186), ou du moins la prudence leur suggère de ne l'accepter que sous bénéfice d'inventaire. V. *Aliénés*.

Communauté. — Après la dissolution de la communauté la femme ou ses héritiers et ayants cause ont la faculté de l'accepter ou d'y renoncer : toute convention contraire est nulle. C. 1453. — La femme qui s'est *immiscée* dans les biens de la communauté et la vente, ou ses héritiers qui en ont *diverti ou récélé* quelques effets, ne peuvent plus y renoncer. Les actes purement administratifs ou conservatoires n'emportent point immixtion. C. 1454, 1460, 1477. — Dans le cas de dissolution de la communauté par la mort de la femme, ses héritiers peuvent y renoncer dans les délais et dans les formes que la loi prescrit à la femme survivante, C. 1466. — La femme séparée de corps (ou de biens seulement), qui n'a point dans les trois mois et quarante jours après la séparation définitivement prononcée accepté la communauté, *est censée y avoir renoncé*, à moins qu'étant encore dans le délai, elle n'en ait obtenu la prorogation en justice, contradictoirement avec le mari, ou lui dûment appelé. C. 1463.

La femme survivante doit, dans les trois mois et quarante jours après le décès du mari, C. 1457, ou dans les quarante jours après la clôture de l'inventaire, s'il a été clos avant les trois mois, C. 1456, 1459, Pr. 174, faire sa renonciation au greffe du Tribunal de première instance dans l'arrondissement duquel le mari avait son domicile ; cet acte doit être inscrit sur le registre établi pour recevoir les rénonciations à succession.

C. 1457. Pr. 997. Cependant elle peut être faite par acte authentique et produire effet *entre les parties*. Cass. 15 novembre 1858, 4 mars 1856.

Si la veuve meurt ayant terminé l'inventaire, ses héritiers auront, pour délibérer, un nouveau délai de quarante jours, à compter de son décès.

Ils peuvent, au surplus, renoncer à la communauté dans les formes établies ci-dessus, C. 1461. Si les héritiers de la femme sont divisés, en sorte que l'un ait accepté la communauté à laquelle l'autre a renoncé, celui qui a accepté ne peut prendre que sa portion virile et héréditaire dans les biens qui échoient au lot de la femme : Ce surplus reste au mari, qui demeure chargé envers l'héritier renonçant, des droits que la femme aurait pu exercer en cas de renonciation, mais jusqu'à concurrence seulement de la portion virile et héréditaire du renonçant. C. 1475.

ENREGISTREMENT. — La renonciation n'emporte ni transmission ni obligation. — Faite par le survivant à ses avantages matrimoniaux, elle a pour effet d'affranchir du paiement des droits de mutation. Cass. 27 mars 1855. La renonciation de l'usufruitier est toujours révocable, *si elle n'est pas acceptée* par le nu-propriétaire, Proudhon ; elle ne donne, dans ce cas, ouverture qu'au droit fixe de 2 fr. Trib. Seine, 13 juin 1855 ; Délib. Rég. 12 septembre 1856 ; mais, *si elle est acceptée*, elle devient irrévocable, produit les effets d'une aliénation à *titre gratuit*, Proudhon, et n'est sujette qu'au droit fixe, conformément à l'article 15, n° 6, de la loi du 22 frimaire, an VII, délibération de la Régie du 9 octobre 1824, que l'aliénation de la nue propriété ait eu lieu par acte de vente ou par donation.

12*

Si la nue-propriété a été transmise par *décès*, la renonciation de l'usufruitier, acceptée par le propriétaire, donne ouverture au droit fixe, loi du 22 frimaire an VII, article 15, n° 7, et au droit proportionnel de transcription de 1 fr. 50 p. 100 fr. Cass. 6 août 1823, 6 janvier 1830, 10 août 1830, 2 décembre 1839, 8 juin 1847, 18 novembre 1851, 9 mars 1852.

Lorsqu'un ascendant renonce, moyennant une rente viagère ou à titre purement gratuit, à l'usufruit qu'il s'était réservé dans l'acte de partage anticipé, il est dû pour cette renonciation autant de droits fixes, qu'il reste d'enfants auxquels elle profite, Délib. Rég. 19 avril 1833 ; *contrà* Trib. Château-Thierry, 29 décembre 1838 ; Merry, 26 août 1846 ; — mais le droit de 1 1/2 p. 100 pour transcription n'est pas dû, Délib. Rég. 28 juin 1830 et 10 août 1842 ; Trib. Etampes, 29 juin 1841 ; Nantes, 21 avril 1842 ; Inst. Rég. 31 janvier 1843 ; — même lorsque la renonciation est faite au profit d'un seul des enfants pour les biens attribués à son lot, Trib. Seine, 25 juillet 1855.

Gains nuptiaux et de survie. — Les gains de survie stipulés dans un contrat de mariage, dont l'époux · donataire se trouve actuellement saisi, sauf la condition de survie, sont en général considérés comme une créance et non comme un droit héréditaire ; la renonciation ou la transaction dont ils seraient l'objet n'est donc *pas attaquable* comme faite sur une succession future, alors qu'elle a lieu pendant le mariage. Troplong, Benech. Cass. 22 février 1851. — V. *Contrat de mariage, notre pratique.* — Au contraire, s'il s'agit de gains nuptiaux consistant en propriété ou usufruit des biens à venir ou des biens présents et à venir, qui ne forment qu'un droit éventuel à la succession, la renonciation en faveur d'un tiers est considérée comme un pacte sur une succession future et par suite *nulle*, Benech. Toulouse, 7 mai 1829; Paris, 11 mars 1837 ; Cass. 10 août 1840.

RÉSERVE LÉGALE. — La réserve donne à celui que la loi en investit le droit de prendre les biens non disponibles en toute propriété ; il ne dépend pas du donateur ou testateur de réduire le réservataire, soit à un usufruit, soit à la nue propriété de ces biens, Grenier. C'est dans cet esprit qu'est conçu l'art. 917 du Code civil. — Elle est considérée comme un droit absolu, propre à ceux qui peuvent le réclamer : il faut la laisser aux personnes appelées, libre, pleine, exempte de charges, de conditions et de gêne, Troplong, Merlin. — Constituant un droit héréditaire, et la loi repoussant toute renonciation à une succession future, C. 791 et 1130, la renonciation à cette réserve, *n'est valable* qu'autant que le droit est *acquis* par l'ouverture de la succession, Pothier, Grenier, Delvincourt.

RETOUR LÉGAL. — Le droit de retour étant un véritable droit de succession, l'ascendant donateur ne peut renoncer à son droit, soit par l'acte de donation, soit par un acte postérieur fait pendant la vie du donataire, Chabot, Demolombe.

SUCCESSION. — On ne peut même par contrat de mariage, renoncer à la succession d'un homme vivant, ni aliéner les droits éventuels qu'on peut avoir à cette succession. C. 791. — Cette prohibition est applicable aux droits qui dérivent d'une institution contractuelle ; l'institué ne peut donc pas traiter, même avec les donateurs, **sur** les objets compris dans la donation, Lyon, 16 juin 1838, et Cass. 16 août 1841.

La renonciation à une succession ne se présume pas : elle ne peut être faite qu'au greffe du Tribunal de première instance dans l'arrondissement duquel la succession s'est ouverte, sur un registre particulier tenu à cet effet. C. 784, Pr. 997.

— Les héritiers qui auraient *diverti* ou *recélé* des effets d'une succession, sont déchus de la faculté d'y renoncer. C. 792.

Testament et donation. — Les légataires universels ou à titre universel, l'héritier institué par contrat de mariage, et le donataire contractuel à titre universel, peuvent répudier leurs legs et renoncer à leurs droits contractuels. Cette renonciation doit aussi être faite au greffe du Tribunal ; la loi ne l'exige pas formellement comme dans les cas de succession, mais il y a même motif : c'est afin de faire connaître aux créanciers la renonciation. C. 873 et 1012.

L'héritier qui renonce est censé n'avoir jamais été héritier. C. 785.

Jugé par la Cour de cassation, le 20 février 1855, que la renonciation à une donation ou autre avantage, n'est pas considérée comme libéralité, et peut conséquemment être faite sans la présence de témoins et même par acte sous seing privé.

Réserve légale.

Portion de biens dont on ne peut disposer à titre gratuit au préjudice des héritiers en ligne directe.

Les héritiers qui jouissent de ce privilège, sont les ascendants et les descendants. C. 913 et 914, et les enfants naturels, C. 756; se nomment, à raison de ce droit, *héritiers à réserve.*

Lorsqu'un homme a des ascendants ou des descendants, ses biens, considérés relativement à la faculté d'en disposer à titre gratuit, se divisent en deux portions : l'une dont il peut disposer, la *portion disponible* ; l'autre dont il ne peut disposer, la *réserve;* tout ce qui n'entre pas dans la première appartient nécessairement à la seconde ; ainsi, la portion disponible et la réserve sont toujours subordonnées l'une à l'autre, quant à leur quotité respective.

Retrait de droits litigieux.

V. *Transport de droits litigieux.*

Retrait successoral

V. *Transport de droits successifs.*

Revendication.

V. *Possession.*

Scellés.

Acte par lequel le juge de paix ou son suppléant constate qu'il a apposé un sceau sur les ouvertures d'un appartement ou d'un meuble, pour empêcher d'y pénétrer et pour réserver ce qu'il

renferme à la conservation des droits des intéressés. Pr. 907, 908 et 912.

Si tous les héritiers ou le conjoint ne sont pas
présents, s'il y a parmi eux des mineurs ou des
interdits, sans tuteur, le scellé doit être apposé
dans le plus bref délai, soit à la requête des héritiers, soit à la diligence du ministère public, soit
sur la déclaration du maire ou adjoint de la
commune, et même d'office par le juge de paix
dans l'arrondissement duquel la succession est
ouverte. C. 819. Pr. 911.

Le conjoint et l'administration des domaines
qui prétendent droit à la succession et les enfants
naturels appelés à défaut de parents, les exécuteurs testamentaires, s'il y a des mineurs, interdits ou absents, sont tenus de faire apposer les
scellés. C. 758, 769, 773, 1031.

L'apposition des scellés pourra être requise:
1° Par tous ceux qui prétendront droit dans la
succession ou dans la communauté (l'héritier,
l'enfant naturel, l'époux survivant ou l'Etat, les
légataires) ; 2° par tous créanciers fondés en titre
exécutoire, ou autorisés par une permission, soit
du Président du Tribunal civil de première instance, soit du juge de paix du canton où le scellé
doit être apposé ; 3° en cas d'absence, soit du
conjoint, soit de l'héritier ou de l'un d'eux, par
les personnes qui demeurent avec le défunt, et
par ses serviteurs et domestiques. Pr. 909. Les
prétendants droit et les créanciers mineurs émancipés pourront requérir l'apposition des scellés
sans l'assistance de leur curateur. S'ils sont mineurs non émancipés, et s'ils n'ont pas de tuteur,
ou s'il est absent, elle pourra être requise par
l'un de leurs parents. Pr. 910.

Tous ceux qui ont droit de faire apposer les scellés pourront en requérir la levée, excepté ceux qui ne les ont fait apposer qu'en exécution de l'art. 909, N° 3, Pr. ci-dessus transcrit, Pr. 930 ; — et si les héritiers ou quelques-uns d'eux sont mineurs non émancipés, il ne sera pas procédé à la levée des scellés qu'ils n'aient été, préalablement, ou pourvus de tuteurs, ou émancipés. Pr. 929. V. *Inventaire.*

Séparation de Biens.

C'est l'état, dans lequel vivent deux époux, lorsqu'il n'y a pas de communauté entre eux, et que chacun jouit séparément de ses biens. Elle est contractuelle ou judiciaire.

Le principal effet de la séparation de biens judiciaire est de dissoudre la communauté. C. 1441. — Cette dissolution remonte au jour de la demande. C. 1445.

Administration ; Capacité. — La femme séparée, soit de corps et de biens, soit de biens seulement, en reprend la *libre administration.* — Elle peut disposer de son mobilier, et *l'aliéner.* — Elle ne peut aliéner ses immeubles sans le consentement du mari, ou sans être autorisée en justice, à son refus. C. 1449.

La capacité de la femme séparée ne s'étend qu'aux actes de pure administration. Cass. 12 février 1828 et 3 janvier 1831, Trolong, Demolombe, Marcadé. — La femme séparée est apte à recevoir le remboursement de ses contrats de rente, comme chose mobilière, C. 529, ainsi que celui de ses créances et capitaux, et à en donner décharge valable sans être autorisée. Elle peut, par la même raison, *vendre, céder et transporter* ces mêmes objets, C. 1449. Duranton. Toullier. Le contraire était enseigné par Pothier ; mais alors une rente était considérée comme un immeuble Grenoble, 19 avril 1852. Demolombe. Elle peut placer ses capitaux dans une société à titre d'associée commanditaire, sur particuliers, sur l'Etat, etc. Demolombe, Delangle. — Elle peut, suivant les circonstances, faire saisir-gager les meubles et effets garnissant la maison conjugale dépendant de la communauté. Pr. 869, Limoges, 7 mars 1823. — Elle peut également faire apposer les scellés sur les effets de la communauté. Pr. 869, Carré, Bellot et Bioche.

Les engagements, les obligations souscrites par la femme sans l'autorisation de son mari sont nuls, s'ils n'ont pas eu pour objet l'administration des biens de la femme, ni l'aliénation de son molilier, Cass. 12 février 1828 ; 7 décembre 1829. — Est également nul l'emprunt contracté par la femme séparée et non autorisée, quand les sommes empruntées n'ont pas été employées aux nécessités légitimes de l'administration de ses biens. Paris 27 novembre 1857. — La femme séparée ne peut sans autorisation *donner entre vifs son mobilier*, C. 905, à moins que ces donations n'aient lieu exclusivement sur ses revenus, C. 852, Paris, 28 juin 1851 ; Demolombe, — ni ester en jugement, C. 215, aliéner, hypothéquer ses immeubles, C. 217, *acquérir à titre gratuit ou onéreux*, C. 217 et 1538.

Communauté. — La femme séparée de corps (ou de biens), qui n'a point dans les trois mois et quarante jours, accepté la communauté, est censée y avoir *renoncé*. C. 1463.

DEMANDE. — La séparation de biens ne peut être poursuivie qu'en justice par la femme dont la dot est mise en péril, et lorsque le désordre des affaires du mari donne lieu de craindre que les biens de celui-ci ne soient point suffisants pour remplir les droits et reprises de la femme. — Toute séparation volontaire est nulle. C. 1443, 1563. La femme qui n'a rien apporté en mariage et n'a point de reprise à exercer, peut néanmoins demander la séparation de biens, pour la conservation soit des produits de son industrie, soit des biens qui peuvent lui échoir par la suite, à quelque titre que ce soit, Cass. 27 avril 1847. — La demande est précédée d'une autorisation que le Président du Tribunal doit donner, sur la demande qui lui est présentée à cet effet par la femme, Pr. 865.

DROITS DE SURVIE. — La dissolution de communauté, opérée par la séparation de biens, ne donne pas ouverture aux droits de survie de la femme ; mais celle-ci conserve la faculté de les exercer lors de la mort de son mari. C. 1452.

FRAIS DE MÉNAGE ET D'ÉDUCATION. — La femme qui a obtenu la séparation de biens, doit contribuer, proportionnellement à ses facultés et à celles du mari, tant aux frais du ménage qu'à ceux d'éducation des enfants communs. — Elle doit supporter entièrement ces frais, s'il ne reste rien au mari. C. 1448, 203.

NULLITÉ. — La séparation de biens, quoique prononcée en justice, est nulle si elle n'a point été exécutée par le paiement réel des droits et reprises de la femme, effectué par *acte authentique*, jusqu'à concurrence des biens du mari, ou au moins par des *poursuites commencées dans la quinzaine* qui a suivi le jugement, et non interrompues depuis, C. 1444.

Publication. — Toute séparation de biens doit, avant son exécution, être rendue publique, à peine de nullité de l'exécution, C. 1445. Pr. 872.

Séquestre.

Le séquestre conventionnel est le dépôt fait, par une ou plusieurs personnes, d'une chose *contentieuse* entre les mains d'un tiers qui s'oblige de la rendre, après la contestation terminée, à la personne qui sera jugée devoir l'obtenir. C. 1956.

La justice peut ordonner le séquestre : 1° des *meubles* saisis par un débiteur ; 2° d'un *immeuble* ou d'une *chose mobilière* dont la propriété ou la possession est litigieuse entre deux ou plusieurs personnes ; 3° des choses qu'un débiteur offre pour sa libération. C. 1961.

Servitudes.

Une servitude est une charge imposée sur un héritage pour l'usage et l'utilité d'un héritage appartenant à un autre propriétaire. C. 637. — Les servitudes continues et apparentes s'acquièrent par titres ou par la possession de trente ans. C. 690. — Celles continues non apparentes, et celles discontinues apparentes ou non apparentes, ne peuvent s'établir que par titres. C. 691. — La destination du père de famille vaut titre à l'égard des servitudes continues et apparentes. C. 692 et 693. — Si l'héritage pour lequel la servitude a été établie vient à être divisé, la servitude reste donc pour chaque portion, sans néanmoins que la condition du fonds assujetti soit aggravée. Ainsi, par exemple, s'il s'agit d'un droit de passage, tous les copropriétaires seront obligés de l'exercer par le même endroit. C. 700, 701 et 702.

Apparentes ou non apparentes (Servitudes). — Les servitudes sont apparentes, ou non apparentes. — Les servitudes apparentes sont celles qui s'annoncent par des ouvrages extérieurs, tels qu'une porte, une fenêtre, un aqueduc. — Les servitudes non apparentes sont celles qui n'ont pas de signe extérieur de leur existence, comme, par exemple, la prohibition de bâtir sur un fonds, ou de ne bâtir qu'à une hauteur déterminée. C. 689.

Arbres. — Il n'est permis de planter des arbres de *haute tige* qu'à la distance prescrite par les règlements particuliers actuellement existants, ou par les usages constants reconnus ; à défaut de règlements et usages, qu'à la distance de *deux mètres* de la ligne séparative des deux héritages pour les *arbres à haute tige,* et à la distance d'un *demi-mètre* pour les autres arbres et *haies vives.* C. 671. — Le voisin peut exiger que les arbres et haies plantés à une moindre distance, soient arrachés. C. 672. — Duranton enseigne que lorsque les deux fonds sont séparés par un mur, une haie, un canal, ou par un fossé, ou un chemin privé mitoyen, la distance doit se calculer du point du milieu du mur, de la haie, du canal ou du fossé. Cette règle est incontestable, parce que la *ligne séparative* de deux héritages est précisément au milieu de l'objet dont la propriété est rendue commune aux deux voisins par la mitoyenneté. — Les murs se comptent en entier dans les espaces, s'ils appartiennent exclusivement au maître des arbres; on les en exclut lorsqu'ils sont à autrui, Desgodets. — On répute arbres à *haute tige :* les abricotiers, acacias, oliviers, amandiers, aulnes, arbousiers, cerisiers, cognassiers, châtaigniers, charmes, chênes, cormiers, cyprès, ébéniers, figuiers, frênes, érables, hêtres, ifs, maronniers, mûriers, néfliers, noyers, oliviers, ormes, palmiers, pêchers, pins, platanes, peupliers, poiriers, pommiers, pruniers, sapins, saules, saphores, sorbiers, tilleuls, et enfin tous les arbres qui par leur développement naturel atteignent les proportions qui les classent dans cette catégorie, ou qui, par le fait de l'homme, ont été réduits au-dessous de ces proportions. C'est ainsi qu'il a été décidé que la disposition de l'article 673 précité, qui s'en réfère aux règlements particuliers et aux usages anciens pour déterminer à quelle distance de l'héritage voisin doivent être plantés les arbres à haute tige, ne s'y réfère point pour la distinction à faire entre les arbres de haute tige et ceux de basse tige. Cass. 9 mars 1853. En conséquence, quels que soient les usages locaux, des arbres qui sont par la *nature* de haute tige, comme les acacias, par exemple, ne sauraient être considérés comme arbres de basse tige ni être plantés à moins de deux mètres de l'héritage voisin, par cela seul qu'ils sont récépés périodiquement et tenus à la hauteur d'une haie. Cass. 5 mars 1850,

25 mai et 16 novembre 1853. — Décidé, dans le même sens, que les règles établies par les articles 671 et 672 sont générales et absolues, et s'appliquent également à la plantation des haies ; qu'en effet, par cela même que, par opposition aux *arbres à haute tige*, l'art. 671 assimile les haies aux *arbres à basse tige*, il en résulte évidemment qu'il n'a pas entendu permettre que, dans la plantation des haies, on puisse faire entrer indistinctement des arbres de l'une ou de l'autre essence. Cass. 12 février 1861.

— Jugé encore que c'est l'*essence* même des arbres qu'il faut considérer pour savoir s'ils sont à haute tige, et non leur élévation ; qu'il n'importerait pas davantage que ces mêmes arbres fissent partie d'une haie et provinssent des rejets de souches séculaires, s'ils n'avaient une existence de plus de trente ans. Cass. 25 février 1862.

La disposition de l'article 671 C. s'applique aux héritages urbains de même qu'aux héritages ruraux, Nîmes, 14 juin 1833, — et aux *héritages en nature de bois*. Cass. 24 juillet 1869. Elle reçoit son application aussi bien lorsqu'il s'agit de bois appartenant à l'Etat ou provenant de lui, que lorsqu'il s'agit de biens qui ont toujours été propriétés privées. Cass. 13 mars, 24 juillet 1850 et 23 novembre 1863. — Mais elle ne s'applique point au cas où, à raison de l'existence d'un mur de clôture, les arbres ne pourraient porter aucun préjudice, ni par leur ombre, ni par leurs racines, selon n° 239, ni aux plantations près des fonds communaux, Proudhon. — Dans les jardins d'agrément de la banlieue de Paris, on peut planter des arbres à haute tige, à moins de six pieds de distance des murs mitoyens, Paris 2 décembre 1820. — Deux arrêts du Conseil, du 17 juin 1721 et 18 juin 1765 ont fait défense de planter des arbres ou haies vives, sinon à six pieds de distance des fossés, des routes et des chemins séparant les héritages. — Aucune distance n'est à observer pour la plantation des haies sèches, Pardessus, Garnier.

On peut acquérir, par trente ans, à partir de la plantation, le droit de conserver des arbres plantés à une distance moindre que celle prescrite par le Code, Jurisprudence. — Décidé qu'on doit considérer comme des arbres nouveaux les rejets provenants des souches d'anciens arbres. Par suite, l'abattage et l'arrachement de ces arbres nouveaux, peuvent, s'ils ne sont pas à la distance légale, être exigés lorsqu'ils ont *moins de trente ans* d'existence, Cass. 24 mai 1864 et 31 juillet 1865. Et la prescription de ces trente ans commence à courir dès le jour même où les souches apparaissent sur la terre. Cass. 13 mars 1850.

Celui sur la propriété duquel avancent les branches des arbres du voisin, peut contraindre celui-ci à couper ces branches, C. 672, alors même qu'il serait établi que les branches avancent depuis plus de trente ans, Bourges, 4 juin 1845, Pardessus, Duranton, Cass. 6 juillet 1835, Demolombe ; — si ce sont les racines qui avancent sur son héritage, il a le droit de les couper lui-même, C. 672. — L'élagage peut être demandé à quelque élévation du sol que soient les branches. mais on ne peut faire soi-même cet élagage, Cass. 15 février 1811. — Si le propriétaire ne veut pas couper les branches, le voisin peut lui faire som-

mation, ou l'assigner en observant les préliminaires de conciliation ; les frais sont à la charge
du propriétaire assigné, Duranton. — Le fermier aussi bien que le propriétaire a le droit de
demander l'ébranchement des arbres du voisin,
lorsqu'ils nuisent à sa jouissance, Cass. 9 décembre 1817. — Les propriétaires dont les terrains sont bordés par des voies publiques plantées
d'arbres, ont le droit d'exiger l'élagage des
branches qui rendent impraticables leur exploitation par les difficultés d'accès à leur propriété,
Caen, 5 mars 1870. — Ceux riverains des bois
et forêts, ne peuvent se prévaloir de l'article 672
C. précité pour l'élagage des lisières desdits bois
et forêts, si ces arbres de lisière ont plus de
trente ans. Tout élagage qui serait exécuté sans
l'autorisation des propriétaires des bois et forêts,
donnera lieu à l'application des peines portées par
l'article 196, Code forestier, art. 150 ; — quand
les arbres de lisière qui ont actuellement plus de
trente ans auront été abattus, les arbres qui les
remplaceront devront être élagués conformément
à l'article 672, lorsque l'élagage en sera requis
par les riverains. Les *plantations* ou réserves
destinées à remplacer les arbres actuels de lisière
seront effectuées en arrière de la ligne de délimi-
tation des forêts à la distance prescrite par l'article 671 C., ordonnance du 1er août 1827, art. 176.
Les arbres qui se trouvent dans la haie mitoyenne
sont mitoyens comme la haie, et chacun des propriétaires a droit de requérir qu'ils soient abattus,
C. 673.

Le propriétaire voisin a droit de faire arracher
les *rejetons* ou *accrues* produits par les arbres ou
haies vives sur le terrain formant la distance

légale, et qui pourraient menacer ainsi d'envahir le terrain intermédiaire. Pardessus.

Si quelques-uns des fruits tombent de l'arbre sur le fonds voisin, le propriétaire de l'arbre peut, en payant, s'il y a lieu, une indemnité, obtenir passage sur son voisin pour aller chercher ces fruits, dans le délai de trois jours suivant le droit romain, après quoi il est censé les avoir abandonnés. Pardessus, Toullier, Favard.

Bornage. — Tout propriétaire peut obliger son voisin au bornage de leurs propriétés contiguës. Le bornage se fait à frais communs. C. 646. — L'action en bornage peut être intentée : 1° par l'usufruitier, Bordeaux, 23 juin 1836, Marcadé ; 2° par le nu-propriétaire, même pendant la durée de l'usufruit, et sans qu'on puisse opposer le bornage fait avec l'usufruitier, dont le droit est indépendant du sien : aussi le défendeur à l'action de l'usufruitier peut-il exiger la mise en cause du nu-propriétaire ; 3° par chacun de ceux qui jouissent par indivis d'un droit réel sur un immeuble, sans le concours des autres communistes ; 4° par le mari, quand le mariage a eu lieu sous le régime dotal, C. 1549, mais non lorsqu'il est régi par les principes de la communauté, C. 1428, Duranton ; 5° et par les envoyés en possession définitive des biens d'un absent, — mais les autres administrateurs doivent être autorisés, tels sont : le tuteur, Pardessus, Devincourt ; les envoyés en possession provisoire : le curateur d'un absent. Le bornage ne peut pas non plus être demandé par les mineurs émancipés, C. 482, ou les prodigues, C. 513, ni par les fermiers ; — quant aux personnes qui peuvent défendre à l'action, ce sont en général celles qui ont qualité pour l'intenter.

Mais le bornage ne peut être demandé que dans le cas où il n'aurait pas déjà été exécuté d'une manière régulière; le défendeur peut donc faire écarter l'action en présentant un procès-verbal en bonne forme, ou en prouvant qu'il existe des bornes anciennes limitant les héritages. Cass. 24 janvier 1824. Dans ce cas, le juge doit simplement rechercher et constater l'existence des anciennes bornes. Cass. 11 août 1851.

Celui sur le terrain duquel on a anticipé peut agir par la voie de l'action du bornage ; mais il ne peut, dans aucun cas, se faire justice lui-même, au moyen d'une reprise de terre qui pourrait être considérée comme un dommage fait aux champs, fruits et récoltes, dont le Juge de paix doit connaître, surtout si le terrain repris était ensemencé, Henrion, Vaudoré, Carré. Le cultivateur qui reprend une portion de terre labourée à son préjudice par son voisin, peut être condamné à des dommages-intérêts pour s'être fait justice à lui-même. La demande en réintégrande, c'est-à-dire l'action par laquelle on demande à être remis en possession d'un héritage dont on a été dépouillé par violence ou voies de fait, peut être accompagnée d'une demande en dommages-intérêts. — Les actions possessoires ne seront recevables qu'autant qu'elles auront été formées dans l'année du trouble. P. 23.

Si la contenance totale des fonds contigus est *inférieure* à celle résultant des titres, il est impossible, par conséquent, de conformer le bornage aux énonciations des titres : or, en *l'absence de contestation*, il est manifeste que le juge du

13*

bornage (juge de paix) aura le pouvoir de régler le sort du déficit, et de faire subir aux fonds à à bornes une diminution, soit proportionnelle, soit fixée d'après l'état des lieux et les documents de la cause. — Dans le cas contraire, c'est-à-dire lorsque la contenance totale des fonds contigus est *supérieure* à celle résultant des titres dont l'application littérale de ces titres laisserait un certain excédant, si aucune des parties ne prétend avoir sur la totalité ou sur une partie de cet excédant un droit exclusif, le juge devra le répartir entre elles proportionnellement à l'étendue de leurs fonds ; en principe, cette proportionnalité forme la base de l'attribution. Cass. 6 août 1860.

CLÔTURE. — Chacun peut contraindre son voisin dans les villes et faubourgs, à contribuer aux constructions et réparation de la clôture faisant séparation de leurs maisons, cours et jardins assis ès dites villes et faubourgs, 663. — L'un des voisins peut-il se soustraire à cette obligation, en abandonnant le droit de mitoyenneté ? La jurisprudence est constante pour l'affirmative, Cass. 5 mars 1828 ; Douai, 5 février 1840.

CONSTRUCTIONS. — Celui qui fait creuser un puits ou une fosse d'aisance près d'un mur mitoyen ou non ; — celui qui veut y construire cheminée ou âtre, forge, four ou fourneau, — y adosser une étable — ou établir contre ce mur un magasin de sel ou amas de matières corrosives, — est obligé à laisser la distance prescrite par les règlements et usages particuliers sur ces objets, ou à faire les ouvrages prescrits par les mêmes règlements et usages, pour éviter de nuire au voisin. C. 674.

Continue ou discontinue (Servitude). — Les servitudes sont ou continues, ou discontinues : Les servitudes continues sont celles dont l'usage est ou peut être continuel sans avoir besoin du fait actuel de l'homme, telles sont : les conduites d'eau, les égouts, les vues, et autres de cette espèce. — Les servitudes discontinues sont celles qui ont besoin du fait actuel de l'homme pour être exercées : tels sont les droits de passage, puisage, perçage et autres semblables. C. 688.

Cour commune. — En général, il est interdit de faire dans la cour commune tout ce qui peut nuire à la jouissance indivise des propriétaires ; chacun a le droit d'user de toute la cour, mais sans y déposer aucune pièce de bois, aucun amas de pierres et autres matériaux qui gêneraient le passage. Fournel. — Jugé par la Cour de Cassation le 15 avril 1850, que le communiste qui établit une auberge dans sa maison, peut user de la cour commune pour y faire passer les voitures et les voyageurs qui se rendent chez lui, Demolombe. — Les propriétaires qui ont une maison donnant sur une cour commune peuvent à leur gré changer la situation des fenêtres et portes, les augmenter en nombre, mais ils ne peuvent établir aucunes choses qui soient en saillie dans la cour commune, ni faire aucune innovation dans cette cour sans le consentement des copropriétaires. Cass. 31 mars 1851. Demolombe.

La chose commune établissant une sorte de société entre les copropriétaires, chacun peut obliger l'autre à faire les dépenses nécessaires pour la conservation de cette même chose. C. 1859. n° 3.

Eaux — Les fonds inférieurs sont assujettis,

envers ceux qui sont plus élevés, à recevoir les eaux qui en découlent *naturellement sans que la main de l'homme y ait contribué*. Le propriétaire inférieur ne peut point élever de digue qui empêche cet écoulement. Le propriétaire supérieur ne peut rien faire qui aggrave la servitude du fonds inférieur. C. 640.

Egout. — Tout propriétaire doit établir des toits de manière que les eaux pluviales s'écoulent sur son terrain ou sur la voie publique; il ne peut les faire verser sur le fonds de son voisin. C. 681.
— Il n'existe pas de servitude naturelle du fonds inférieur envers le fonds supérieur, pour l'égout des eaux ménagères, Cass. 15 mars 1830. — L'égout du toit doit tomber en deçà de la ligne séparative de la propriété voisine, car étant placé sur cette même ligne, l'égout atteindrait cette propriété voisine. Celui qui construit doit donc laisser au delà de son mur un espace suffisant pour recevoir l'égout du toit; cet espace est assez ordinairement fixé au delà de l'avancement du toit, Desgodets, Pardessus.

Extraction de matériaux pour les travaux d'utilité publique. — C'est une servitude établie sur les propriétés dans l'intérêt public. — Les terrains sont indiqués par les ingénieurs, soit dans les devis et les actes d'adjudication, soit dans un acte d'autorisation postérieur. — Avant de procéder à l'extraction des matériaux, l'entrepreneur est tenu de faire connaître au propriétaire l'autorisation qui lui a été donnée par l'administration.
— L'indemnité due au propriétaire a lieu au fur et à mesure de l'exécution, ou après l'achèvement des travaux, Loi du 16 septembre 1807. — En matière de chemins vicinaux, les extractions des

matériaux sont autorisées par arrêté du préfet, lequel désigne les lieux. Cet arrêté est notifié aux parties intéressées au moins dix jours avant que son exécution puisse être commencée. — Si l'indemnité ne peut être fixée à l'amiable, elle est réglée par le conseil de préfecture, au rapport de deux experts nommés, l'un par le sous-préfet, l'autre par le propriétaire. En cas de désaccord, le tiers expert est nommé par le conseil de préfecture. L'action en indemnité est prescrite par le laps de deux ans. Loi du 21 mai 1836.

Fossés. — Tous fossés entre deux héritages sont présumés mitoyens, s'il n'y a titre ou marque du contraire. C. 666. — Il y a marque de non-mitoyenneté lorsque la levée ou le rejet de la terre se trouve d'un côté seulement du fossé. C. 667. — Le fossé est censé appartenir exclusivement à celui du côté duquel le rejet se trouve. C. 668. — Le fossé mitoyen doit être entretenu à frais communs. C. 669. — Le propriétaire qui creuse un fossé sur son héritage, est obligé de laisser au delà du fossé, près du voisin, un espace appelée *séparation*. Voici sur ce point la disposition de l'art. 49 du projet du Code rural, qui peut être prise comme renseignement à défaut d'usages locaux bien constatés : « Les fossés de » séparation, entre deux héritages, doivent être « creusés à une distance de la limite égale à la « moitié de leur profondeur perpendiculaire, « sans qu'il puisse en aucun cas être laissé moins « de quarante huit centimètres entre son ouverture « et la limite. Cette distance sera augmentée de « *moitié en sus* si le fossé est construit contre une « terre labourable ou contre une terre en pente. » Il n'est permis ni aux maîtres des fossés ni à leurs voisins, de semer ou de planter aucune chose sur le terrain laissé pour la *séparation*. Suivant l'usage, ce terrain doit rester en état d'abandon.

Le voisin d'un fossé ne peut le rendre mitoyen, malgré le propriétaire, Duranton. — L'un des propriétaires d'un fossé mitoyen *servant* à l'écoulement des eaux pluviales ou *destiné* à procurer le dessèchement des terres voisines, ne peut se dispenser de contribuer à la dépense de son entretien, en abandonnant à l'autre son droit de mitoyenneté. Fournel, Duranton.

HAIE. — Toute haie qui sépare des héritages est réputée mitoyenne, à moins qu'il n'y ait qu'un seul des héritages en état de clôture, ou s'il n'y a titre ou possession suffisante du contraire. C. 670. — Jugé par la Cour de cassation le 12 avril 1829 que le copropriétaire d'une haie mitoyenne qui l'arrache et y substitue un mur construit en entier sur sa propriété, n'est soumis à aucune action de la part du voisin. — *V. ci-dessus: Arbres.*

MARE. — Une mare constitue une propriété particulière ; elle est une dépendance du fonds sur lequel elle se trouve. — Le propriétaire du fond où est une mare, peut en faire tel usage qu'il veut, il peut en refuser l'usage à ses voisins, et quelque longue possession qu'ils aient d'y tirer de l'eau, cette possession est une servitude qui ne peut faire un titre, Houard ; — ce qui est dit ici pour le puisage il faut le dire à plus forte raison pour le fait d'abreuver les bestiaux, Daviel ; — aussi, la possession par une commune, du droit pour ses habitants de faire abreuver les bestiaux, de puiser ou de laver à la mare d'un particulier, ne lui en attribue pas la propriété. Cette possession n'est regardée que comme étant de pure tolérance, Vaudoré.

Mur. — Dans les villes et les campagnes, tout mur servant de séparation entre bâtiments jusqu'à l'héberge, ou entre cours et jardins et même entre enclos dans les champs, est présumé mitoyen, s'il n'y a titre ou marque du contraire. C. 653.

Il y a marque de non mitoyenneté lorsque la sommité du mur est droite et à plomb de son parement d'un côté, et présente de l'autre un plan incliné ; — lors encore qu'il n'y a que d'un côté ou un chaperon ou des filets et corbeaux de pierre qui y auraient été mis en bâtissant le mur. Dans ces cas, le mur est censé appartenir exclusivement au propriétaire du côté duquel sont l'égoût ou les corbeaux et filets de pierre. C. 654.

Tout propriétaire joignant un mur, a la faculté de le rendre mitoyen en tout ou en partie, en remboursant au maître du mur la moitié de sa valeur ou la moitié de la valeur de la portion qu'il veut rendre mitoyenne, et moitié de la valeur du sol sur lequel le mur est bâti. C. 661. — La circonstance que le propriétaire du mur y aurait pratiqué des jours à fer maillé et à verre dormant ne serait pas un obstacle à l'acquisition de la mitoyenneté, et l'acquéreur pourrait même exiger que ces jours fussent bouchés ; cela résulte de la combinaison des articles 661 et 675. Cass. 3 juin 1850. — Il n'en serait pas de même dans le cas où le propriétaire aurait eu depuis plus de trente ans, non pas de simples jours, mais des vues, des fenêtres ouvrantes. Le voisin ne pourrait acquérir la mitoyenneté, pour construire et obstruer les vues dont il s'agit. Cass. 21 juillet 1836, 23 juillet 1850 ; Demolombe. — Lorsque la communauté n'est pas cédée à l'amiable, celui qui la réclame doit faire signifier une sommation de cession, avec offre d'un prix suffisant. Si le propriétaire du mur n'y obtempère pas, il sera procédé à une expertise dont les frais seront à la charge du demandeur. Demolombe, Limoges, 12 avril 1820 ; Riom, 11 juillet 1838.

Le copropriétaire peut faire bâtir contre un mur mitoyen, y faire placer des poutres ou solives, et le faire exhausser s'il est en état de supporter l'exhaussement. — Le voisin qui n'a pas contribué à l'exhaussement, peut en acquérir la mitoyenneté. C. 657, 658, 659 et 660. — L'un des voisins ne peut pratiquer, dans le corps d'un mur mitoyen, aucune fenêtre ou ouverture, aucun enfoncement, ni y appliquer ou appuyer aucun ouvrage sans le consentement de l'autre, ou sans avoir, à son refus, fait régler par experts les moyens nécessaires pour que le nouvel ouvrage ne soit pas nuisible aux droits de l'autre. C. 662 et 675.

La réparation et la reconstruction d'un mur mitoyen sont à la charge de tous ceux qui y ont droit, et proportionnellement au droit de chacun. C. 655. — Cependant tout copropriétaire d'un mur mitoyen peut se dispenser de contribuer aux réparations et reconstructions en abandonnant le droit de mitoyenneté, pourvu que le mur mitoyen ne soutienne pas un bâtiment qui lui appartienne. C. 656.

Passage. — Le propriétaire dont les fonds sont enclavés, et qui n'a aucune issue sur la voie publique, peut réclamer un passage sur les fonds de son voisin pour l'exploitation de son héritage, à la charge d'une indemnité proportionnée au dommage qu'il peut occasionner. C. 682. — Le passage doit régulièrement être pris du côté où le trajet est le plus court, du fonds enclavé à la voie publique. C. 683. — Néanmoins il doit être fixé dans l'endroit le moins dommageable à celui sur le fonds duquel il est accordé. C. 684. — Le propriétaire d'arbres a le droit d'exiger un passage sur le fonds du voisin pour y cueillir ou ramasser les fruits. Merlin, Delvincourt et Duranton accordent le passage quand le fonds voisin n'est pas clos. Pardessus, Toullier et Marcadé l'accordent dans tous les cas ; Marcadé s'appuie avec raison sur le consentement présumé du voisin à ce passage, résultant de ce qu'il a consenti à laisser subsister les branches.

PUITS. — Le droit de puiser de l'eau à un puits appartenant à un tiers ne peut s'acquérir que par titres. Bordeaux, 28 juin 1839.

TOUR D'ECHELLE. — On désigne ainsi la servitude qui donne le droit de faire passer des ouvriers sur le fonds du voisin, et d'y poser des échelles, dans le cas de réparation à faire à une maison ou à un mur contigu à ce fonds. — Il ne faut pas confondre avec cette servitude du tour de l'échelle l'espace qu'un propriétaire laisse au delà de son mur de clôture pour sa commodité et la faculté des réparations. Cet espace, appelé *invélison* ou *échellage,* forme une propriété dont on peut user comme on le juge à propos. Toullier, Pardessus, Duranton, Demolombe.

Le Code civil n'a point conservé cette servitude du tour de l'échelle ; elle ne peut donc être réclamée qu'en vertu d'un titre. Toutefois, dit

Pardessus, dans les villes où la clôture est forcée, celui à qui appartient le mur dont la réparation est urgente, peut exiger le passage ; l'art. 663 C. lui donne le droit de contraindre son voisin à concourir à la construction d'un mur de clôture. — De même, lorsqu'il s'agit de réparation à faire à un toit, Pardessus considère si l'héritage du voisin est asservi à l'égoût du toit, auquel cas le tour de l'échelle serait la suite nécessaire de la servitude d'égoût ; mais Toullier conteste que le tour d'échelle soit la conséquence de la servitude de l'égoût, Bordeaux, 2 décembre 1836, Demolombe.

Quoi qu'il en soit, si le passage était absolument nécessaire pour faire d'utiles réparations à un mur non mitoyen, le propriétaire du fonds limitrophe serait contraint, moyennant indemnité, à livrer ce passage. Bruxelles, 28 mars 1823 ; même arrêt de Bordeaux. — Si le mur est mitoyen, chaque voisin doit, sans aucune indemnité, prêter le passage pour la réparation qui se fait à frais communs. C. 655 et 669. Les auteurs sont d'accord sur ces deux points.

VUES. — Le propriétaire d'un mur non mitoyen, joignant immédiatement l'héritage d'autrui, peut pratiquer dans ce mur des jours ou fenêtres à 26 décimètres (8 pieds) au-dessus du sol, si la chambre est au rez-de-chaussée, et à 19 décimètres (6 pieds) au-dessus du plancher, pour les étages supérieurs ; ces fenêtres doivent être garnies d'une treillis de fer, dont les mailles auront un décimètre (environ 3 pouces 8 lignes) d'ouverture au plus, et d'un châssis à verre dormant. C. 676 et 677.

On ne peut avoir de vues droites ou fenêtres d'aspect, ni balcons ou autres semblables saillies sur l'héritage clos ou non clos de son voisin, s'il n'y a dix-neuf décimètres (6 pieds) de distance entre le mur où on les pratique et ledit héritage C. 678; — ni des vues de côté ou obliques sur le même héritage, s'il n'y a six décimètres (2 pieds) de distance. C. 679. — La distance se compte depuis le parement extérieur du mur où l'ouverture se fait jusqu'à la ligne de séparation des deux propriétés. C. 680. — N'est point considérée comme vue droite, une *claire voie* établie pour servir de clôture entre. deux héritages sur un mur élevé de deux pieds au-dessus du, sol Bordeaux, 28 août 1835.

Sociétés.

Le mot *société*, dit M. Troplong, est un terme générique qui embrasse des rapports très divers, depuis l'indivision accidentelle des choses matérielles, jusqu'à l'union réfléchie de deux existences dans le lien indissoluble et sacré du mariage. Mais sur tout ce fonds commun, ajoute le même auteur, il est un rapport qui se détache de tous les autres comme l'espèce se distingue du genre, et dont la place est marquée par des signes propres et saillants : c'est la combinaison par laquelle deux ou plusieurs personnes conviennent de mettre quelque **chose** en commun, dans la vue de faire un bénéfice et de le partager. C. 1832. — La société, dit encore M. Troplong, donne naissance à un corps moral, qui se distingue des associés pris individuellement; elle forme une personne abstraite envers laquelle les associés ont des devoirs à remplir ; une personne qui a ses droits, ses prérogatives, son domaine de propriété, son actif et son passif propres. Ce principe est applicable aux sociétés civiles comme aux sociétés commerciales. Cass. 8 novembre 1836 ; Troplong.

La société étant un contrat, est soumise aux règles générales des obligations conventionnelles. C. 1107. Sans convention, point de société, Troplong. — Le contrat de société se règle par le droit civil, par les lois particulières au commerce, et par les conventions des parties. Com. 18. — Les sociétés en nom collectif ou en commandite doivent être constatées par des actes publics ou sous signature privée, en se conformant dans ce dernier cas à l'article 1325 du Code civil. Com. 39 et C. 1834. — Les sociétés anonymes ne peuvent être formées que par actes publics. Com. 40. — Aucune preuve par témoins ne peut être admise contre et outre le contenu dans les actes de société. Com. 41 et C. 1834. — Les associations en participation peuvent être constatées par la représentation des livres, de la correspondance, ou par la preuve testimoniale, si le Tribunal juge qu'elle peut être admise, Com. 49.—Elles ne sont pas sujettes aux formalités prescrites pour les autres sociétés. Com. 50. — Toute continuation de société, après son terme expiré, sera constatée par une déclaration des associés. Com. 46.

Voyez : — Pour la *publication* par affiches des sociétés, les articles 42 et 46 du Code de commerce. — Pour les *engagements* des associés entre eux, les articles 1845 à 1852 du Code civil ; et à l'égard des tiers, les articles 1862, 1863 et 1864 dudit Code. — Pour l'*administration*, les articles 1856 à 1860 du même Code. — Et pour les *contestations*, les articles 51 à 64 du Code de commerce.

Lorsque l'acte de société ne détermine point la part de chaque associé dans les bénéfices ou pertes, la part de chacun est *en proportion de sa mise dans le fonds de la société*. A l'égard de celui qui n'a apporté que son *industrie*, sa part dans les bénéfices ou dans les pertes est réglée comme si sa mise eût été *égale* à celle de l'associé qui a le *moins apporté*. C. 1853. — La convention qui donnerait à l'un des associés la *totalité des bénéfices*, est nulle. Il en est de même de la stipulation qui affranchirait de toute contribution aux pertes, les sommes ou effets mis dans le fonds de la société par un ou plusieurs des associés. C. 1855.

Chaque associé peut, sans le consentement de ses coassociés, s'associer une tierce personne, *relativement à la part* qu'il a dans la société ; il ne peut pas, sans ce consentement, l'associer à la société, lors même qu'il en aurait l'administration. C. 1861.

La femme commune en biens ne peut valablement contracter, avec son mari, une société en nom collectif, Cass. 9 août 1851 ; Rouen, 14 novembre 1851. — L'individu pourvu d'un conseil judiciaire, ne peut contracter une société commerciale, même en nom collectif. Cass. 3 déc. 1850.

Le commis qui, au lieu d'appointements fixes, reçoit une part quelconque des bénéfices annuels, est *locateur de services*, sous condition aléatoire ; mais il n'est pas associé, Pardessus, Troplong.

La société peut consister dans des productions de l'esprit, telles que le droit d'exploiter un brevet d'invention, publier exclusivement un ouvrage, en un mot dans tout ce qui est appréciable et susceptible d'être l'objet des conventions, Pardessus, Troplong. — Formant une sorte de fraternité entre les associés par leur communauté d'intérêts, l'équité doit y régner plus particulièrement encore que dans tout autre contrat. Arg. C. 1854 ; Troplong.

Elle *commence* à l'instant même du contrat, s'il ne désigne aucune autre époque, C. 1843 ; — s'il n'y a pas de convention sur la durée de la société, elle est sensée contractée pour toute la vie des associés, sous la modification portée en l'article 1896, ou, s'il s'agit d'une affaire dont la durée soit limitée, pour tout le temps que doit durer cette affaire, C. 1844. — L'article 1869 est ainsi conçu : « La dissolution de la société par la « volonté de l'une des parties ne s'applique qu'aux « sociétés dont la durée est illimitée, et s'opère par « une renonciation notifiée à tous les associés « pourvu que cette renonciation soit de bonne foi, « et non faite à contre temps. » — La société finit : 1° par l'expiration du temps pour lequel elle a été contractée ; 2° par l'extinction de la chose, ou la consommation de la négociation ; 3° par la mort de quelqu'un des associés ; 4° par l'interdiction ou la déconfiture de l'un d'eux ; 5° par la volonté *qu'un seul* ou plusieurs expriment de n'être plus en société, C. 1865. — La société particulière qui a pour objet l'exercice en commun de *certaine profession ou métier,* est censée contractée à vie, Duranton.

Les sociétés sont : ou *universelles* ou *particu-*

lières, C. 1835. — On distingue deux sortes de sociétés universelles : La société de *tous les biens présents* et la société *universelle de gains.* C. 1836.

Pour les sociétés universelles, voyez les articles 1837 à 1840 du Code civil.

La société *particulière* est celle qui ne s'applique qu'à certaines choses déterminées, ou à leur usage, ou aux fruits à en percevoir, C. 1841. — Le contrat par lequel plusieurs personnes s'associent, soit pour une entreprise désignée, soit pour l'*exercice de quelque métier ou profession,* est aussi une société particulière, C. 1842. — C'est à la classe des sociétés particulières qu'appartiennent les *tontines* et les sociétés de commerce, Merlin. Les tontines sont des associations pour lesquelles plusieurs personnes mettent en commun des rentes ou autres biens, sous la condition que les biens des prédécédés accroîtront en tout ou en partie au survivant. — Autant les sociétés universelles sont peu fréquentes, autant les sociétés particulières jouent un rôle actif dans le mouvement des affaires. C'est en elles que se concentre aujourd'hui presque tout l'intérêt du contrat de société, Troplong. — Elles se divisent en deux grandes classes : les sociétés *civiles* et les sociétés *commerciales,* Troplong.

I. — SOCIÉTÉS CIVILES

Les Sociétés civiles sont celles qui ont pour objet des opérations étrangères au commerce. La distinction entre les sociétés civiles et commerciales est très importante, en ce que les lois et usages du commerce ont dérogé en certains points aux principes de la société civile. C. 1873. Troplong. — Ainsi, les actes de commerce n'ayant trait qu'aux choses mobilières, les Compagnies formées pour acheter et vendre des immeubles, rentrent dans la classe des *Sociétés civiles*. Cass. 28 brumaire an XIII, 14 octobre 1819. Metz, 18 juin 1812, Pardessus, Merlin, Troplong.

II. — SOCIÉTÉS COMMERCIALES

Les sociétés commerciales sont celles qui ont pour objet des actes de commerce. Tant que durent ces sociétés, les immeubles qui en font partie ne peuvent être hypothéqués en faveur ni des créanciers personnels, ni de la femme de l'un des associés, au préjudice des créanciers de la société elle-même. Ces derniers ont, jusqu'à la dissolution, un droit de préférence assuré, nonobstant toutes inscriptions antérieures, C. 529. Cass. 10 mai 1831.

Toutes les dettes qui ont été contractées par la société doivent être acquittées avec les effets qui en composent l'actif, à l'exclusion des créanciers particuliers des associés. Paris, 10 décembre 1814. Troplong.

Les créanciers particuliers d'un associé ne peuvent provoquer le partage des biens de la société avant sa dissolution, si ce n'est dans le cas où l'associé le pourrait lui-même; mais ils ont le droit, même devant la société, de saisir mobilièrement et de faire vendre son intérêt, *si le capital de la société est divisé en actions*.

On distingue quatre espèces de sociétés commerciales : 1° La société en *nom collectif*; 2° la société en *commandite* ; 3° la société *anonyme*; 4° et la société en *participation*. Com. 19 et 47.

§ 1. — *De la Société en nom collectif*

La société en nom collectif est celle que contractent deux personnes ou un plus grand nombre, et qui a pour objet de faire le commerce sous une raison sociale, com. 20. (V. § 2ᵉ de la société en commandite, Com. 24.) — On entend par *raison sociale* le nom sous lequel existe l'être moral que l'on appelle *société,* et sous lequel sont signés les engagements pris pour le compte de la société, Troplong. — Les noms des associés peuvent seuls faire partie de la raison sociale, Com. 21 ; néanmoins l'on peut n'en faire paraître que quelques uns, et seulement les autres sous les mots collectifs *et Compagnie,* Troplong.

Les associés en nom collectif sont solidaires pour tous les engagements de la société, encore qu'un seul des associés ait signé, Com. 22. — La signature sociale comporte contre tous les associés d'une société commerciale un engagement solidaire, Cass. 11 mai 1836 et 22 avril 1843. — On a jugé qu'un associé en nom colletif peut, en signant pour la raison sociale, vendre les immeubles dépendant de la société, Com. 22 ; Cass. 10 mars 1818.

La société peut tomber en faillite sans que l'associé y tombe également, s'il peut acquitter ce dont il est tenu envers les créanciers de la société, Pardessus. — Et lorsqu'une société en nom collectif a été dissoute à cause de la failllite de l'un des associés, les autres peuvent retirer

14

leurs mises respectives dans le fonds social, Cass. 13 mars 1823.

§ 2. — *De la société en commandite*

C'est celle qui se contracte entre un ou plusieurs associés responsables et solidaires, et un ou plusieurs associés simples bailleurs de fonds, que l'on nomme *commanditaires* ou *associés en commandite*. Com. 23. — Lorsqu'il y a plusieurs associés solidaires et en nom, soit que tous gèrent ensemble, soit qu'un ou plus gèrent pour tous, la société est à la fois société en nom collectif à leur égard, et société en commandite à l'égard des simples bailleurs de fonds. Com. 24.

Dans la commandite, dit M. Troplong, tous les associés ne sont pas solidaires ; les créanciers de la société n'ont une action indéfinie et solidaire que contre les associés gérants ; quant aux autres, ils ne sont tenus que de leur mise, pas au delà. Com. 26. — L'associé commanditaire ne peut faire aucun acte de gestion, ni être employé pour les affaires de la société, même en vertu de procuration. Com. 27.

La société en commandite est régie sous un nom social, qui doit nécessairement être celui d'un ou plusieurs des associés responsables et solidaires. Com. 23. — Mais le nom d'un associé commanditaire ne peut faire partie de la raison sociale. Com. 25 ; autrement il deviendrait associé en nom collectif, et obligé solidairement à toutes les dettes de la société, dans toute leur étendue. Arg. Com. 28, Troplong.

Pour les droits et les obligations des associés responsables et des associés commanditaires, voyez les art. 1853, 1854, 1855 du Code civil et la loi du 7 juillet 1856.

C'est une question qui a été très controversée, que de savoir si les créanciers d'une société en commandite ont une action directe contre les commanditaires, pour les obliger à réaliser le montant de leur mise sociale. M. Troplong examine très longuement cette question et la résout en faveur de l'action directe des créanciers. Cette doctrine semble aujourd'hui définitivement consacrée. Cass. 28 février 1844 et 25 juin 1846 ; Paris, 6 octobre 1870.

§ 3 — De la Société anonyme.

La société anonyme n'existe point sous un nom social. Elle n'est désignée par le nom d'aucun des associés, Com. 29 ; Troplong. — Elle est qualifiée par la désignation de l'objet de son commerce, Com. 30.

Les associés ne sont passibles que de la perte du montant de leur intérêt dans la société, Com. 33. — M. Troplong pense que les tiers ont une action directe contre l'associé qui n'a pas versé sa mise, et son opinion a été consacrée par la Cour de cassation le 28 mars 1855.

La société anonyme est administrée par des mandataires à temps, révocables, associés ou non associés, salariées ou gratuits, Com. 31. — Les administrateurs ne sont responsables que de l'exécution du mandat qu'ils ont reçu. Ils ne contractent, à raison de leur gestion, aucune obligation personnelle ni solidaire relativement aux engagements de la société, Com. 32. — Les associés ne sont passibles que de la perte du montant de leur intérèt dans la société, Com. 33.

Le capital de la société anonyme se divise en actions, et même en coupons d'actions d'une valeur égale, Com. 34.

Les sociétés anonymes, ne reposant sur la solvabilité personnelle d'aucun associé, ne peut exister qu'avec l'autorisation du Président de la République et avec son approbation pour l'acte qui la constitue, Com. 37.

§ 4 — *De la société en participation.*

Indépendamment des trois espèces de sociétés ci-dessus, la loi reconnaît les *associations commerciales en participation.* Com. 47. — La participation n'est pas une société proprement dite ; elle ne forme pas un corps moral. Il y a association en participation entre ceux qui se réunissent pour acheter en commun telle partie de marchandises ou qui s'associent pour les achats qu'ils feront isolément dans telle foire, sauf ensuite à se rendre respectivement compte de leurs opérations, Troplong. Com. 48.

Une société en participation ne pouvant être considérée comme un *être moral,* à la différence d'une société en nom collectif, en commandite ou anonyme, les créanciers de cette société n'ont pas droit à être payés par privilège et préférence aux créanciers personnels de chaque associé, Cass. 2 juin 1834, 19 mars 1838 ; Troplong.

Les membres d'une société en participation ne sont point tenus solidairement des obligations souscrites par chacun d'eux pour l'objet de l'association; ils ne sont même tenus que de leurs engagements personnels. Com. 9 janvier 1821 et 8 janvier 1840; Lyon, 28 janvier 1849; Duranton, Troplong. Mais si tous les participants avaient signé l'engagement, ils seraient obligés, et même solidairement. Paris 24 février 1812; Pardessus; *contrà*, Bruxelles, 12 janvier 1822.

Successions.

Les successions s'ouvrent par la mort naturelle. C. 718. — Elles sont ou contractuelles, ou * testamentaires, ou légitimes. Contractuelles, c'est celles qui sont déférées par contract de mariage aux futurs époux ou aux enfants à naître. — V. *Contrat de mariage, Donation.* Testamentaires, elles sont déférées par testament. — V. *Testament, institution d'héritier.* Légitimes, celles qui sont déférées par la loi.

Les héritiers légitimes sont saisis de plein droit des biens, droits et actions du défunt, sous l'obligation d'acquitter toutes les charges de la succession: les enfants naturels, l'époux survivant et l'Etat doivent se faire envoyer en possession par justice. C. 724. — Les parents au delà du douzième degré ne succèdent pas. A défaut de parents au degré successible dans une ligne, les parents de l'autre ligne succèdent pour le tout. C. 755. — V. *plus loin: Division, ligne paternelle et ligne maternelle.*

ABSENT. — S'il s'ouvre une succession à laquelle soit appelé un individu dont l'existence n'est pas reconnue, elle sera dévolue exclusivement à ceux avec lesquels il avait eu le droit de concourir, ou à ceux qui l'avaient recueilli à son défaut. C. 136.

Acceptation. — Nul n'est tenu d'accepter une succession qui lui est échue. C. 775. — Lorsque celui à qui une succession est échue, est décédé sans l'avoir répudiée ou sans l'avoir acceptée expressément ou tacitement, ses héritiers peuvent l'accepter ou la répudier de son chef. C. 781.

Les *femmes mariées* ne peuvent pas valablement accepter une succession sans l'autorisation de leur mari ou de justice. Le *tuteur* ne pourra accepter ni répudier une succession échue au *mineur*, à l'*interdit*, sans une autorisation préalable du conseil de famille. L'acceptation n'aura lieu que sur bénéfice d'inventaire. C. 461, 509, 776. — V. *Administration légale, Aliénés.* — Si les héritiers ne sont pas d'accord pour accepter ou pour répudier la succession, elle doit être acceptée sous bénéfice d'inventaire. C. 782. — Les légataires universels, les légataires à titre universel, l'héritier institué par contrat de mariage et les donataires contractuels à titre universel peuvent aussi accepter sous bénéfice d'inventaire. C. 873 et 1012. — La déclaration d'un héritier, qu'il entend ne prendre cette qualité que sous bénéfice d'inventaire, doit être faite au greffe du Tribunal de première instance dans l'arrondissement duquel la successsion s'est ouverte: elle doit être inscrite sur le registre destiné à recevoir les actes de renonciation. C. 793.

L'effet du bénéfice d'inventaire est de donner à l'héritier l'avantage: 1° de n'être tenu du paiement des dettes de la succession que jusqu'à concurence de la valeur des biens qu'il a recueillis, même de pouvoir se décharger du paiement des dettes en abandonnant tous les biens de la succession aux créanciers et aux légataires ; 2° de ne pas confondre ses biens personnels avec ceux de la succession et, de conserver contre elle le droit de réclamer le paiement de ses créances. C. 802. — *V. Inventaire, et ci-après : Recélé.*

ACTE CONSERVATOIRE — Les actes purement conservatoires, de surveillance et d'administration provisoire, ne sont pas des actes d'adition d'hérédité, si on n'a pas pris le titre ou la qualité d'héritier. C. 779.

ASCENDANTS. — 1° Si le *défunt* n'a laissé ni *postérité, ni frère ni sœur, ni descendants d'eux*, la succession se divise par moitié entre les ascendants de la ligne paternelle et les ascendants de la ligne maternelle. L'ascendant qui se trouve au degré le plus proche recueille la moitié affectée à sa ligne, à l'exclusion de tous autres. Les ascendants au même degré succèdent par tête. C. 746. V. *plus loin : Retour légal.* — 2° S'il a laissé son *père et sa mère, et ses frères, sœurs ou descendants d'eux*, la succession est déférée pour moitié au père et à la mère, et pour l'autre moitié aux frères, sœurs, ou descendants d'eux par représentation, C. 748 et 751. V. *plus loin : Représentation.* — 3° S'il n'a laissé que son *père* ou sa *mère*, et des *frères, sœurs, ou descendants d'eux*, la succession, est dévolue pour un quart au père ou à la mère qui a survécu, et pour les trois quarts aux frères sœurs ou leurs représentants C. 749 et 751. — 4° S'il ne laisse des ascendants que dans une ligne, sans frère, sœur, ni descendants d'eux, la succession est déférée pour moitié aux ascendants survivants et pour l'autre moitié aux parents les plus proches de l'autre ligne. S'il y a concours de parents collatéreaux au même degré, ils partagent par tête. C. 753. Dans le cas de cet article, le père ou la mère survivant a *l'usufruit du tiers* des biens auxquels il ne succède pas en propriété. C. 754. 5° S'il ne laisse ni *postérité, ni père, ni mère,* ses frères, sœurs ou leurs descendants sont appelés à la succession, à *l'exclusion des ascendants* et des autres collatéraux. Ils succèdent de leur chef ou par représentation. C. 750.

Le partage de la moitié ou des trois quarts dévolus aux frères ou sœurs aux termes de l'article 751 C. ci–dessus, s'opère entre eux par égale portion, s'ils sont tous du même lit ; s'ils sont de lits différents, la division se fait par moitié entre les deux lignes paternelle et maternelle du défunt, les germains prennent part dans les deux lignes, et les utérins ou consanguins, chacun dans leur ligne seulement ; s'il n'y a des frères ou sœurs que d'un côté, ils succèdent à la totalité, à l'exclusion de tous autres parents de l'autre ligne. C. 752.

Conjoint. — Lorsque le défunt ne laisse ni parents au degré successible, ni enfants naturels, les biens de la succession appartiennent au conjoint qui survit. C. 767. — *V. ci–après : Envoi en possession.*

Déclaration. *(Enregistrement).* — L'ascendant donateur qui profite du retour légal, recueille les biens à titre de succession, et il doit payer les droits de succession en ligne directe. — Mais si la rentrée en possession de l'ascendant donateur a lieu par l'effet du droit de retour conventionnel, il n'est dû aucun droit de mutation par décès. Décision ministérielle 29 décembre 1807 ; Inst.

Régie, 22 février 1808 ; Dél. Régie 29 juin 1822 et 22 mars 1826.

Les droits de mutation sur les legs, sont à la charge du légataire. C. 1016.

Lorsque l'enfant naturel reconnu est appelé à la succession, à défaut de parents au degré successible, il est considéré, quant à la quotité des droits, comme personne non parente. Art. 53, loi du 28 avril 1816. — Mais s'il recueille la succession de son père ou de sa mère en vertu d'un testament qui l'institue légataire universel, il doit acquitter le droit de mutation par décès au taux déterminé pour les mutations en ligne directe et non pour celles entre personnes non parentes. Cass. 5 avril 1852.

Les délais pour l'enregistrement des déclarations que les héritiers, donataires ou légataires ont à passer des biens à eux échus ou transmis par décès, sont de six mois. Art. 24, loi du 22 frimaire an VII. — La peine pour défaut de déclaration de succession dans ce délai, est *d'un demi-droit en sus*. — Celle pour omission qui seront reconnues avoir été faites dans les déclarations, sera *d'un droit en sus*. — Il en sera de même pour les insuffisances constatées dans les estimations des biens déclarés. Art 39, même loi. — V. *Prescription, Enregistrement*.

Pour la liquidation et le paiement des droits : — A l'égard des *meubles,* l'inventaire sert de base, même lorsqu'il y a eu vente. Cass. 23 février et 10 mai 1858 ; — à défaut d'inventaire les parties font sur timbre un état estimatif, article par article. Art. 27, loi du 22 frimaire, an VII — Les créances sur particuliers sont portées pour leur chiffre en principal et intérêts au jour du décès, même loi ; — les rentes sur l'Etat, les actions et obligations de compagnies ou sociétés sont déclarées par leur valeur d'après le cours de la Bourse au jour du décès, art 7 loi du 18 mai 1850. **La** valeur de l'achalandage d'un fonds de commerce dépendant d'une succession doit être comprise (comme meubles. Tr. de la Seine, 28 mars 1851) dans la déclaration ; l'évaluation est faite par les héritiers, ou le prix de la vente sert de base. Cass. 24 mars 1856 et 29 février 1860. — Les héritiers peuvent se dipenser de payer les droits de successions sur les créances devenues caduques par la prescription ou l'insolvabilité des débiteurs, en affirmant dans leur déclaration qu'ils y renoncent. Déc. min., 12 août 1806 ; — L'usufruit s'évalue à la moitié de la valeur entière. Article 14, même loi. — Quant aux *immeubles,* leur valeur est déterminée par l'évaluation qui en est faite et portée : pour la *pleine propriété* à vingt fois, et pour *l'usufruit* à dix fois le produit des biens ou le prix des baux courants, en y ajoutant toutes les charges. Art. 15, même loi ; — si les héritiers ne représentent un extrait de la matrice du rôle, les contributions sont évaluées au quart du fermage ou du loyer.

Pour le calcul des droits dus par le conjoint ou l'étranger, légataire de la quotité disponible, soit en propriété, soit en usufruit, on doit réunir fictivement à la masse les biens donnés en avancement d'hoirie. Trib. d'Argentan, 18 décembre 1856. Trib. de la Seine, 12 mai 1836.

Les sommes dont la nue propriété appartient à un tiers, et celles données entre vifs pour être payées au décès du donateur, doivent-elles être retranchées de l'actif de la succession pour payer

les droits ? — Cette question est très controversée : Pour l'affirmative : Cass. 24 juin 1856,
6 décembre 1858. — Pour la négative. Cass.
31 janvier 1854, 19 juin 1855, 17 février 1857,
6 mai 1857. — Dans l'état de la *jurisprudence
actuelle*, il n'y a que deux cas où les sommes
données entre vifs et non payées au décès du
donateur, doivent être distraites de l'actif de la
succession pour la liquidation du droit de mutation : Le premier, c'est celui où le donateur *s'en
est réservé l'usufruit*. Cass. 1ᵉʳ avril 1829.
Instruction de la régie du 30 juin 1850. — Et le
second, c'est celui où la somme donnée a été
stipulée payable après le décès du donateur, *sans
intérêt jusqu'à cette époque*. Trib. d'Orange,
21 avril 1853. La Régie a acquiescé à ce jugement.

Lorsque la nue propriété d'une chose est donnée
à une personne et l'usufruit à une autre, celui qui
recueille la nue propriété doit acquitter le droit
sur la valeur entière, et l'usufruitier sur la
moitié de cette valeur. Art. 11, loi du 22 frimaire
an VIII. Cass. 11 septembre et 18 décembre 1811.

Lorsqu'un usufruit a été légué avec la clause
de reversibilité au profit d'un tiers, celui-ci doit
acquitter, *lors du décès du premier légataire*,
les droits de mutation pour cet usufruit, indépendamment de ceux qui ont été payés au décès du
testateur. Cass. 30 décembre 1834.

Si le nu-propriétaire d'un immeuble meurt
avant l'usufruitier, ses héritiers ne sont tenus
au droit de mutation que sur la moitié de la
valeur de cet immeuble. Cass. 30 décembre 1841,
9 avril 1845, 27 décembre 1847 (*Chambres réunies*) et 21 juin 1848. Trib. de la Seine, 28 juillet
1853. — Celui qui recueille, par succession ou

legs, la *nue propriété* d'un immeuble dont il est usufruitier, ne doit payer le droit de mutation qu'au dernier taux pour les immeubles, ou sur la moitié du capital mobilier. Inst. génér. Régie 10 septembre 1826. — Lorsque la donation ou le legs d'usufruit ont été faits *conjointement* à deux indivis, le décès du premier mourant des donataires ne donne pas lieu à la déclaration, ni ouverture à un droit de mutation par décès, à raison de l'accroissement qui s'opère conformément à l'article 1044. C., au profit du donataire survivant. Délib. Régie, 9 novembre 1830, Instruct. Régie, 18 mars 1831.

L'époux survivant ne doit pas de droit à raison d'une vente viagère pour le prix d'un immeuble ou d'une somme d'argent de la communauté ou propre à l'un des époux. Cass. 10 mai 1854 et 19 août 1857. — Mais, le droit de mutation est dû à 3 p. 0/0 au décès du premier mourant des époux, *à raison de l'usufruit* réservé, tant des biens de communauté, que de ceux propres, au profit du survivant dans une donation ou dans un contrat de vente, Cass. 30 juin 1856, 6 mai 1857 — alors même que la réserve d'usufruit et la reversibilité sont stipulées sous forme de condition de la donation. Cass. 24 janvier 1860.

Une délégation d'un prix de vente non accepté par acte postérieur, n'empêche pas de payer les droits de mutation sur la somme déléguée qui reste appartenir au cédant. Cass. 17 février 1857.

Tarif des droits de mutation par décès

D'après les lois du 22 frimaire an VII Art. 69, § 1er, n° 3, et § 3, n° 4 ; 28 avril 1816, Art. 53, et 21 avril 1832, Art. 33, — *modifié* par l'article 10 de la loi du 18 mai 1850 portant que les transmissions de biens *meubles* qui s'effectuent par décès sont assujetties avec diverses quotités de droits, établie pour les transmissions d'immeubles de même espèce ; les mutations par décès, sans distinction des biens meubles ou immeubles, sont actuellement soumises aux droits ci-après.

En ligne directe : 1 fr. pour 100 fr.

Entre époux : 3 fr. pour 100 fr.

Entre frères et sœurs, oncles et tantes, neveux et nièces : 6 fr. 50 pour 100 fr.

Entre grands-oncles et grand'tantes, petits-neveux et petites-nièces, cousins germains : 7 fr. pour 100 fr.

Entre parents au delà du 4e degré : **8 fr.** pour 100 fr.

Entre personnes non parentes : **9 fr. pour** 100 fr.

Plus, *aujourd'hui*, deux décimes et demi.

Descendants. — Les enfants ou leurs descendants succèdent à leur père et mère, aïeuls, aïeules, ou autres ascendants, sans distinction de sexe ni de prómogéniture, et encore qu'ils soient issus de différents mariages. — Ils succèdent par égale portion et par tête, quand ils sont tous au premier degré et appelés de leur chef ; ils succèdent par souche lorsqu'ils viennent tous ou en partie par représentation. C. 745. — Les enfants légitimés par le mariage subséquent auront les mêmes droits que s'ils étaient **nés de** ce mariage. C. 333.

Division, ligne paternelle et ligne maternelle.—Toute succession échue à des ascendants ou à des collatéraux, se divise en deux parts égales : l'une pour les parents de la ligne paternelle, l'autre pour les parents de la ligne maternelle. — Les parents utérins ou consanguins ne sont pas exclus par les germains ; mais ils ne prennent part que dans leur ligne, sauf ce qui sera dit à l'article 752. Les germains prennent part dans les deux lignes. — Il ne se fait aucune dévolution d'une ligne à l'autre, que lorsqu'il ne se trouve aucun ascendant ni collatéral de l'une des deux lignes. C. 733. — Cette première division opérée entre les lignes paternelle et maternelle, il ne se fait plus de division entre les diverses branches ; mais la moitié dévolue à chaque ligne appartient à l'héritier ou aux héritiers les plus proches en degrés, sauf le cas de la représentation. C. 734. — *V. ci-dessus: Ascendant.*

Enfant adoptif. — L'adopté n'acquerra aucun droit de successibilité sur les biens des parents de l'adoptant ; mais il aura sur la succession de l'adoptant les mêmes droits que ceux qu'y aurait l'enfant né en mariage, même quand il y aurait d'autres enfants de cette dernière qualité, nés depuis l'adoption. C. 350. — Si l'adopté meurt sans descendants *légitimes,* les choses données par l'adoptant, ou recueillies dans sa succession, retourneront à l'adoptant ou à ses descendants. Le surplus des biens de l'adopté appartiendra à ses propres parents. C. 351. — Si du vivant de l'adoptant et après le décès de l'adopté, les enfants ou descendants laissés par celui-ci mouraient eux-mêmes sans postérité, l'adoptant succèdera aux choses par lui données comme il est dit en l'article précédent. C. 352.

Enfants légitimes. — V. *ci-dessus: Descendants*.

Enfants naturels. — La reconnaissance faite pendant le mariage par l'un des époux au profit d'un enfant naturel qu'il aurait eu avant son mariage, d'un autre que de son époux, *ne pourra nuire* à celui-ci ni aux enfants nés de ce mariage. — Néanmoins elle produira son effet après la dissolution de ce mariage, s'il n'en reste pas d'enfants. C. 337. Les enfants naturels ne sont *point héritiers*, la loi ne leur accorde de droit sur les biens de leurs père et mère décédés, que lorsqu'ils ont été légalement reconnus ; elle ne leur accorde aucun droit sur les biens des parents de leurs père ou mère. C. 756. — Les droits de l'enfant naturel sur les biens de ses père ou mère décédés, sont réglés ainsi qu'il suit: — Si le père ou la mère a laissé des descendants légitimes, ce droit est d'un tiers de la portion héréditaire que l'enfant naturel aurait eue, s'il eût été légitime ; il est de la moitié lorsque ses père ou mère ne laissent pas de descendants, mais bien des ascendants, ou des frères ou sœurs ; il est des trois quarts lorsque le père ou la mère ne laissent ni descendants, ni ascendants, ni frères, ni sœurs. C. 757. — L'enfant naturel a droit à la *totalité des biens*, lorsque ses père et mère ne laissent pas de parents au degré successible. C. 758. — En cas de prédécès de l'enfant naturel, ses enfants ou descendants peuvent réclamer les droits fixés par les articles précédents. C. 759. — L'enfant naturel ou ses descendants sont tenus d'imputer sur ce qu'ils ont droit de prétendre tout ce qu'ils ont reçu du père ou de la mère dont la succession est ouverte, et qui serait sujet à rapport,

C. 760. — La succession de l'enfant naturel décédé sans postérité est dévolue au père ou à la mère qui l'a reconnu ; ou par moitié à tous les deux, s'il a été reconnu par l'un et par l'autre. C. 765. — En cas de prédécès des père et mère de l'enfant naturel, les biens qu'il en avait reçus, passent aux frères ou sœurs légitimes, s'ils se retrouvent en nature dans la succession : les actions en reprise, s'il en existe, ou le prix de ces biens aliénés, s'il est encore dû, retournent également aux frères et sœurs légitimes ; tous les autres biens passent aux frères et sœurs naturels ou à leurs descendants. C. 766.

Envoi en possession. — Le conjoint survivant et l'administration des domaines qui prétendent droit à la succession, doivent demander l'envoi en possession au Tribunal de première instance dans le ressort duquel la succession est ouverte. Le Tribunal ne peut statuer sur la demande qu'après trois publications et affiches dans les formes usitées et après avoir entendu le Procureur de la République. C. 770.

État. — A défaut de conjoint survivant, la succession est acquise à l'Etat. C. 768. — V. ci-dessus : *Envoi en possession.*

Frères et sœurs et autres collatéraux. V. *plus haut : Ascendants.*

Rapport. V. *Liquidation.*

Recélé. — Les héritiers qui auraient diverti ou recélé des effets d'une succession, sont déchus de la faculté d'y renoncer : ils demeurent héritiers purs et simples, nonobstant leur renonciation, sans pouvoir prétendre aucune part dans les objets divertis ou recélés, C. 742. — Ceux qui se sont rendus coupables de recélé, ou qui ont omis, sciemment et de mauvaise foi, de comprendre dans l'inventaire des effets de la succession, sont déchus du bénéfice d'inventaire. C. 801. — Pour le recèlement on peut être poursuivi par l'action de vol. P. 379. Cass. 14 mars 1818.

RENONCIATION. — V. *ce mot*. — La part du renonçant accroît à ses cohéritiers ; s'il est seul, elle est dévolue au degré subséquent. C. 786.

REPRÉSENTATION. — La représentation est une fiction à la loi, dont l'effet est de faire entrer les représentants dans la *place,* dans le *degré* et dans les *droits* du représenté. C. 739.

La représentation n'a pas lieu en faveur des *ascendants ;* le plus proche, dans chacune des deux lignes, exclut toujours le plus éloigné. C. 741.

En ligne collatérale, la représentation est admise en faveur des enfants et descendants des frères ou sœurs du défunt, soit qu'ils viennent à la succession concurremment avec des oncles ou tantes, soit que, tous les frères ou sœurs du défunt étant prédécédés, la succession se trouve dévolue à leurs descendants en degrés égaux ou inégaux. C. 742.

Dans tous les cas où la représentation est admise, le partage s'opère par souche : si une même souche a produit plusieurs branches, la subdivision se fait aussi par souche dans chaque branche, et les membres de la même branche partagent par tête. C. 743.

On ne représente pas les *personnes vivantes,* mais seulement celles mortes naturellement. — On ne peut représenter celui à la succession duquel on a renoncé. C. 744. — On ne vient pas par représentation d'un héritier qui a renoncé : si le renonçant est seul héritier de son degré, ou si tous ses cohéritiers renoncent, les enfants viennent de leur chef et succèdent par tête. C. 787.

Retour légal, ou successoral. — Les ascendants succèdent à l'exclusion de tous autres, aux choses par eux données à leur enfants ou descendants décédés sans postérité, lorsque les objets donnés se trouvent en nature dans la succession. Si les objets ont été aliénés, les ascendants recueillent le prix qui peut en être dû. Ils succèdent aussi à l'action en reprise que pourrait avoir le donataire. C. 747. — Ils succèdent à titre d'*héritiers :* de là, il résulte qu'ils sont soumis aux mêmes obligations et jouissent des mêmes droits que tout autre héritier, et qu'il faut appliquer à cette *succession particulière* toutes les règles qui gouvernent le droit de succéder et ses conséquences ; c'est-à-dire qu'ils peuvent accepter purement et simplement, ou sous bénéfice d'inventaire, ou y renoncer, qu'ils contribuent aux dettes dans la proportion de leur *émolument,* Demolombe, — et qu'ils doivent payer les droits de succession en ligne directe. Déc. minis. 29 décembre 1807, Délib. Régie, 22 mars 1826.

Le droit de retour peut s'exercer : 1° lorsque le donataire décède sans postérité *légitime,* quoiqu'il laisse des enfants naturels. — Et sur les biens compris dans un partage anticipé, Cass. 9 août 1854, par les donateurs ; — ou par le donateur ou la donatrice seulement sur les biens lui *appartenant compris au lot* de l'enfant prédécédé. *Journal des Notaires et des Avocats* N° 9899 ; Demolombe, N° 542. Trib. de Bressière, 9 mars 1837. — 2° Sur une somme d'argent, des obligations, billets et effets publics, si la succession renferme une quantité égale ou plus forte de numéraire, d'obligations, de billets et effets publics. Rouen, 11 janvier 1816 ; Cass. 30 juin 1817. Lorsqu'une dot a été constituée conjointement par deux époux, à leurs enfants, en effets de la communauté, chacun des donateurs a le droit de réclamer la portion que la loi met à sa charge, ou celle pour laquelle il a déclaré entendre contribuer dans la dot, Chabot. Le droit de retour successoral, dit M. Demolombe, n'appartient qu'à l'ascendant qui doit être considéré comme donateur de la chose dont il s'agit. — Mais il ne peut s'exercer sur les biens donnés, lorsque le donataire décède laissant des enfants qui, eux-mêmes, meurent avant le donateur. Cass. 20 mars 1850, ni quand il les a légués par testament. Cass. 2 janvier 1838, 18 mars 1838 et 14 février 1855. — Les ascendants donateurs n'auraient rien à répéter si le prix avait été intégralement payé, sauf *l'exercice de l'action en reprise* s'il y avait lieu, Demolombe ; par ces mots il faut entendre la répétition de la dot telle qu'elle est autorisée dans les articles 1407, 1468, 1471, 1473, 1531, 1559, 1564 et 1650 C. et en outre, les actions en nullité ou rescision des aliénations consenties par le donataire, ainsi que celles en rachat, et même en révocation de donations pour cause d'ingratitude ou d'inexécution des conditions, Chabot, Delvincourt, Duranton, Demolombe. — Ne reprenant la chose par eux donnée qu'à *titre d'héritiers*, ils sont forcés : 1° de la recevoir dans l'état où elle se trouve au moment du décès du donataire ; 2° de supporter les droits réels dont elle a pu être grevée ; par exemple, un usufruit, une servitude, une hypothèque, mais ils ont un recours contre leurs cohéritiers pour tout ce qu'ils **ont** payé au delà de leur portion ; 3° et de rembourser de leurs propres deniers ce qui a été payé **aux** donataires. Chabot, Delvincourt, Duranton ; ainsi que la récompense des améliorations faites par le donataire aux biens donnés et des impenses utiles ou nécessaires qui en ont augmenté la valeur, *eu égard à cette augmentation*, et non à raison de ce qu'elles ont coûté. Duranton, Chabot.

Vacante (Succession). — Lorsqu'après l'expiration des délais pour faire inventaire et délibérer, il ne se présente personne qui réclame une succession, qu'il n'y a pas d'héritiers connus, ou que les héritiers connus y ont renoncé, cette succession est réputée vacante. C. 811. R. 998. — Il est nommé un curateur sur la demande des parties intéressés. C. 872.

Témoins dans les actes notariés.

V. — Dispositions générales. — Incapacité.

Testament.

Le testament est un acte par lequel le testateur dispose, pour le temps où il n'existera plus, de tout ou partie de ses biens, et qu'il peut révoquer. C. 895. — Pour faire un testament, il faut être sain d'esprit, C. 901.

Absent. — V. *plus loin* : *Ouverture.*

Accroissement. — Il y aura lieu à accroissement au profit des légataires, dans le cas où le legs sera fait à plusieurs conjointement. — Le legs sera réputé fait conjointement lorsqu'il le sera par une seule et même disposition et que le testateur n'aura pas assigné la part de chacun des colégataires dans la chose léguée. C. 1044.

ALIÉNÉS. — V. *ce titre.*

AUTHENTICITÉ. — Le testament par acte public est celui qui est reçu par deux notaires, en présence de deux témoins, ou par un notaire, en présence de quatre témoins. C. 971. — Ne pourront être pris pour témoins, ni les légataires, ni leurs parents ou alliés jusqu'au quatrième degré inclusivement. C. 975. — Les témoins devront être majeurs, jouissant de leurs droits civils. C. 980. — V. *Privation des droits civils.*

CODICILLE. — Disposition de dernière volonté, qui modifie ou annulle une disposition précédente : C'est un *second testament.* C. 967, 1002, 1036. — Les codicilles peuvent être écrits sur la même feuille de papier timbré que le testament, sans qu'il y ait contravention. Décret du 15 juin 1812. Délib. Rég. 11 juin 1823.

CONDAMNÉ. — V. *Privation des droits civils.*

DÉLIVRANCE DE LEGS. — Lorsqu'au décès du testateur il y a des héritiers auxquels une quotité de ses biens est réservée par la loi, ces héritiers sont saisis de plein droit, par sa mort, de tous les biens de la succession ; et le légataire universel est tenu de demander la délivrance des biens compris dans le testament. C. 1004. — Les légataires à titre universel seront tenus de demander la délivrance aux héritiers auxquels une quotité de biens est réservée par la loi ; à leur défaut, aux légataires universels, et à défaut de ceux-ci, aux héritiers appelés dans l'ordre établi au titre des successions. C. 1011. — V. *ci-après : Legs particuliers.*

15*

Enfants naturels. — Les enfants naturels, ne pourront, par donation entre vifs ou par testament, rien recevoir au delà de ce qui leur est accordé au titre des successions. C. 908.

Enregistrement. — Le testament sera enregistré dans les trois mois du décès du testateur, à la diligence des héritiers ou du légataire. Art. 21. loi du 22 frimaire an VII.

Envoi en possession. — Dans le cas de l'article 1006, si le testament est olographe ou mystique, le légataire universel sera tenu de se faire envoyer en possession par une ordonnances du Président, mise au bas d'une requête à laquelle sera joint l'acte de dépôt. C. 1008. — L'article 1006 est ainsi conçu : « Lorsqu'au décès du testateur, il n'y aura pas d'héritiers auxquels une quotité de ses biens soit réservée par la loi, le légataire universel sera *saisi de plein droit* par la mort du testateur, sans être tenu de demander la délivrance. »

Exécuteurs testamentaires. — *Le testateur* pourra nommer un ou plusieurs exécuteurs testamentaires, C. 1025. — Celui qui ne peut s'obliger et la femme mariée, même séparée de biens, ne peuvent pas être exécuteurs testamentaires. C. 1028, 1029 et 1030. — Le testateur pourra leur donner la saisine du tout, ou seulement d'une partie de son mobilier, mais elle ne pourra durer au delà de *l'an et jour* à compter de son décès. — S'il ne la leur a pas donnée, ils ne pourront l'exiger. — C. 1026.

L'héritier pourra faire cesser la saisine, en offrant de remettre aux exécuteurs testamentaires somme suffisante pour le paiement des legs mobiliers ou en justifiant de ce paiement. C. 1027.

Les exécuteurs testamentaires feront apposer les scellés, s'il y a des héritiers mineurs, interdits ou absents. — Ils feront faire, en présence de l'héritier présomptif ou lui dûment appelé, l'inventaire des biens de la succession. — Ils provoqueront la vente du mobilier, à défaut de deniers suffisants pour *acquitter les legs*. — Ils veilleront à ce que le testament soit exécuté, et ils pourront, en cas de contestation sur son exécution, intervenir pour en soutenir la validité. — Ils devront, à l'*expiration de l'année* du décès du testateur, rendre compte de leur gestion. C. 1031.

Si la saisine a été donnée aux exécuteurs testamentaires, c'est à eux que doit être remis le prix de la vente du mobilier et ils peuvent, pendant la saisine, recevoir les revenus de l'année et poursuivre le recrouvrement des créances mobilières de la succession, sans le concours de l'héritier ; mais le paiement des dettes de la succession ne les regarde point s'ils n'en ont été expressément chargés par le testateur. Duranton, Touiller, Delvincourt.

Femme mariée. — La femme n'aura besoin ni du consentement du mari, ni d'autorisation de la justice pour disposer par testament. C. 905. — V. *Donation. Régime dotal.*

Frais. — Les frais de la demande en délivrance seront à la charge de la succession, sans néanmoins qu'il puisse en résulter de réduction de la réserve légale. — Les *droits d'enregistrement* seront dus, par le légataire. Le tout, s'il n'en a été autrement ordonné par le testament; chaque legs pourra être *enregistré séparément*. — (V. *Successions, Déclarations*); sans que cet enregistrement puisse profiter à aucun autre qu'au légataire ou à ses ayants cause. C. 1016. — Par droits d'enregistrement il faut entendre ceux de la mutation par décès. — Le testament est un titre translatif de propriété, dont les frais, expéditions, enregistrement et honoraires, doivent être supportés par les légataires universels et par les légataires particuliers à qui il profite, chacun pour sa part et portion, C. 1593. — Renard, Vernet, Tribunal de Brignoles, 13 août 1856.

HOSPICES — PAUVRES. — Les dispositions entre vifs ou par testament, au profit des hospices, des pauvres d'une commune, ou d'établissements d'utilité publique, n'auront leur effet qu'autant qu'elles seront autorisées par un décret du Président de la République. C. 910.

INSAISISSABLES. — Seront insaisissables les sommes et objets disponibles déclarés insaisissables par le testateur. Pr. 581.

INSTITUTION D'HÉRITIER. — Les dispositions testamentaires sont ou universelles, ou à titre universel, ou à titre particulier. — Chacune de ces dispositions, soit qu'elle ait été faite sous la dénomination d'institution d'héritier, soit qu'elle ait été faite sous la dénomination de legs, produira son effet suivant les règles ci-après établies pour les legs universels, pour les legs à titre universel et pour les legs particuliers. C. 1002.

INTERDIT. — L'interdit ne peut disposer par testament. C. 901.

JOUISSANCE LÉGALE. — La jouissance accordée par l'article 384 du Code civil ne s'étendra pas aux biens que les enfants pourront acquérir par un travail et une industrie séparés, ni à ceux qui leur seront donnés ou légués sous la condition expresse que les père et mère n'en jouiront pas. C. 387.

Legs universel. — Le legs universel est la disposition testamentaire par laquelle le testateur donne à une ou plusieurs personnes, l'universalité des biens qu'il laissera à son décès. C. 1003. — Est universel le legs de la nue propriété de l'universalité de la succession, et à titre universel celui d'un usufruit portant sur la même universalité. Cass. 7 août 1827. — Marcadé et autres auteurs décident que le legs en usufruit n'est qu'un legs particulier, quoique cet usufruit porte sur une universalité ou sur une quotité, se fondant sur l'article 612, d'après lequel l'usufruit, même universel ou à titre universel, ne supporte jamais que les intérêts d'une dette, tandis que les légataires universels et à titre universel paient nécessairement leur part et portion des dettes. Bordeaux, 19 février 1853.

Le légataire en pleine propriété du mobilier et en usufruit du seul immeuble de la succession, est réputé légataire universel de l'usufruit. Ainsi ses obligations par rapport aux dettes qui grèvent l'immeuble se règlent par l'article 612. Cass. 4 fructidor an XIII. — Le légataire universel est saisi de plein droit. — *V. ci-dessus*: *Envoi en possession*. — Il est tenu des dettes. C. 1009. — V. *Liquidations, dettes et charges*. — Il peut accepter sous bénéfice d'inventaire.

Legs a titre universel. — Le legs à titre universel est celui par lequel le testateur lègue une quote-part des biens dont la loi lui permet de disposer, telle qu'une moitié, un tiers, ou tous ses immeubles, ou tout son mobilier, ou une quotité fixe de tous ses immeubles ou de tout son mobilier. — Tout autre legs ne forme qu'une disposition à titre particulier. C. 1010. — Le légataire à titre universel peut aussi accepter sous bénéfice d'inventaire. — Il est également tenu des dettes. C. 1012. — V. *Liquidation, dettes et charges.*

LEGS PARTICULIER. — Tout legs pur et simple donnera au légataire du jour du décès du testateur, un droit à la chose léguée, droit transmissible à ses héritiers ou ayants cause. Néanmoins, le légataire particulier ne pourra se mettre en possession de la chose léguée ; ni en prétendre les fruits ou intérêts, qu'à compter du jour de sa demande en délivrance, formée suivant l'ordre établi par l'article 1011, ou du jour auquel cette délivrance lui aura été volontairement consentie. C. 1014. — Le légataire à titre particulier ne sera point tenu des dettes de la succession, sauf la réduction du legs et sauf l'action hypothécaire des créanciers. C. 1024. — Celui qui a acquitté la dette dont l'immeuble légué était grevé, demeure subrogé aux droits du créancier contre les héritiers et successeurs à titre universel. C. 874.

MARI. — La donation testamentaire faite par le mari ne peut excéder sa part dans la communauté ; s'il a donné en cette forme un effet de la communauté, le donataire ne peut le réclamer en nature, qu'autant que l'effet, par l'évènement du partage, tombe au lot des héritiers du mari ; si l'effet ne tombe point au lot de ces héritiers, le légataire a la récompense de la valeur totale de l'effet donné, sur la part des héritiers du mari dans la communauté et sur les biens personnels de ce dernier. C. 1423.

MÉDECIN, PHARMACIEN. — Les médecins et les

pharmaciens qui auront traité une personne pendant la maladie dont elle meurt, ne pourront profiter des dispositions entre vifs ou testamentaires qu'elle aurait faites en leur faveur pendant le cours de cette maladie. Sont exceptés : 1°, etc. C. 909.

MINEUR. — Le mineur parvenu à l'âge de seize ans ne pourra disposer que par testament et jusqu'à concurrence seulement de la moitié des biens dont la loi permet au majeur de disposer. C. 904. — Quoique parvenu à l'âge de seize ans, il ne pourra, même par testament, disposer au profit de son tuteur ; devenu majeur, il ne pourra disposer, soit par donation entre vifs, soit par testament, au profit de celui qui aura été son tuteur, si le compte définitif de la tutelle n'a été préalablement rendu et apuré. — Sont exceptés dans les deux cas ci-dessus, les ascendants des mineurs qui sont ou qui ont été leurs tuteurs. C. 907.

MYSTIQUE. — Lorsque le testateur voudra faire un testament mystique ou secret, il sera tenu de signer ses dispositions, soit qu'il les ait écrites lui-même ou qu'il les ait fait écrire par un autre. Sera le papier qui contiendra ses dispositions, ou le papier qui servira d'enveloppe, s'il y en a une, clos et scellé. Le testateur le présentera ainsi clos et scellé au *notaire* et à *six témoins* au moins, où il le fera clore et sceller en leur présence ; et il déclarera que le contenu en ce papier est son testament écrit et signé de lui, ou écrit par un autre et signé de lui : le notaire en dressera l'*acte de suscription,* qui sera écrit sur ce papier ou sur la feuille qui servira d'enveloppe ; cet acte sera signé, tant par le testateur que le notaire, ensemble par les témoins. Tout ce que dessus sera fait de suite et sans divertir à autres actes ; et en cas que le testateur, par un empêchement survenu depuis la signature du testament, ne puisse signer l'acte de suscription, il sera fait mention de la déclaration qu'il en aura faite, sans qu'il soit besoin, en ce cas, d'augmenter le nombre des témoins. C. 976. — La présentation, l'ouverture, la description et le dépôt du testament mystique seront faits de la manière indiquée ci-après pour le testament olographe, mais l'ouverture ne pourra se faire qu'en présence de ceux des notaires et des témoins signataires de l'acte de suscription, qui se trouveront sur les lieux, ou eux dûment appelés. C. 1007.

Olographe. — Le testament olographe ne sera point valable, s'il n'est écrit en entier, daté et signé de la main du testateur : il n'est assujetti à aucune autre forme. C. 970. — Il sera, avant d'être mis à exécution, présenté au Tribunal civil de première instance de l'arrondissement dans lequel la succession est ouverte. Ce testament sera ouvert, s'il est cacheté. Le Président dressera procès-verbal de la présentation, de l'ouverture et de l'état du testament, dont il ordonnera le dépôt entre les mains du notaire par lui commis. C. 1007.

Ouverture (testament d'un absent).—Lorsque les héritiers présomptifs auront obtenu l'envoi en possession provisoire, le testament, s'il en existe un, sera ouvert à la réquisition des parties intéressées, ou du Procureur de la République près le Tribunal ; et les légataires, les donataires, ainsi que tous ceux qui avaient, sur les biens de l'absent, des droits subordonnés à la condition de son décès, pourront les exercer provisoirement, à la charge de donner caution. C. 123.

Préciput. — Hors part. — V. *Donation entre vifs*.

Révocation. — Les testaments ne pourront être révoqués, en tout ou en partie, que par un testament postérieur ou par un *acte devant notaires,* portant déclaration du changement de volonté. C. 1035. — Lorsque la révocation est faite par déclaration de changement de volonté, un notaire et deux témoins ou deux notaires suffisent, mais la présence réelle du second notaire ou des témoins est exigée par la loi du 21 juin 1843, Troplong, Cass. 24 avril 1828.

Substitution. — V. *Donation entre vifs*.

Tiers appelé. — La disposition par laquelle un tiers serait appelé à recueillir le don, l'hérédité ou le legs, dans le cas où le donataire, l'héritier institué ou le légataire, ne le recueillerait pas, ne sera pas regardée comme une substitution, et sera valable. C. 898.

Transcription. — Les dispositions par actes entre vifs ou testamentaires à *charge de restitution,* seront, à la diligence soit du grevé, soit du tuteur nommé pour l'exécution, rendues publiques ; savoir : quant aux immeubles, par la transcription sur les registres du bureau des hypothèques du lieu de la situation; et quant aux sommes colloquées, avec privilège sur les immeubles, par l'inscription sur les biens affectés au privilège. C. 1069. art. 1er, Loi du 26 mars 1855.

Usufruitier. — L'usufruitier prend les choses dans l'état où elles sont, mais il ne peut entrer en jouissance qu'après avoir fait dresser en présence du propriétaire ou lui dûment appelé, un inventaire des meubles et un état des immeubles sujets à l'usufruit. C. 600. — Et il donne caution de jouir en bon père de famille, S'IL N'EN EST DISPENSÉ PAR L'ACTE CONSTITUTIF DE L'USUFRUIT ; cependant, les pères et mères ayant l'usufruit légal du bien de leurs enfants, le vendeur ou le donateur sans réserve d'usufruit, ne sont pas tenus de donner caution. C. 601.

NOTE PRATIQUE

§ I. — *Principales dispositions qui peuvent être faites dans un testament.*

<table>
<tr><td>1° Legs universel ;
2° Legs à titre universel ;
3° Legs particulier ;
4° Legs du mobilier ;
5° Legs des immeubles ;
6° Legs de sommes d'argent ;
7° Legs de la portion disponible ;
8° Legs de rentes viagères ;</td><td>En toute propriété.

En nue propriété.

En usufruit.</td></tr>
</table>

§ II. — *Principales conditions et stipulations permises au testateur.*

Le testateur peut :

1° Lorsque le legs sera de tous les biens meubles, déclarer qu'il entend ne pas y comprendre les actions en reprises mobilières. *V. Donation entre époux, Biens meubles* ; — ni le fonds de commerce — *V. Liquidation, note pratique*, § 6.

2° Exprimer que les biens mobiliers légués n'entreront pas dans la communauté, que le mari n'aura pas la jouissance des biens légués à la femme commune qui, seule, les administrera et en touchera les revenus sur ses simples quittances. C. 1401. Cass. 9 mai 1842. — Que les biens légués à la femme dotale seront *aliénables*, Duranton, Troplong, Cass. 16 mars 1846, — et que le mari n'aura pas la jouissance de ces biens. Duranton, Troplong.

3° Stipuler que les père et mère ne jouiront pas des biens légués à leurs enfants mineurs. C. 387. — Est valable la condition mise au legs fait à un mineur, que l'administration des biens légués appartiendra non au père, mais à un tiers. Cass. 26 mai 1856.

4° Déclarer que les rentes ou pensions viagères, les sommes et objets disponibles légués, seront incessibles et insaisissables. Pr. 581. C. 1981.

5° Dispenser l'usufruitier de faire dresser un inventaire des meubles et un état des immeubles. C. 600 ; — et de donner caution. C. 601. — Toutefois jugé par la cour de Caen, le 30 avril 1855, que le testateur ne peut, en léguant l'usufruit de ses biens, stipuler qu'il ne sera pas fait d'inventaire. — Serait valable la condition portant, pour le cas de convol à de secondes noces de la part de l'usufruitier, soit que l'usufruit cesserait, soit que l'usufruitier devrait donner caution.

6° Appeler un tiers pour recueillir le legs, dans le cas où l'héritier institué, ou le légataire ne le recueillerait pas. C. 898. — L'accroissement a lieu au profit des légataires, dans le cas où le legs est fait à plusieurs conjointement. C. 1044.

7° Stipuler que le legs est fait par préciput ou hors part. C. 919.

8° Accorder au légataire la faculté de prendre tout ou partie de son legs sur tels des biens de la succession que bon lui semblera, à son choix.

9° Nommer un exécuteur testamentaire avec ou sans saisine. C. 1025 et 1026.

10° Stipuler que les droits d'enregistrement, C. 1016, seront à la charge de la succession ; *V. ci-dessus : Frais* ; — que les biens de la succession ne seront pas frappés du privilège conféré par l'article 2111 C.

11° Charger le légataire de rendre les biens légués à ses enfants nés et à naître, au premier degré seulement (substitution) C. 1048 et 1049. — Nommer un tuteur chargé de l'exécution de ces dispositions. C. 1055.

Peuvent, par acte de dernière volonté : — Le père, nommer à la mère survivante et tutrice un conseil spécial, sans l'avis duquel elle ne pourra faire aucun acte relatif à la tutelle. C. 391 et 392, — Et le dernier mourant des père et mère, choisir un tuteur à ses enfants mineurs. C. 397 et 398.

Titre nouvel.

Le titre nouvel est un acte par lequel le débiteur d'une rente en reconnaît l'existence et s'oblige à continuer de la servir. — C'est un acte récognitif qui a surtout pour but d'empêcher la prescription.

Les actes récognitifs ne dispensent point de la représentation du titre primordial, à moins que sa teneur n'y soit spécialement relatée. — Ce qu'ils contiennent de plus que le titre primordial ou ce qui s'y trouve de différent, n'a aucun effet. — Néanmoins, s'il y avait plusieurs reconnaissances conformes, soutenues en la possession, et dont l'une eut trente ans de date, le créancier pourrait être dispensé de représenter le titre primordial. C. 1337.

Après vingt-huit ans de la date du dernier titre, le débiteur d'une rente peut être contraint à fournir à ses frais un titre nouvel à son créancier ou à ses ayants cause. C. 2263.

Transaction.

La transaction est un contrat par lequel les parties terminent une contestation née, ou préviennent une contestation à naître. — Ce contrat doit être rédigé par écrit. C. 2044.

CAPACITÉ. — Pour transiger, il faut avoir la capacité de disposer des objets compris dans la transaction. — Le tuteur ne peut transiger pour le mineur ou l'interdit, que conformément à l'article 467 du Code civil ; et il ne peut transiger avec le mineur devenu majeur, sur le compte de tutelle, que conformément à l'article 472 du même Code. — Les communes et établissements publics ne peuvent transiger qu'avec l'autorisation expresse du Président de la République. C. 2045.

DÉLIT. — On peut transiger sur l'intérêt civil qui résulte d'un délit. — La transaction n'empêche pas la poursuite du ministère public. C. 2046.

Effet. — Les transaction ont entre les parties, l'autorité de la chose jugée en dernier ressort.

Elles ne peuvent être attaquées pour cause d'erreur de droit, ni pour cause de lésion. — C. 2052.

Enonciations. — Les transactions ne règlent que les différends qui s'y trouvent compris, soit que les parties aient manifesté leur intention par des expressions spéciales ou générales, soit que l'on reconnaisse cette intention par une suite nécessaire de ce qui y est exprimé. C. 2049.

Erreur de calcul. — L'erreur de calcul dans une transaction doit être réparée. C. 2058.

Faillite. — Les syndics pourront, avec l'autorisation du juge commissaire, et le failli dûment appelé, transiger sur toutes contestations qui intéressent la masse même, sur celles qui sont relatives à des droits et actions immobilières. — Si l'objet de la transaction est d'une valeur indéterminée ou qui excède trois cents francs, la transaction ne sera obligatoire qu'après avoir été homologuée, savoir : Par le Tribunal de commerce pour des transactions relatives à des droits mobiliers. — Et par le Tribunal civil pour les transactions relatives à des droits immobiliers. Le failli sera appellé à l'homologation ; il aura, dans tous les cas, la faculté de s'y opposer : son apposition suffira pour empêcher la transaction, si elle a pour objet des biens immobiliers. Com. 487. — Ils pourront, en se conformant aux règles prescrites par l'article 407, transiger sur toute espèce de droits appartenant au failli, nonobstant toute opposition de sa part. Com. 535.

Interdit. — En rejetant la demande en interdiction, le Tribunal pourra néanmoins, si les circonstances l'exigent, ordonner que le défendeur ne pourra désormais plaider, *transiger,* emprunter, recevoir un capital mobilier, ni en donner décharge, aliéner, ni grever ses biens d'hypothèques, sans l'assistance d'un conseil qui lui sera nommé par le même jugement. C. 499.

Mineur. — Tout traité qui pourra intervenir entre le tuteur et le mineur devenu majeur sera nul, s'il n'a été précédé de la reddition d'un compte détaillé, et de la remise des pièces justificatives : le tout constaté par un récépissé de l'ayant-compte, dix jours au moins avant le traité. C. 472.

Nullité. — Lorsque les parties ont transigé généralement sur toutes les affaires qu'elles pouvaient avoir ensemble, les titres qui leur étaient alors inconnus, et qui auraient été postérieurement découverts, ne sont point une cause de rescision, à moins qu'ils n'aient été retenus par le fait de l'une des parties ; — mais la transaction serait nulle si elle n'avait qu'un objet sur lequel il serait constaté, par des titres nouvellement découverts, que l'une des parties n'avait aucun droit. C. 2057.

Objet. — Les transactions se renferment dans leur objet : la renonciation qui est faite à tous droits, actions et prétentions, ne s'entend que de ce qui est relatif au différend qui y a donné lieu. C. 2048.

Pénalité. — On peut ajouter à une transaction, la stipulation d'une peine contre celui qui manquera de l'exécuter. C. 2047.

Rescision. — Il y a lieu à l'action en rescision contre une transaction, lorsqu'elle a été faite en exécution d'un titre nul, à moins que les parties n'aient expressément traité sur la nullité. C. 2054.

Tuteur. — Le tuteur ne pourra transiger **au nom du mineur**, qu'après avoir été autorisé **par le conseil de famille**, et de l'avis de trois juris-consultes désignés par le Procureur de la République près le Tribunal de première instance. La transaction ne sera valable qu'autant qu'elle aura été homologuée par le Tribunal de première instance, après avoir entendu le Procureur de la République. C. 467.

Transfert de rentes sur l'État, actions de la Banque de France, et autres effets publics.

Le transfert est un acte par lequel une personne transmet à une autre la propriété d'une rente sur l'Etat, soit d'actions de la Banque, soit d'actions ou obligations nominatives de Compagnies de chemins de fer ou de Sociétés industrielles. Il est fait par le ministère d'un agent de change. — Celui des rentes nominatives sur l'Etat est fait à Paris au Trésor public. — Celui des actions de la Banque de France est fait à la Banque de France ; — et celui des autres effets publics, dans les Bureaux de chaque Compagnie qui en est débitrice.

Si le vendeur ne veut, ou ne peut signer lui-même le transfert, il se fait représenter par un fondé de pouvoir spécial. Art. 3, loi du 28 floréal an VII. — Ce pouvoir doit être en la forme authentique et en minute (Instruction ministérielle du 1ᵉʳ mai 1819. Art. 21 et 22). Cependant le transfert d'inscriptions au-dessous de 50 fr. peut s'opérer sur la production d'une procuration en brevet. Ordonnance du 5 mars 1823.

Lorsque le transfert a lieu par suite de décès, de donation, legs, etc., l'ayant droit est tenu de produire : 1° Un certificat de propriété, acte par lequel un officier public atteste le droit de propriété ou de jouissance d'une ou plusieurs personnes, sur le capital et les arrérages d'une inscription de rente sur l'Etat, sur les sommes déposées à une caisse d'épargne, etc. Art. 6, loi du 28 floréal an VII. 2° Et pour les rentes provenant d'une succession, un certificat du receveur d'enregistrement, constatant que la rente à vendre a été comprise dans la déclaration de succession et que les droits ont été acquittés. Loi du 8 juillet 1852.

Les tuteurs de mineurs ou interdits, qui n'ont en inscription qu'une rente de 50 fr. et au-dessous, peuvent en faire le transfert sans qu'il soit besoin d'autorisation spéciale. C. 457. Loi du 24 mars 1806, Art. 1ᵉʳ.

Les mineurs émancipés peuvent également transférer une inscription de rente de 50 fr. et au-dessous, avec la seule assistance de leurs curateurs. Art. 2 même loi.

Lorsqu'il s'agit d'inscriptions au-dessus de 50 fr. de rente, elles ne peuvent être vendues par les tuteurs ou curateurs qu'avec l'autorisation du conseil de famille, autorisation dispensée de l'homologation du Tribunal. Décision ministérielle du 26 juin 1806 et Instruction ministérielle du 1ᵉʳ mai 1819. Art. 11, Art. 3, même loi.

Ces dispositions sont applicables aux actions

de la Banque, toutes les fois que les mineurs, interdits ou émancipés n'ont qu'une action ou un droit dont plusieurs actions n'excèdent pas en totalité une action entière. Décret du 29 septembre 1813. Art. 1er.

Les femmes qui ne sont point mariées sous le régime dotal, ont droit d'aliéner leurs rentes, avec l'autorisation de leurs maris. Elles n'ont pas besoin de cette autorisation si elles sont séparées de biens. C. 1449. Décis. minist. du 2 février 1816 ; Instr. minist. du 1er mai suivant.

La même faculté de vendre les rentes de 50 fr. et au-dessous a été accordée aux curateurs aux successions vacantes, par un avis du Conseil d'Etat du 15 septembre 1807, approuvé le 18 du même mois ; et aux héritiers bénéficiaires, par un autre avis du Conseil d'Etat du 17 novembre 1807, approuvé le 11 janvier suivant, C. 805. — Si les rentes excèdent 50 fr., les curateurs aux successions vacantes et les héritiers bénéficiaires ont besoin pour les transférer d'une autorisation judiciaire, qui se demande au Tribunalpar requête.

Une pareille autorisation est encore indispensable dans le cas de transfert de rentes, même au-dessous de 50 fr. par des individus qui n'en jouissent qu'en vertu d'un envoi en possession provisoire. C. 126, Instr. minist. du 1er mai 1819. Art. 14 et 15.

A l'égard des rentes appartenant à un failli, elles ne peuvent être transférées que sur l'autorisation du juge commissaire. Art. 17 et suivants, même instruction.

V. Administration, Séparation de biens.

Transport des créances.

C'est la vente de créances ou autres droits incorporels.

ACCEPTATION. — *V. Signification.*

ACCESSOIRES. — La vente ou cession d'une créance comprend les accessoires de la créance, tels que caution, privilège et hypothèque. C. 1692.

DÉLIVRANCE. — Dans le transport d'une créance, d'un droit ou d'une action sur un tiers, la délivrance s'opère entre le cédant et le cessionnaire par la remise du titre. C. 1689.

ENREGISTREMENT. — *V. Vente de rentes et créances.*

GARANTIE. — Celui qui vend une **créance** ou autre droit incorporel, doit en garantir l'existence au temps du transport, quoiqu'il soit fait sans garantie. C. 1693. — Il ne répond de la solvabilité du débiteur que lorsqu'il y est engagé et jusqu'à concurrence seulement du prix qu'il a retiré de la créance. C. 1694. — Lorsqu'il a promis la garantie de la solvabilité du débiteur, cette promesse ne s'entend que de la solvabilité actuelle, et ne s'étend pas au temps à venir, si le cédant ne l'a *expressément stipulé.* C. 1695.

NULLITÉ. — Sont nuls et sans effet, relativement à la masse, lorsqu'ils auront été faits par le débiteur depuis l'époque déterminée par le Tribunal comme étant celle de la cessation de ses paiements, ou dans les dix jours qui auront précédé cette époque. — Tous actes translatifs de propriétés mobilières ou immobilières à titre gratuit. — Tous paiements, soit en espèces, soit par *transport*, compensation ou autrement, pour dettes non échues, et, pour dettes échues, tous paiements faits autrement qu'en espèces ou effets de commerce. Com. 446.

SIGNIFICATION. — Le cessionnaire n'est saisi à l'égard du tiers que par la signification du transport faite au débiteur. — Néanmoins, le cessionnaire peut être également saisi par l'*acceptation* du transport, faite par le débiteur dans un *acte authentique*. C. 1690. — Il n'est pas nécessaire que l'acceptation du débiteur soit expresse, elle peut s'induire de la présence de ce débiteur à l'acte de cession, et elle résulte encore de l'exécution du transport par le débiteur, par exemple du paiement qu'il fait au cessionnaire, constaté par acte notarié. Paris, 9 février 1807. — Et si le débiteur cédé paie le cessionnaire, la quittance notariée équivaut à signification. Rousseau, Delacombe, Malleville ; Bruxelles, 2 mars 1814 et Colmar, 28 juillet 1819. — Si, avant que le cédant ou le cessionnaire eût signifié le transport au débiteur, celui-ci avait payé le cédant, il sera valablement libéré. C. 1691.

Le cessionnaire d'un titre exécutoire ne peut poursuivre l'expropriation qu'après que la signification du transport a été faite au débiteur, C. 2214.

Transport des droits litigieux.

Les droits litigieux sont ceux sujets à contestation judiciaire. — Les juges, leurs suppléants, les magistrats remplissant le ministère public, les greffiers, huissiers, avoués, défenseurs officieux et notaires, ne peuvent devenir cessionnaires des procès, droits et actions litigieux qui sont de la compétence des tribunaux dans le ressort duquel ils exercent leurs fonctions, à peine de nullité, et des dépens, dommages et intérêts. C. 1597.

Celui contre lequel on a cédé un droit litigieux peut s'en faire tenir quitte par le cessionnaire, en lui remboursant le prix réel de la cession avec les frais et loyaux coûts, et avec les intérêts à compter du jour où le cessionnaire a payé le prix de la cession à lui faite. C. 1699. — La chose est censée litigieuse dès qu'il y a procès et contestation sur le fond du droit. C. 1700. — La disposition portée en l'art. 1699 cesse : — 1° dans le cas où la cession a été faite à un cohéritier ou copropriétaire du droit cédé ; — 2° lorsqu'elle a été faite à un créancier en paiement de ce que lui est dû ; — 3° lorsqu'elle a été faite au possesseur de l'héritage sujet au droit litigieux. C. 1701.

Transport des droits successifs.

Les droits successifs sont attachés à la qualité d'héritier. — Pour faire l'objet d'un transport, il faut que les droits successifs soient ouverts.

Celui qui vend une hérédité sans en spécifier en détail les objets, n'est tenu de garantir que sa qualité d'héritier. C. 1696. — Toute personne, même parente du défunt, qui n'est pas son successible, et à laquelle un cohéritier aurait cédé son droit à la succession, peut être écartée du partage, soit par tous les cohéritiers, soit par un seul, en lui remboursant le prix de la cession. C. 841.

L'action en rescision n'est pas admise contre une vente de droit successif, faite sans fraude à l'un des cohéritiers, à ses *risques et périls*, par ses autres cohéritiers ou par l'un d'eux. C. 889.

Le cessionnaire de droits successifs doit notifier son titre aux cohéritiers ; autrement le partage pourrait être fait entre ceux-ci et l'héritier qui avait laissé ignorer sa cession. Cass. 23 juillet 1835. Nancy, 28 juin 1856.

Enregistrement. — 2 pour 0/0 sur les droits mobiliers ; 4 p. 0/0 sur ceux immobiliers, si le transport équivaut à un partage et fait cesser l'indivision ; et 5.50 p. 0/0, quand l'indivision ne cesse pas. — Lorsque la cession comprend des meubles et des immeubles, si les meubles ne sont pas *estimés article par article*, le droit est dû sur la totalité du prix, au taux ci-dessus fixé pour les immeubles. Cass. 15 juin 1847, 2 août 1853 ; 10 mars 1854. — Il n'est dû que 2 p. 0/0 sur la portion du prix fixé pour les meubles, lorsqu'ils sont désignés et estimés dans un inventaire authentique auquel se réfère l'acte de transport ; mais alors il faut que le prix fixé pour le mobilier ne soit pas supérieur au montant total de l'estimation de l'inventaire. — Instruction de la Régie du 8 juin 1830, n° 1320.

Tutelle

Ce mot désigne l'autorité et les fonctions du tuteur. — La tutelle est une charge personnelle qui ne passe pas aux héritiers du tuteur. C. 419.

— Nul ne peut s'en dispenser s'il n'est dans les cas d'excuse admis par la loi. — Tout citoyen non parent ni allié, ne peut être forcé d'accepter la tutelle que dans le cas où il n'existerait pas, dans la distance de quatre myriamètres (10 lieues), des parents ou alliés en état de gérer la tutelle. C. 432. — Tout individu âgé de soixante-cinq ans accomplis peut refuser d'être tuteur. — Celui qui aura été nommé avant cet âge, pourra, à soixante-dix ans, se faire décharger de la tutelle. C. 433. — Une infirmité grave est une dispense de la tutelle. C. 434. — Deux tutelles sont, pour toutes personnes, une juste dispense d'en accepter une troisième. — Celui qui, époux ou père, sera déjà chargé d'une tutelle, ne pourra être tenu d'en accepter une seconde, excepté celle de ses enfants. C. 435. — Ceux qui ont cinq enfants légitimes, sont dispensés de toute tutelle autre que celle desdits enfants. C. 436. — Ces dispositions s'appliquent à la subrogée tutelle. C. 426. Pour les incapacités : V. *Dispositions générales, Incapacité*.

AD HOC (TUTEUR.) — *V. ci-après, Spécial (Tuteur)*.

ADMINISTRATION. — Le tuteur prendra soin de la personne du mineur, et le représentera dans tous les actes civils. — Il administrera ses biens en bon père de famille, et répondra des dommages-intérêts qui pourraient résulter d'une mauvaise gestion. C. 450.

ASCENDANTS. — Lorsqu'il n'a pas été choisi au mineur un tuteur par le dernier mourant de ses père et mère, la tutelle appartient de droit à son aïeul paternel : à défaut de celui-ci, à son aïeul maternel ; et ainsi en remontant, de manière que l'ascendant paternel soit toujours préféré à l'ascendant maternel du même degré. C. 402.

Choix. — Le droit individuel de choisir **un** tuteur parent, ou même étranger, n'appartient qu'au dernier mourant des père et mère. C. 397.

Condamné. — *V. Interdiction légale.*

Conseil de famille. — Lorsqu'un enfant mineur et non émancipé restera sans père ni mère, ni tuteur élu par ses père et mère, ni ascendants mâles, il sera pourvu par un conseil de famille, à la nomination d'un tuteur. C. 405. — Le conseil sera convoqué sur la réquisition et à la diligence des parents du mineur, de ses créanciers ou d'autres parties intéressées. — Toute personne pourra dénoncer au Juge de paix, le fait qui donnera lieu à la nomination d'un tuteur. C. 406. — Il sera composé, non compris le Juge de paix, de six parents ou alliés, pris tant dans la commune où la tutelle sera ouverte que dans la distance de *deux myriamètres*, moitié du côté paternel, moitié du côté maternel et en suivant l'ordre de proximité dans chaque ligne. — Le parent sera préféré à l'allié du même degré ; et, parmi les parents de même degré, le plus âgé à celui qui le sera le moins. C. 407. — Les frères germains des mineurs et les maris des sœurs germaines sont seuls exceptés de la limitation du nombre posé en l'article précédent. — S'ils sont six ou au delà, ils seront tous membres du conseil de famille qu'ils composeront seuls, avec les veuves d'ascendants et les ascendants valablement excusés, s'il y en a. S'ils sont en nombre inférieur, les autres parents ne seront appelés que pour compléter le conseil. C. 408. — Lorsque les parents ou alliés de l'une ou de l'autre ligne se trouveront en nombre insuffisant sur les lieux ou dans la distance désignée par l'article 407, le Juge de paix appellera soit des parents ou alliés domiciliés à de plus grandes distances, soit dans la commune même, des citoyens connus pour avoir eu des relations habituelles d'amitié avec le père ou la mère du mineur. C. 409. — Les parents, alliés ou amis, ainsi convoqués, seront tenus de se rendre en personne, ou de se faire représenter par un mandataire spécial. — Le fondé de pouvoir ne peut représenter plus d'une personne. C. 412. — Tout parent, allié ou ami, convoqué, et qui sans excuse légitime, ne comparaîtra point, encourra une amende qui ne pourra excéder cinquante francs, et sera prononcée par le Juge de paix. C. 413.

La tutelle des *enfants naturels reconnus* est régie par les mêmes principes que celle des enfants légitimes. — Seulement, le conseil de famille peut ne se composer que d'amis. — Cass. 3 septembre 1806.

Cotuteur, second mari. — Lorsque le conseil de famille, dûment convoqué, conservera la tutelle à la mère, il lui donnera nécessairement pour cotuteur le second mari, qui deviendra solidairement responsable, avec sa femme, de la gestion postérieure au mariage. C. 396.

Dative (Tutelle). — V. *ci-dessus: Conseil de famille*.

Destitution. — Sont aussi exclus de la tutelle, et même destituables, s'ils sont en exercice : — 1° Les gens d'une inconduite notoire ; 2° Ceux dont la gestion attesterait l'incapacité ou l'infidélité. C. 444.

Enfants naturels. — V. *plus loin: Légale* (*Tutelle*) *et ci-dessus: Conseil de famille.*

Expropriation. — L'expropriation des immeubles est poursuivie, etc..... — en cas de minorité du mari et de la femme, ou de la minorité de la femme seule ; si son mari majeur refuse de procéder avec elle, il est nommé par le Tribunal un tuteur à la femme, contre lequel la poursuite est exercée. C. 2208.

Inscription. — Sont les tuteurs tenus de rendre publiques les hypothèques dont leurs biens sont grevés : (V. *Inscriptions*.) Et, à cet effet, de réquérir eux-mêmes, sans aucun délai, inscriptions aux bureaux à ce établis, sur les immeubles à eux appartenant, et sur ceux qui pourront leur appartenir par la suite. C. 2136.

Interdiction. — En rejetant la demande en interdiction, le Tribunal pourra néanmoins, si les circonstances l'exigent, ordonner que le défendeur ne pourra désormais plaider, transiger, emprunter, recevoir un capital mobilier ni en donner décharge, aliéner, ni grever ses biens d'hypothèques sans l'assistance d'un conseil qui lui sera nommé par le même jugement. C. 499. — S'il n'y a pas d'appel du jugement d'interdiction rendu en première instance, ou s'il est confirmé sur l'appel, il sera pourvu à la nomination d'un tuteur et d'un subrogé tuteur à l'interdit. C. 505. Pr. 895. — Le mari est de droit le tuteur de sa femme interdite. C. 506.

L'interdit est *assimilé au mineur* pour sa personne et pour ses biens : les lois sur la tutelle des mineurs s'appliqueront à la tutelle des interdits. C. 509. — V. *Interdiction légale.*

Légale (Tutelle). — Après la dissolution du

mariage, arrivée par la mort naturelle ou civile de l'un des époux, la tutelle des enfants mineurs et non émancipés appartient de plein droit au survivant des père et mère. — V. *Administration légale, Usufruit légal.* — Pourra néanmoins le père nommer à la mère survivante et tutrice un *conseil spécial,* sans l'avis duquel elle ne pourra faire aucun acte relatif à la tutelle. Si le père spécifie les actes pour lesquels le conseil sera nommé, la tutrice sera habile à faire, les autres sans son assistance. C. 391. — La tutelle de l'*enfant naturel* appartient au père ou à son défaut à la mère qui l'a reconnu, Poitiers, 5 mai 1858 ; Lyon, 11 juin 1856. — V. *Administration légale, Usufruit légal.*

MÈRE. — La mère n'est point tenue d'accepter la tutelle ; néanmoins, et en cas qu'elle la refuse, elle devra en remplir les devoirs jusqu'à ce qu'elle ait fait nommer un tuteur. C. 394. — Si la mère tutrice veut se *remarier*, elle devra, avant l'acte de mariage, convoquer le conseil de famille, qui décidera si la tutelle doit lui être conservée. A défaut de cette convocation, elle perdra la tutelle de plein droit ; et son nouveau mari sera solidairement responsable de toutes les suites de la tutelle qu'elle aura indûment conservée. C. 395. — Cet article s'applique à la mère naturelle. Cass. 31 août 1815. — Lorsque le conseil de famille, dûment convoqué, conservera la tutelle à la mère, il lui donnera nécessairement pour cotuteur le second mari, qui deviendra solidairement responsable avec sa femme, de la gestion postérieure au mariage. C. 396.

OFFICIEUSE (TUTELLE). — Tout individu âgé de plus de cinquante ans, et sans enfants ni descendants légitimes, qui voudra durant la minorité d'un individu, se l'attacher par un titre légal, pourra devenir son tuteur officieux, en obtenant le consentement des père et mère de l'enfant, ou du survivant d'entre eux, ou, à leur défaut, d'un conseil de famille, ou enfin, si l'enfant n'a point de parents connus, en obtenant le consentement des administrateurs de l'hospice où il aura été recueilli, ou de la municipalité du lieu de sa résidence. C. 361.

Spécial (Tuteur.) — Si tous les cohéritiers ne sont pas présents, ou s'il y a parmi eux des interdits ou des mineurs émancipés, le partage doit être fait en justice, — s'il y a plusieurs mineurs qui aient des *intérêts opposés* dans le partage, il doit être donné à chacun un tuteur spécial et particulier. C. 838. — Lorsque les intérêts du mineur sont en opposition avec ceux de son tuteur, on doit nommer un *subrogé tuteur ad hoc* pour remplacer le subrogé tuteur qui prend alors la place du tuteur. Paris, 11 mars 1843. — Lorsque, pendant le mariage, le père a des intérêts opposés à ceux de ses enfants mineurs, ceux-ci doivent être pourvus d'un *tuteur ad hoc* nommé par le conseil de famille. Turin, 9 janvier 1811.

Subrogé tuteur. — Dans toute tutelle, il y aura un subrogé tuteur, nommé par le conseil de famille. Ses fonctions consisteront à agir pour les intérêts du mineur, lorsqu'ils seront en opposition avec ceux du tuteur. C. 420. — Le tuteur devra, *avant d'entrer en fonctions*, faire convoquer pour la nomination du subrogé tuteur, un conseil de famille composé comme il est dit ci-dessus; s'il s'est ingéré dans la gestion avant d'avoir rempli cette formalité, le conseil de famille convoqué, soit sur la réquisition des parents, créanciers ou autres parties intéressées, soit d'office par le Juge de paix, pourra, s'il y a eu dol de la part du tuteur, lui retirer la tutelle, sans préjudice des indemnités dues au mineur. C. 421.

Le subrogé tuteur ne remplacera pas de plein droit le tuteur, lorsque la tutelle deviendra vacante, ou qu'elle sera abandonnée par absence; mais il devra, en ce cas, sous peine des dommages intérêts qui pourraient en résulter pour le mineur, provoquer la nomination d'un nouveau tuteur. C. 424. — Toutes les fois qu'il y aura lieu à une destitution de tuteur, elle sera prononcée par le conseil de famille, convoqué à la diligence du subrogé tuteur, ou d'office par le Juge de paix. — Celui-ci ne pourra se dispenser de faire cette convocation, quand elle sera formellement requise par un ou plusieurs parents ou alliés du mineur, au degré de cousin germain ou à des degrés plus proches. C. 446. — Tout tuteur, autre que le père et la mère, peut être tenu, même durant la tutelle, de remettre au subrogé tuteur des états de situation, aux époques que le conseil de famille aurait jugé à propos de fixer, sans néanmoins que le tuteur puisse être astreint d'en fournir plus d'un chaque année. — Ces états de situation seront rédigés et remis, sans frais, sur papier non timbré, et sans aucune formalité de justice. C. 470. — S'il y a des enfants mineurs, le défaut d'inventaire fait perdre à l'époux survivant la jouissance de leurs revenus; et le subrogé tuteur qui ne l'a point obligé à faire inventaire, est solidairement tenu avec lui de toutes condamnations qui peuvent être prononcées au profit des mineurs. C. 1442. — Les subrogés tuteurs seront tenus, sous leur responsabilité personnelle, et sous peine de tout dommage **et** intérêt, de veiller à ce que les inscriptions soient prises sans délai sur les biens du tuteur, pour raison de sa gestion, même de faire faire lesdites inscriptions. C. 2137.

SUBSTITUTION. — Celui qui fera les dispositions autorisées par les articles 1048 et suivants du Code civil, pourra, par le même acte, ou par un acte postérieur, en forme authentique, nommer un tuteur chargé de l'exécution de ces dispositions. Ce tuteur ne pourra être dispensé que pour une des causes exprimées à la Section VI, au chapitre II du titre de la Minorité, de la Tutelle et de l'Emancipation. C. 1055. — A défaut de ce tuteur, il en sera nommé un à la diligence du grevé ou de son tuteur s'il est mineur, dans le délai d'un mois, à compter du jour du décès du donateur ou testateur, ou du jour que, depuis cette mort, l'acte contenant la disposition aura été connu. C. 1056.

VENTE DES MEUBLES. — Dans le mois qui suivra la clôture de l'inventaire, le tuteur fera vendre, en présence du subrogé tuteur, aux enchères reçues par un officier public, et après des affiches ou publications, dont le procès-verbal de vente fera mention, tous meubles autres que ceux que le conseil de famille l'aurait autorisé à conserver en nature. C. 452. — Les père et mère, tant qu'ils ont la jouissance propre et légale des biens du mineur, sont dispensés de vendre les meubles, s'ils préfèrent les garder pour les remettre en **nature. —** Dans ce cas, ils en feront faire, à leurs frais une estimation à juste valeur par un expert qui sera nommé par le subrogé-tuteur et prêtera serment devant le Juge de paix. Ils rendront la valeur estimative de ceux des meubles qu'ils ne pourraient représenter en nature. C. 453.

Usufruit.

L'usufruit est le droit de jouir des choses dont un autre a la propriété, comme le propriétaire lui-même, mais à la charge d'en conserver la substance. C. 578, 582, 587, 597. — C'est un démembrement de la propriété, il est susceptible d'hypothèque. C. 2118.

Arbres fruitiers. — Les arbres fruitiers qui meurent, ceux mêmes qui sont arrachés ou brisés par accident, appartiennent à l'usufruitier, à la charge de les remplacer par d'autres. C. 594.

Bail. — L'usufruitier peut jouir par lui-même, donner à ferme à un autre, ou même vendre ou céder son droit à titre gratuit. S'il donne à ferme, il doit se conformer, pour les époques où les baux doivent être renouvelés, et pour leur durée, aux règles établies par le mari à l'égard des biens de la femme. C. 595.

Bois taillis. — Si l'usufruit comprend des bois taillis, l'usufruitier est tenu d'observer l'ordre et la quotité des coupes, conformément à l'aménagement ou à l'usage courant des propriétaires ; sans indemnité toutefois en faveur de l'usufruitier ou de ses héritiers, pour les coupes ordinaires, soit de taillis, soit de balivaux, soit de futaie, qu'il n'aurait pas faites pendant sa jouissance. — Les arbres qu'on peut tirer d'une pépinière sans la dégrader, ne font aussi partie de l'usufruit qu'à la charge par l'usufruitier de se conformer **aux usages** des lieux pour le remplacement, C. 590.

Caution. — L'usufruitier donne caution de jouir en bon père de famille, *s'il n'en est dispensé* par l'acte constitutif de l'usufruit ; cependant les père et mère ayant l'usufruit légal des biens de leurs enfants, le vendeur ou le donateur, sous réserve d'usufruit, ne sont point tenus de donner caution. C. 601.

Par application de cet article, le mari usufruitier qui vient à tomber en faillite, est tenu de porter caution à ses enfants nu-propriétaires. Seine, 25 janvier 1879.

Charges. — A l'égard des charges qui peuvent être imposées sur la propriété pendant la durée de l'usufruit, l'usufruitier et le propriétaire y contribuent ainsi qu'il suit : le propriétaire est obligé de les payer, et l'usufruitier doit lui tenir compte des intérêts. — Si elles sont avancées par l'usufruitier, il a la répétition du capital à la fin de l'usufruit. C. 609.

Contributions. — L'usufruitier est tenu, pendant sa jouissance, de toutes les charges annuelles de l'héritage, telles que les contributions et autres qui dans l'usage sont censées charges des fruits. C. 608.

Dettes. — V. *Liquidation, dettes et charges.*

Fruits. — L'usufruitier a le droit de jouir de toute espèce de fruits, soit naturels, soit industriels, soit civils, que peut produire l'objet dont il a l'usufruit. C. 582. — Les fruits civils sont les loyers des maisons, les intérêts des sommes exigibles, les arrérages de rentes. — Les prix de baux à ferme sont aussi rangés dans la classe des fruits civils. C. 584. — Ils sont réputés s'acquérir jour par jour et appartiennent à l'usufruitier, à proportion de la durée de son usufruit. — Cette règle s'applique aux prix des baux à ferme, comme aux loyers des maisons et aux **autres** fruits civils. C. 586. — Les fruits naturels sont ceux qui sont le produit spontané de la terre, le produit et le croît des animaux sont aussi des fruits naturels. — Les fruits industriels d'un fonds sont ceux qu'on obtient par la culture. C. 583.

Les fruits naturels et industriels, pendants par branches ou par racines *au moment où l'usufruit est ouvert,* appartiennent à l'usufruitier. — Ceux qui sont dans le même état au *moment où finit l'usufruit,* appartiennent au propriétaire, sans récompense de part ni d'autre des labours et des semences, mais aussi sans préjudice de la portion des fruits qui pourrait être acquise au colon partiaire, s'il en existait un au commencement ou à la cessation de l'usufruit. C. 585.

Haute-futaie. — L'usufruitier ne peut toucher aux arbres de haute-futaie : il peut seulement employer, pour faire les réparations dont il est tenu, les arbres arrachés ou brisés par accidents ; il peut même, pour cet objet, en faire abattre, s'il est nécessaire, mais à la charge d'en faire *constater la nécessité* avec le propriétaire. C. 592.

Inventaire et Etat. — L'usufruitier prend les choses dans l'état où elles sont, mais il ne peut entrer en jouissance qu'après avoir fait dresser en présence du propriétaire ou lui dûment appelé, un inventaire des meubles et un état des immeubles sujets à l'usufruit. C. 600.

Légal (Usufruit). — V. *Succession, Ascendants.*

Le père, durant le mariage, et, après la dissolution du mariage, le survivant des père et mère, auront la *jouissance* (art. 339 et 601 du C. c.), des biens de leurs enfants jusqu'à l'âge de dix-huit ans accomplis, ou jusqu'à l'émancipation qui pourrait avoir lieu avant l'âge de dix-huit ans. C. 384. — L'usufruit légal n'appartient pas aux père et mère de l'enfant naturel. Duranton, Marcadé, Demolombe. Pau, 13 février 1822.

Cette jouissance n'aura pas lieu au profit de celui des père et mère contre lequel le divorce aurait été prononcé ; elle cessera à l'égard de la mère, dans le cas d'un second mariage. C. 386. — Et l'époux survivant la perdra à défaut d'inventaire. C. 1442. — Elle ne *s'étendra pas* aux biens que les enfants pourront acquérir par un travail et une industrie séparés, ni à ceux qui leur seront donnés ou légués sous la condition expresse que les père et mère n'en jouiront pas. C. 387, Cass. 10 décembre 1878. — Ni aux biens recueillis par les enfants de l'indigne venant à la succession de leur chef, sans le secours de la représentation. C. 730.

Les charges de cette jouissance sont : 1° celles auxquelles sont tenus les usufruitiers ; 2° la nourriture, l'entretien et l'éducation des enfants, selon leur fortune ; 3° le paiement des arrérages ou intérêts des capitaux ; 4° les frais funéraires et de dernière maladie. C. 385. — Le deuil de la femme, C. 1481, faisant partie des frais funéraires, la veuve ne peut le réclamer lorsqu'elle a l'usufruit légal des biens de ses enfants mineurs.

RÉPARATIONS. — L'usufruitier n'est tenu qu'aux réparations d'entretien. — Les grosses réparations demeurent à la charge du propriétaire, à moins qu'elles n'aient été occasionnées par le défaut de réparations d'entretien, depuis l'ouverture de l'usufruit, auquel cas l'usufruitier en est aussi tenu. C. 605. — Les grosses réparations sont celles des gros murs et des voûtes; le rétablissement des poutres et des couvertures entières. — Celui des digues et des murs de soutènement et de clôture aussi en entier. — Toutes les autres réparations sont d'entretien. C. 606.

Usurpation. — Si, pendant la durée de l'usufruit, un tiers commet quelques usurpations sur le fonds ou attente autrement aux droits du propriétaire, l'usufruitier est tenu de le dénoncer à celui-ci : faute de ce, il est responsable de tout le dommage qui peut en résulter pour le propriétaire, comme il le serait des dégradations commises par lui-même. C. 614.

Ventes de marchandises neuves.

Sont interdites les ventes en détail de marchandises neuves (meubles composés de parties anciennes et de parties neuves, bois abattus et bois équarris, etc.), à cri public, soit aux enchères, soit au rabais, soit à prix fixe proclamé, avec ou sans l'assistance des officiers ministériels. Art. 1er, loi du 25 juin 1841. — Cette prohibition ne s'applique point : 1° aux ventes prescriptes par la loi; 2° aux ventes faites par autorité de justice; 3° aux ventes après décès; 4° aux ventes après faillite; 5° aux ventes après cessation de commerce; 6° aux ventes faites en cas de nécessité; 7° enfin, aux ventes de comestibles et objets de peu de valeur, connus dans le commerce sous le nom de menue mercerie. Art. 2 même loi. — Les ventes publiques et par enchères, après cessation de commerce, ne peuvent avoir lieu qu'autant qu'elles ont été *autorisées* par le Tribunal de commerce, sur la requête du commerçant propriétaire, à laquelle doit être joint un état détaillé des marchandises. — Le Tribunal doit indiquer, par son jugement, les lieux de son arrondissement où la vente se fera ; des affiches, apposées à la porte du lieu où se fait la vente, doivent énoncer le jugement qui l'a autorisée. Art. 5, même loi. — Si un commerçant qui s'est fait autoriser à vendre ses marchandises neuves aux enchères, sous prétexte de cessation de commerce, n'a pas réellement cessé ses opérations commerciales, on doit lui retirer cette autorisation ; et il peut même être condamné à des dommages envers les commerçants sédentaires. Caen, 31 décembre 1845.

Ventes de meubles, récoltes, coupes de bois.

Absent. — Ceux qui auront obtenu l'envoi en possession provisoire devront faire procéder à l'inventaire du mobilier. — Le Tribunal ordonnera, s'il y a lieu, de vendre tout ou partie de ce mobilier. C. 126.

Aliénés. — V. *ce titre.*

Bénéfice d'inventaire. — S'il existe dans la succession des objets susceptibles de dépérir ou dispendieux à conserver, l'héritier peut, en sa qualité d'habile à succéder, et sans qu'on puisse en induire de sa part une acceptation, se faire *autoriser par justice* à procéder à la vente de ces effets avant l'expiration des trois mois et quarante jours accordés pour faire inventaire et pour délibérer sur l'acceptation ou sur la renonciation. Cette vente doit être faite par officier public, après les affiches et publications réglées par les articles 945 et suivants du Code de procédure. C. 796, 805. Pr. 986.

COMMERCE. — Les achats et ventes se constatent : par actes publics, — par actes sous signatures privées, — par le bordereau ou arrêté d'un agent de change ou courtier, dûment signé par les parties, — par une facture acceptée, — par la correspondance, — par les livres des parties, — par la preuve testimoniale dans les cas où le Tribunal croira devoir l'admettre. Com. 109.

COUPES DE BOIS. — Les coupes ordinaires des bois taillis ou de futaies mises en coupes réglées, ne deviennent meubles qu'au fur et à mesure que les arbres sont abattus. C. 521.

COHÉRITIERS (CRÉANCIERS). — Chacun des cohéritiers peut demander sa part en nature des meubles et immeubles de la succession ; néanmoins, s'il y a des créanciers saisissants ou opposants, ou si la majorité des cohéritiers juge la vente nécessaire pour l'acquit des dettes et charges de la succession, les meubles sont vendus publiquement en la forme ordinaire. C. 826.

DÉCLARATION PRÉALABLE. — Aucun officier public ne pourra procéder à une vente publique, et par enchères, d'objets mobiliers, qu'il n'en ait préalablement fait la déclaration au bureau de l'enregistrement dans l'arrondissement duquel la vente aura lieu. Art. 2, loi du 22 pluviôse an VII.

— Cette déclaration est transcrite en tête des procès-verbaux. Art. 5, même loi.

Délivrance. — Les frais de la délivrance sont à la charge du vendeur et ceux de l'enlèvement à la charge de l'acheteur, s'il n'y a eu stipulation contraire. C. 1608.

Exécuteur testamentaire. — Les exécuteurs testamentaires feront apposer les scellés s'il y a des héritiers mineurs, interdits ou absents. — Ils provoqueront la vente du mobilier, à défaut de deniers suffisants pour acquitter les legs. C. 1031.

Enregistrement. — Les procès-verbaux de ventes de meubles ne peuvent être enregistrés qu'aux bureaux où les déclarations ont été faites. Art. 6, loi du 22 pluviôse au VII. — Tous les notaires ont un délai de quinze jours pour l'enregistrement. (Circulaire de la Régie du 1er ventôse an VII.)

Femmes séparées. — V. *Séparation de biens.*

Grevé de restitution. — Le grevé de restitution sera tenu de faire procéder à la vente, par affiches et enchères, de tous les meubles et effets compris dans la disposition, à l'exception néanmoins de ceux compris dans la disposition à la condition expresse de les conserver en nature, et des bestiaux et ustensiles servant à faire valoir les terres faisant l'objet de la disposition. C. 1062, 1063, 1064.

Interdit. — L'interdit est assimilé au mineur pour sa personne et pour ses biens; les lois sur la tutelle des mineurs s'appliqueront à la tutelle des interdits. C. 509.

Apposition (Déclaration.) — Une ordonnance du 3 juillet 1816 oblige les notaires et autres officiers publics à déclarer au pied du procès-verbal de vente, s'il y a ou non opposition entre leurs mains à la délivrance des deniers à provenir des ventes par eux faites.

Récoltes (Immeubles, Meubles). — Les récoltes pendantes par les racines, et les fruits des arbres non encore recueillis sont immeubles. — Dès que les grains sont coupés et les fruits détachés, quoique non enlevés, ils sont meubles. — Si une partie seulement de la récolte est coupée, cette partie seule est meuble. C. 520. — La vente de ces récoltes ne peut être faite que dans les six semaines qui précèdent l'époque ordinaire de la maturité des fruits.-Pr. 626.

Résolution.—En matière de vente de denrées et effets mobiliers, la résolution de la vente aura lieu de plein droit et sans sommation au profit du vendeur, après l'expiration du terme convenu pour le retirement. C. 1657.

Revendication. — V. *Possession*.

Succession vacante. — Le curateur est tenu *avant tout*, de faire constater l'état de la succession par un inventaire, si fait n'a été, et de faire vendre les meubles suivant les formes prescrites. Pr. 1000.

Tuteur. — Le tuteur prendra soin de la personne du mineur, et le représentera dans tous les actes civils. — Il ne peut ni acheter les biens du mineur, ni les prendre à ferme, à moins que le conseil de famille n'ait autorisé le subrogé tuteur à lui en passer bail, ni accepter la cession d'aucun droit ou créance contre son pupille. C. 450. — Dans le mois qui suivra la clôture de l'inventaire, le tuteur fera vendre, *en présence du subrogé tuteur*, aux enchères reçues par un officier public, et après des affiches ou publications dont le *procès-verbal de vente fera mention*, de tous les meubles autres que ceux que le conseil de de famille l'aurait autorisé à conserver en nature. C. 452.

Vice redhibitoire. — La garantie que le vendeur doit à l'acquéreur a deux objets : le premier est la possession paisible de la chose vendue ; le second, les défauts cachés de cette chose ou les vices redhibitoires. C. 1625. — L'action résultant des vices redhibitoires doit être intentée par l'acquéreur, dans un bref délai, suivant la nature des vices redhibitoires et l'usage du lieu où la vente a été faite. C. 1648.

V. *Administration.* — *Administration légale.*

Vente de fonds de commerce.

Le fonds de commerce est la propriété d'un établissement commercial. — Dans le fonds de commerce on distingue les *marchandises et ustensiles* relatifs au commerce d'avec l'*achalandage*. — L'achalandage est la réunion des *pratiques*, attachées à la maison de commerce, au magasin ou à la boutique.

Le fonds de commerce est de *nature mobilière*, comme l'achalandage, les marchandises et les objets nécessaires au commerce qui en constituent la valeur. C. 528 et 535, Duranton.

L'achalandage ne s'éteint pas avec la société qui l'exploitait ; il survit à cette société, en ce sens qu'il forme un actif à partager. Par conséquent la licitation doit en avoir lieu, et l'adjudicataire acquiert le droit pour lui seul de continuer l'exploitation sous le titre ou le nom primitif qui lui a été donné, Rouen, 15 mars 1827.— De même, on ne saurait contester aux héritiers de l'époux survivant commun en biens, le droit de faire vendre ou liciter le fonds de commerce, qui se trouve dans la communauté ou la succession. — La Cour de Paris a jugé le 23 juin 1860, que la vente sur licitation d'un fonds de commerce peut avoir lieu à l'audience des criées du Tribunal.

La vente d'un fonds de commerce appartenant à des mineurs et dont l'exercice dépend de l'autorisation de l'administration, est valable, quoiqu'on n'y ait pas observé les formalités prescrites pour l'aliénation des biens des mineurs. Il suffit que cette vente ait eu lieu à juste prix, et que ce prix ait tourné au profit des mineurs, Cass. 7 décembre 1825.

Le vendeur d'un fonds de commerce peut, à défaut de paiement du prix, demander la résolution de la vente, Paris 18 août 1829. — Et on peut stipuler la clause résolutoire dans une vente de fonds de commerce, à défaut de paiement du prix. Cass. 7 avril 1830, Paris, 24 avril 1833.

Mais il en est autrement dans le cas de faillite : l'article 550 Com. qui prohibe l'exercice du privilège et du droit de revendication au profit du vendeur d'effets mobiliers, s'oppose à la résolution, même conventionnelle, Paris, 24 août 1839, Limoges 6 mai 1843. Toutefois le même arrêt de Paris a jugé que la clause de résiliation du transport de bail insérée dans l'acte de vente d'un fonds de commerce, à défaut par l'acquéreur et cessionnaire, soit de payer les loyers, soit de tenir les lieux suffisamment garnis d'objets mobiliers *pour* la garantie des loyers à échoir, reste toujours valable en cas de faillite.

Le vendeur, *toujours sauf le cas de faillite*, Com. 550, a un privilège sur le produit de la vente, pour se faire payer de ce qui lui reste dû sur son prix, Paris, 18 août 1829, 1er décembre 1834, 8 juin 1837, 5 août 1837; Cass. 3 janvier 1838; Toulouse, 14 décembre 1850 et 12 juillet 1851. — C'est aujourd'hui un point constant.

Le vendeur d'un fonds de commerce n'a pas le droit d'établir dans un lieu voisin un fonds de commerce du même genre que celui qu'il a cédé, Paris, 19 novembre 1824. — Et s'il ne s'est pas *interdit le droit* de former un établissement de même genre dans un quartier rapproché, il ne peut pas plus prendre la même enseigne, ni une autre analogue. Aix, 22 mai 1829.

Jugé par l'arrêt de Paris, précité, du 19 novembre 1824 : — Que l'on doit comprendre dans l'actif d'un failli le fonds de commerce qu'il exploite, indépendamment des marchandises qui en dépendent, — et que le failli dont le fonds de commerce a été vendu au profit de la masse de ses créanciers, ne peut plus faire dans un lieu voisin le même commerce, sous la même enseigne ou les mêmes armoiries.

Celui qui baille à loyer un café avec son achalandage, s'engage implicitement, et en l'absence de toute prohibition à cet égard, à ne pas faire concurrence au locataire, en établissant un café dans le voisinage; et il doit des dommages-intérêts, s'il a contrevenu à cette obligation. Montpellier, 26 juillet 1844; et cela, quand même il aurait donné à son nouvel établissement une autre enseigne, Grenoble, 10 mars 1836 ; — et même celui qui a donné à loyer un établissement industriel, avec interdiction d'en former un autre pendant la durée du bail, peut être, selon les circonstances, comme s'il s'agit d'un achalandage de vétérinaire, obligé à des dommages-intérêts s'il crée un établissement du même genre dans une circonscription déterminée, et par exemple dans le même canton. Bordeaux, 3 juillet 1845.

En tout cas, la garantie légale de l'achalandage imposée au vendeur d'un fonds de commerce, *n'équivaut pas à la prohibition* de créer un établissement du même genre ; elle le soumet seulement à des dommages en cas de contravention.

La vente d'un fonds de commerce comprend toutes les marchandises, le comptoir, les balances, les rayons sur lesquels les marchandises sont placées, Troplong. — Elle comprend l'enseigne, et même les armoiries et autres signes servant à désigner l'établissement et à fixer l'achalandage. Troplong, Paris, 19 novembre 1824 ; Aix, 22 mai 1829. Mais, nul ne peut vendre ni concéder le droit de porter son nom, Pardessus. — Elle est censée comprendre la cession du bail d'une boutique et de ses dépendances, louée par le vendeur, et dans laquelle il tenait son commerce, Troplong, Rouen, 9 juin 1828.

Le notaire qui doit procéder à la **vente aux** enchères d'un fonds de commerce, d'un achalandage de marchand, *n'est pas tenu* de faire une *déclaration préalable* au bureau de l'enregistrement. Trib. Rouen, 16 novembre 1842 ; Laval, 20 février 1843 ; Instr. Rég. 30 décembre 1844 ; Déc. Rég. 29 janvier 1848.

Les actes passés par un commerçant dans un temps suspect pouvant être querellés comme nuls ou frauduleux, il est d'usage de faire insérer dans les journaux, pour la sûreté des acquéreurs, les actes contenant vente de fonds de commerce, afin que ceux qui auraient des droits à faire valoir contre le vendeur puissent former leur opposition ; — on justifie de l'insertion par la feuille du journal où elle a été faite, portant la signature de l'imprimeur légalisée par le maire. Pr. 683, 868 et 962.

La loi du 28 février 1872 contient les dispositions suivantes : Art. 7. — Les mutations de propriété à titre onéreux, de fonds de commerce ou de clientèle, sont soumises à un enregistrement de deux francs par cent francs. Ce droit est perçu sur le *prix de la vente, de l'achalandage, de la cession du droit au bail et des objets mobiliers ou autres*, servant à l'exploitation du fonds, à la seule exception des *marchandises neuves* garnissant le fonds. Ces marchandises ne seront assujetties qu'à un droit de 50 *centimes par* 100 *francs*, à condition qu'il sera stipulé pour elles un *prix particulier* et qu'elles seront désignées et estimées, *article par article*, dans le contrat ou dans la déclaration. — Art. 8. — Les actes sous signatures privées, contenant mutation de propriété de fonds de commerce ou de clientèle, sont *enregistrés dans les trois mois* de leur date. A défaut d'enregistrement ou de déclaration, dans ce délai, il sera fait application des dispositions du paragraphe 1er de l'article 14 de la loi du 23 août 1871. Sont également applicables aux mutations de propriété des fonds de commerce ou de clientèle, les dispositions des paragraphes 2 et 3 dudit article, relatives à l'ancien possesseur, et celles des articles 12 et 13 de la même loi concernant les dissimulations dans les prix de vente.

Pour profiter du tarif réduit de 50 par cent, les marchandises neuves doivent être détaillées et estimées *article par article*. Trib. de Chartres, 6 novembre 1874. — Le Tribunal d'Evreux a jugé le 26 juillet 1873, que ces marchandises étaient suffisamment désignées et estimées par *groupes,* suivant leur nature.

Vente de rentes,
créances et autres droits incorporels.

S'il y a lieu de faire procéder à la vente du mobilier et des *rentes* dépendant d'une succession, la vente sera faite suivant les formes prescrites pour la vente de ces sortes de biens, à peine, contre l'*héritier bénéficiaire,* d'être réputé héritier pur et simple. Pr. 989, 636. — Les créances non exigibles, notamment lorsqu'un tiers en a l'usufruit, et les actions sur des compagnies industrielles qui font partie d'une succession acceptée sous bénéfice d'inventaire, sont assimilées à ces rentes. — On observe les mêmes formalités pour la vente aux enchères publiques par le ministère d'un notaire commis, de rentes, créances et actions appartenant à un mineur, attendu que les articles 452 et 453 C. et 945. Pr. ne s'appliquent qu'à la vente du mobilier corporel, Duranton.

Enregistrement : — 1° Transport de *rentes* soit perpétuelles, soit viagères et de pensions, sur particuliers, 2 p. 0/0. Art. 69, § 5, n° 2, loi du 22 frimaire an VII. — Le droit se liquide non sur le prix du transport, mais sur le capital originairement exprimé au contrat de constitution de la rente. Art. 14, n° 7 même loi. Trib. Rouen 12 juillet 1848, et Seine, 6 décembre 1849. — Et pour les rentes créées sans expression de capital, le droit se liquide sur un capital formé de vingt fois la rente perpétuelle et de dix fois la rente viagère, quel que soit le prix stipulé par le transport, n° 9, même article. — Toutefois, si le transport s'est effectué par adjudication en justice, ou devant un notaire commis, le droit ne s'établit que sur le prix de l'adjudication. Cass. 1er avril 1816, Délib. Rég. 29 mars 1823 et 3 décembre 1829. — 2° Transport de *créances à terme*, 1 p. 0/0, loi du 22 frimaire an VII, art. 69. § 3, n° 3. — Le droit se liquide sur le capital de la créance cédée et non sur le prix de la cession. Même loi, art. 14, n° 2, Cass. 3 novembre 1807 ; Déc. min. 8 germinal an VIII ; Délib. Rég. 16 juin 1829. Trib. Seine, 17 février 1846. — Mais, si la vente est faite en justice ou devant un notaire commis, c'est sur le prix de l'adjudication, et non sur le montant des capitaux adjugés, que le droit doit être liquidé. Cass. 1er avril 1816. Délib. Rég. 8 décembre 1829, 19 mars 1833, Inst. Rég 27 mars 1830. — L'adjudication *volontaire* devant notaire d'une créance à terme est passible du droit de 1 p. 0/0 sur le capital de la créance. Cass. 3 juillet 1855. — Jugé que la cession à forfait d'une créance litigieuse est passible du droit proportionnel d'enregistrement sur le capital cédé et non sur le prix. Trib. Seine, 7 mars 1851. — Le droit d'enregistrement d'un acte contenant la cession à *un tiers* de la nue propriété d'une créance à terme grevée d'usufruit, est dû sur le capital de la créance. Trib. Saint-Omer, 27 août 1834, Seine, 16 août 1838, Délib. Rég. 17 mai 1834. Mais si la nue propriété est cédée à l'*usufruitier*, le droit ne peut être perçu que sur la moitié du capital. Arg. loi du 22 frimaire an VII, art. 15, n° 8. La cession de l'usufruit d'une créance à un *tiers* est passible du droit sur un capital formé de dix.fois l'intérêt annuel, quel que soit le prix stipulé pour le transport. Délib. Rég. 10 mai 1833. Lorsque l'usufruit de la créance est cédé au *nu-propriétaire*, il n'est dû que le droit fixe de trois francs. Arg. loi du 26 avril 1816, art. 44, n° 4, et quand c'est l'usufruitier de la créance qui en acquiert la nue propriété, la cession n'est passible du droit que sur la moitié du capital cédé. Délib. Rég. 29 septembre 1832, 29 avril 1834. — 3° Depuis la loi du 23 juin 1857, les actes portant cession de titres d'actions dans les sociétés, compagnies ou entreprises financières, industrielles, commerciales ou civiles, ne sont plus sujettes au droit de 0,50 p. 0/0 établi par l'article 69, § 2, n° 6, de la loi du 22 frimaire an VII, et ne sont passibles que du droit fixe de 2 fr. Cass. 11 février 1861.

Les notaires chargés de procéder à des adjudications de *rentes ou créances*, ne sont pas tenus d'en faire la *déclaration préalable* au bureau de l'enregistrement. Trib. Rouen, 16 novembre 1849 ; Laval, 20 février 1843 ; Inst. Rég. 30 décembre 1844 ; Délib. Rég. 29 janvier 1848.

Vente d'immeubles.

La vente est une convention par laquelle l'un s'oblige à liver une chose, et l'autre à la payer. — Elle peut être faite par acte authentique ou sous seing privé. C. 1582. Comme pour le bail, l'acte authentique est préférable. — V. *Actes sous seings privés.*

Ne peuvent se rendre adjudicataires sous peine de nullité, ni par eux-mêmes, ni par personnes interposées : — Les tuteurs, des biens de ceux dont ils ont la tutelle; — Les mandataires, des biens qu'ils sont chargés de vendre; — Les administrateurs, de ceux des communes ou des établissements publics confiés à leurs soins; — Les officiers publics, des biens nationaux dont les ventes se font par leur ministère, C. 1596, 450. La vente est parfaite entre les parties, et la propriété est acquise de droit à l'acheteur à l'égard du vendeur, dès qu'on est convenu de la chose et du prix, quoique la chose n'ait pas encore été livrée ni le prix payé. C. 1583. — Elle peut être faite purement et simplement, ou sous une condition soit suspensive, soit résolutoire. — Elle peut aussi avoir pour objet deux ou plusieurs choses alternatives. C. 1584.

Absent. — Tous ceux qui ne jouiront qu'en vertu de l'envoi provisoire, ne pourront aliéner ni hypothéquer les immeubles de l'absent. Art. 128 C.

Arrhes. — Si la promesse de vendre a été faite avec des arrhes, chacun des contractants est maître de s'en départir : — celui qui les a données, en les perdant, et celui qui les a reçues, en restituant le double. C. 1590.

COMMUNAUTÉ. — Le mari administre les biens de la communauté. — Il peut les vendre, aliéner et hypothéquer sans le concours de sa femme. C. 1421.

Lorsque les immeubles de la femme sont ameublis, le mari en peut disposer comme des autres effets de la communauté, et les aliéner, C. 1507.

CONSTATATION. (COMMERCE.) — Les achats et ventes se constatent : — par actes publics ; — par acte sous signature privée ; — par le bordereau ou arrêté d'un agent de change ou courtier, dûment signé par les parties ; — par une facture acceptée ; — par la correspondance ; — par les livres des parties ; — par la preuve testimoniale, dans le cas où le Tribunal croirait devoir l'admettre. Com. 109.

CONSEIL JUDICIAIRE. — Il peut être défendu aux prodigues de plaider, de transiger, d'emprunter, de recevoir un capital immobilier et d'en donner décharge, d'aliéner ni de grever leurs biens d'hypothèques, sans l'assistance d'un Conseil qui leur est nommé par le Tribunal. C. 513.

CONTENANCE. — Le vendeur est tenu de délivrer la contenance telle qu'elle est portée au contrat, sous les modifications ci-après exprimées. C. 1616. — Si la vente d'un immeuble a été faite avec indication de la contenance, à raison de tant la mesure, le vendeur est obligé de délivrer à l'acquéreur, s'il l'exige, la quantité indiquée au contrat ; et si la chose ne lui est pas possible, ou si l'acquéreur ne l'exige pas, le vendeur est obligé de souffrir une diminution proportionnelle du prix. C. 1617. — Si, au contraire, dans le cas de l'article précédent, il se trouve une contenance plus grande que celle exprimée au contrat, l'acquéreur a le choix de fournir le supplément du prix, ou de se désister du contrat, si l'excédant est d'un vingtième au-dessus de la contenance déclarée, C. 1618. — Dans tous les autres cas, — soit que la vente soit faite d'un corps certain et limité, — soit qu'elle ait pour objet des fonds distincts et séparés, — soit qu'elle commence par la mesure, ou par la désignation de l'objet vendu suivie de la mesure, — l'expression de cette mesure ne donne lieu à aucun supplément de prix, en faveur du vendeur, pour l'excédant de mesure, ni en faveur de l'acquéreur, à aucune diminution du prix pour moindre mesure, qu'autant que la différence de la mesure réelle à celle exprimée au contrat est d'un vingtième en plus ou au moins eu égard à la valeur de la totalité des objets vendus, s'il n'y a stipulation contraire. C. 1619.

CURATEUR A UNE SUCCESSION VACANTE. — Il ne pourra être procédé à la vente des immeubles et rentes d'une succession vacante que suivant les formes prescrites pour la vente de ceux d'une succession acceptée sous bénéfice d'inventaire. Pr. 1001. — *Voyez ci-après : Judiciaires (Formalités)*.

DÉCHÉANCE DU TERME. — Le débiteur ne peut plus réclamer le bénéfice du terme lorsqu'il a fait faillite, ou lorsque, par son fait, il a diminué les sûretés qu'il avait données par le contrat à son créancier. C. 1188, Com. 444.

DÉCLARATION DE COMMAND. — L'avoué dernier enchérisseur sera tenu, dans les trois jours de l'adjudication, de déclarer l'adjudicataire et fournir son acceptation, sinon de représenter son pouvoir, lequel demeurera annexé à la minute de sa déclaration; faute de ce faire, il sera réputé adjudicataire en son nom. Pr. 707. — Sont sujettes au droit fixe d'un franc les déclarations ou élections de command, lorsque la faculté d'élire un command a été réservée dans l'acte d'adjudication ou le contrat de vente, et que la déclaration est faite par acte public et notifiée dans les vingt-quatre heures de l'adjudication ou du contrat. Art. 68, loi du 22 frimaire an VII. — Voyez aussi: un arrêt de la Cour de cassation du 26 février 1827; une Instruction de la Régie du 30 juin suivant, et un autre arrêt de la Cour de cassation du 1er février 1854.

DÉLIVRANCE. — Le vendeur n'est pas tenu de délivrer la chose, si l'acheteur n'en paie pas le prix, et que le vendeur ne lui ait pas accordé de délai pour le paiement. C. 1612. — Il ne sera pas non plus obligé à la délivrance, quand même il aurait accordé un délai pour le paiement, si, depuis la vente, l'acheteur est tombé en faillite ou en état de déconfiture, en sorte que le vendeur se trouve en danger imminent de perdre le prix, à moins que l'acheteur ne lui donne caution de payer au terme. C. 1613.

DOMICILE ÉLU. — Lorsqu'un acte contiendra, de la part des parties, ou de l'une d'elles, élection de domicile pour l'exécution de ce même acte dans un autre lieu que celui du domicile réel, les significations, demandes et poursuites relatives à cet acte, pourront être faites au domicile convenu, et devant le juge de ce domicile. C. 111.

DOTAUX. — V. *Régime dotal.*

ENTRE ÉPOUX. — Le contrat de vente ne peut

avoir lieu entre époux que dans les trois cas suivants : — 1° celui où l'un des deux époux cède des biens à l'autre, séparé judiciairement d'avec lui, en paiement de ses droits ; — 2° celui où la cession que le mari fait à sa femme, même non séparée, a une cause légitime, telle que le remploi de ses immeubles aliénés, ou de deniers à elle appartenant, si ces immeubles ou deniers ne tombent pas en communauté ; — 3° celui où la femme cède des biens à son mari en paiement d'une somme qu'elle lui aurait promise en dot, et lorsqu'il y a exclusion de communauté. — Sauf, dans ces trois cas, les droits des héritiers des parties contractantes, s'il y a avantage *indirect*. C. 1595.

Faillite. — Le jugement déclaratif de faillite emporte de plein droit, à partir de sa date, dessaisissement pour le failli de l'administration de tous ses biens, même de ceux qui peuvent lui échoir tant qu'il est en état de faillite. — A partir de ce jugement, *toute action mobilière ou immobilière* ne pourra être suivie ou intentée que contre les syndics. — Il en sera de même de toute voie d'exécution, tant sur les meubles que sur les immeubles. — Le Tribunal, lorsqu'il le jugera convenable, *pourra recevoir le failli partie intervenante*. Com. 443. — Les syndics sont chargés de poursuivre la vente des immeubles, marchandises et effets mobiliers du failli, et la liquidation de ses dettes actives et passives ; le tout sous la surveillance *du juge commissaire, et sans qu'il soit besoin d'appeler le failli*. Com. 534. — L'union pourra se faire autoriser par le Tribunal de commerce ; le failli dûment appelé, à traiter à forfait de tout ou parties des droits et actions dont le recouvrement n'aurait pas été opéré, et à les aliéner ; en ce cas, les syndics feront tous les actes nécessaires. — Tout créancier pourra s'adresser au juge commissaire pour provoquer une délibération de l'union à cet égard. Com. 570. — S'il n'y a pas de poursuite en expropriation des immeubles, commencée avant l'époque de l'union, les syndics seuls seront admis à poursuivre la vente : ils seront tenus d'y procéder dans la huitaine, sous l'autorisation du juge commissaire, suivant les formes prescrites pour la vente des biens des mineurs. Com. 572.

Femme. — Le mari a l'administration de tous les biens personnels de la femme. — Il peut exercer seul toutes les actions mobilières et possessoires qui appartiennent à la femme. — Il ne peut aliéner les immeubles personnels de sa femme sans son consentement. C. 1428. — La femme, même non commune ou séparée de biens, ne peut donner, aliéner, hypothéquer, acquérir, à titre gratuit ou onéreux, sans le concours du mari dans l'acte, ou son consentement par écrit. C. 217. — La femme séparée, soit de corps et de biens, soit de biens seulement, en reprend la libre administration. — Elle peut disposer de son mobilier et l'aliéner. — Elle ne peut aliéner ses immeubles sans le consentement de son mari, ou sans être autorisée en justice à son refus. C. 1449.

Folle enchère. — Faute par l'adjudicataire d'avoir exécuté les clauses de l'adjudication, l'immeuble sera vendu sur la folle enchère. Pr. 733. — Si la folle enchère est poursuivie avant la délivrance du jugement d'adjudication, celui qui poursuivra la folle enchère se fera délivrer par le greffier un certificat constatant que l'adjudicataire n'a point justifié de l'acquit des conditions exigibles de l'adjudication. — S'il y a eu opposition à la délivrance du certificat, il sera statué, à la requête de la partie la plus diligente, par le Président du Tribunal, en état de référé. Pr. 734. — Le fol enchérisseur est tenu, par corps, de la différence entre son prix et celui de la revente sur folle enchère, sans pouvoir réclamer l'excédant. S'il y en a, cet excédant sera payé aux créanciers, ou, si les créanciers sont désintéressés, à la partie saisie. Pr. 740. — Les créanciers colloqués dans l'ordre du prix de l'adjudication ont, comme la partie saisie ou le vendeur, le droit de poursuivre la revente sur la folle enchère contre l'adjudicataire en retard de payer son prix.

FRAIS. — *Les frais d'actes et autres accessoires à la vente sont à la charge de l'acheteur.* C. 1593. — Les frais de la délivrance sont à la charge du vendeur, et ceux de l'enlèvement à la charge de l'acheteur, s'il n'y a eu stipulation contraire. C. 1608.

GARANTIE. — La garantie que le vendeur doit à l'acquéreur a deux objets : le premier est la possession paisible de la chose vendue ; le second, les défauts cachés de cette chose ou les vices rédhibitoires. C. 1625. — Quoique lors de la vente il n'ait été fait aucune stipulation sur la garantie, le vendeur est obligé de droit à garantir l'acquéreur de l'éviction qu'il souffre dans la totalité ou partie de l'objet vendu ou des charges prétendues sur cet objet et non déclarées dans la vente. C. 1626.

HÉRITIER BÉNÉFICIAIRE. — L'héritier bénéficiaire ne peut vendre les immeubles que dans les formes prescrites par la loi sur la procédure. Il est tenu d'en déléguer le prix aux créanciers hypothécaires qui se sont fait connaître. C. 806.

V. *plus loin: Judiciaires (Formalités)*.

INTERDICTION (CONSEIL). — En rejetant la demande en interdiction, le Tribunal pourra néanmoins, si les circonstances l'exigent, ordonner que le défendeur ne pourra désormais plaider, transiger, emprunter, recevoir un capital mobilier, ni en donner décharge, aliéner ni grever ses biens d'hypothèques sans l'assistance d'un Conseil qui lui sera nommé par le même jugement. C. 499.

INTERDIT. — L'interdit est assimilé au mineur pour sa personne et pour ses biens, les lois sur la tutelle des mineurs s'appliqueront à la tutelle des interdits. C. 509. — V. *ci-après: Judiciaires (Formalités)*.

JUDICIAIRES (FORMALITÉS). — Biens des mineurs. (C. 459.) — Interdit (C. 509.) — Succession bénéficiaire (Pr. 988). — Succession vacante (Pr. 1001). — V. les articles 953 à 965 du *Code de procédure*.

MARI. — V. *plus haut : Femme*.

MINEUR ÉMANCIPÉ. — Le mineur émancipé ne pourra vendre ni aliéner ses immeubles, ni faire aucun acte autre que ceux de pure administration, sans observer les formes prescrites au mineur non émancipé. C. 484. — *Voyez ci-dessus: Judiciaires (Formalités)*.

NOTIFICATION. — Si le nouveau propriétaire veut se garantir des poursuites autorisées par les articles 2166 et suivants du Code civil, il est tenu, soit avant les poursuites, soit dans le mois au plus tard, à compter de la première sommation qui lui est faite, de notifier aux créanciers, aux domiciles par eux élus dans leurs inscriptions : — 1° extrait de son titre, — contenant seulement la date et la qualité de l'acte, le nom et la désignation précise du vendeur ou du donateur, la nature et la situation de la chose vendue ou donnée ; et, s'il s'agit d'un corps de biens, la dénomination générale seulement du domaine et des arrondissements dans lesquels il est situé, le prix et les charges faisant partie du prix de la vente, ou l'évaluation de la chose, si elle a été donnée ; — 2° extrait de la transcription de l'acte de vente ; — 3° un tableau sur trois colonnes, dont la première contiendra la date des hypothèques et celle des inscriptions ; la seconde, le nom des créanciers ; la troisième le montant des créances inscrites. C. 2183. — L'acquéreur ou le donataire déclarera, par le même acte, qu'il est prêt à acquitter sur le champ les dettes et charges hypothécaires, jusqu'à concurrence seulement du prix, sans distinction des dettes exigibles ou non exigibles C. 2184. — Les frais de notification sont à la charge du vendeur. Cass. 22 avril 1856. — *V. ci-après : Surenchère.*

Nullité. — Sont nuls et sans effet, relativement à la masse, lorsqu'ils auront été faits par le débiteur depuis l'époque déterminée par le Tribunal comme étant celle de la cessation de ses paiements, ou dans les dix jours qui auront précédé cette époque : — tous actes translatifs de propriétés mobilières ou immobilières à titre gratuit, — tous paiements, soit en espèces soit par transport, vente, compensation ou autrement, pour dettes non échues et, pour dettes échues, tous paiements faits autrement qu'en effets de commerce. Com. 446 et 447.

Parapharnaux. — *V. Régime dotal.*

Prix. — Pour le cas où le prix est converti en rente viagère au profit des époux vendeurs, *V. Liquidation, note pratique*, § 3ᵉ.

Promesse. — La promesse de vente vaut vente, lorsqu'il y a consentement réciproque des deux parties sur la chose et sur le prix. C. 1589.

Purge légale. — Pourront les acquéreurs d'immeubles appartenant à des maris ou à des tuteurs, lorsqu'il n'existera pas d'inscriptions sur lesdits immeubles à raison de la gestion du tuteur, ou des dots, reprises ou conventions matrimoniales de la femme, purger les hypothèques qui existeraient sur les biens par eux acquis. C. 2193. — A cet effet, ils déposeront copie dûment collationnée du contrat translatif de propriété au greffe du Tribunal civil du lieu de la situation des biens, et ils certifieront, par acte signifié, tant à la femme ou au subrogé tuteur qu'au Procureur de la République près le Tribunal, le dépôt qu'ils auront fait. — Extrait de ce contrat, contenant sa date, les noms, prénoms, professions et domiciles des contractants, la désignation de la nature et la situation des biens, le prix et les autres charges de vente, sera et demeurera affiché pendant deux mois, dans l'auditoire du Tribunal ; pendant lequel temps, les femmes, les maris, tuteurs, subrogés tuteurs, mineurs, interdits, parents ou amis, le Procureur de la République, seront reçus à requérir, s'il y a lieu, et à faire faire au bureau du conservateur des hypothèques, des inscriptions sur l'immeuble aliéné, qui auront le même effet que si elles avaient été prises le jour du contrat de mariage, ou le jour de l'entrée en gestion du tuteur ; sans préjudice des poursuites qui pourraient avoir lieu contre les maris et les tuteurs, pour hypothèques par eux consenties au profit de tierces personnes, sans leur avoir déclaré que les immeubles étaient déjà grevés d'hypothèques, en raison du mariage ou de la tutelle. C. 2194. — Si dans le cours des deux mois de l'exposition du contrat, il n'a pas été fait d'inscription du chef des femmes, mineurs ou interdits, sur les immeubles vendus, ils passent à l'acquéreur sans aucune charge, à raison des dots, reprises et conventions matrimoniales de la femme, ou de la gestion du tuteur, et sauf le recours, s'il y a lieu, contre le mari et le tuteur. — S'il a été pris des inscriptions du chef desdites femmes, mineurs ou interdits, et s'il existe des créanciers antérieurs, qui absorbent le prix en totalité ou en partie, l'acquéreur est libéré du prix ou de la portion du prix par lui payée aux créanciers placés en ordre utile ; et les inscriptions du chef des femmes, mineurs ou interdits, seront rayées, ou en totalité, ou jusqu'à due concurrence. — Si les inscriptions du chef des femmes, mineurs ou interdits, sont les plus anciennes, l'acquéreur ne pourra faire aucun paiement du prix au préjudice desdites inscriptions, qui auront toujours, ainsi qu'il a été dit ci-dessus, la date du contrat de mariage, ou l'entrée en gestion du tuteur ; et dans ce cas, les inscriptions des autres créanciers qui ne viennent pas en ordre utile, seront rayées. C. 2195.

Voyez aussi : Avis du Conseil d'Etat du 9 mai 1807, approuvé le 1ᵉʳ juin suivant.

L'article 8 de la loi du 26 mars 1855 est ainsi

conçu : « Si la veuve, le mineur devenu majeur, l'interdit relevé de l'interdiction, leurs héritiers ou ayants cause, n'ont pas pris inscription dans l'année qui suit la dissolution du mariage ou la cessation de la tutelle, leur hypothèque ne date, à l'égard des tiers, que du jour des inscriptions prises ultérieurement.

RÉMÉRÉ. — La faculté de rachat ou de réméré est un pacte par lequel le vendeur se réserve de reprendre la chose vendue, moyennant la restitution du prix principal, et le remboursement dont il est parlé à l'article 1683 ci-après, C. 1659.

La faculté de rachat ne peut être stipulée pour un terme excédant cinq années. — Si elle a été stipulée pour un terme plus long, elle est réduite à ce terme. C. 1660. — Le vendeur qui use du pacte de rachat, doit rembourser non seulement le prix principal, mais encore les frais et loyaux coûts de la vente, les réparations nécessaires, et ceux qui ont augmenté la valeur du fonds jusqu'à concurrence de cette augmentation. Il ne peut entrer en possession qu'après avoir satisfait à toutes ces obligations. Lorsque le vendeur rentre dans son héritage par l'effet du pacte de rachat, il le reprend exempt de toutes les charges et hypothèques dont l'acquéreur l'aurait grevé : il est tenu d'exécuter les baux faits sans fraude par l'acquéreur. C. 1673.

REMPLOI. — Le remploi est censé fait à l'égard du mari, toutes les fois que, lors d'une acquisition, il a déclaré (*par le contrat même d'acquisition*, Lebrun, Pothier, Troplong, Bourges, 26 avril 1837) qu'elle était faite des deniers provenus de l'aliénation de l'immeuble qui lui était personnel, et pour lui tenir lieu de remploi. C. 1434. — Pour qu'il y ait remploi aux termes de cet article, il n'est pas besoin d'une déclaration expresse du mari dans l'acte d'acquisition, il suffit que son intention résulte des termes de cet acte ou des énonciations qu'il renferme, Cass. 23 mai 1838. — La déclaration du mari que l'acquisition est faite des deniers provenus de l'immeuble vendu par la femme et pour lui servir de remploi, ne suffit point, si ce remploi n'a été formellement accepté par la femme : si elle ne l'a pas accepté, elle a simplement droit, lors de la dissolution de la communauté, à la récompense du prix de son immeuble vendu. C. 1435. — L'acceptation peut avoir lieu par la femme après l'acte d'acquisition, Troplong, Pothier, Toullier, Bellot, Duranton, mais elle n'a d'effet rétroactif qu'entre les époux ; dans l'intervalle de l'achat à l'acceptation, le mari aura pu disposer de l'immeuble comme d'un acquêt ; en tout cas, il faut qu'elle ait lieu pendant le mariage, Troplong. — La validité du remploi déclaré par le mari et accepté par la femme est indépendante du paiement du prix de l'immeuble acquis en remploi, Rouen, 20 février 1843 ; *contra,* Paris 6 mars 1847. — Le remploi en immeubles est aussi bien permis pour les propres *mobiliers* que pour ceux immobiliers. C. 1470, 1595. Toullier, Toulouse, 27 mai 1834 ; Cass. 26 mai 1835 ; Rouen, 2 avril 1838, Paris, 7 juillet 1841. Et jugé en ce sens que des acquisitions d'immeubles peuvent être faites par le mari pendant la communauté, *en remploi de propres mobiliers.* L'immeuble ainsi acquis lui demeure propre, si d'ailleurs la déclaration relative à l'emploi de ses *deniers propres* est suffisamment justifiée, Paris, 22 novembre 1844.

Le remploi des propres de la femme peut s'opérer par *anticipation*. Cass. 5 décembre 1854 ; mais il ne peut être anticipé au profit du mari, Troplong, Angers, 6 mars 1846. — Il est évident que l'acte d'acquisition d'immeubles fait par le mari par remploi *anticipé* des propres de sa femme qu'il se propose d'aliéner, ne rend pas celle-ci propriétaire des biens acquis, si elle n'a pas accepté le remploi. Cass. 5 mai 1839.

RESCISION. — Si le vendeur a été lésé de plus de sept douzièmes dans le prix d'un immeuble, il a le droit de demander la rescision de la vente, quand même il aurait expressément renoncé dans le contrat à la faculté de demander cette rescision, et qu'il aurait déclaré donner la plus-value. C. 1674. La rescision pour lésion n'a pas lieu en faveur de l'acheteur. C. 1683.

RÉSOLUTION. — L'effet de la résolution *judiciaire* est de remettre les choses au même état que si la vente n'avait pas existé. C. 1183. — Toutes les charges réelles créées sur l'immeuble par l'acquéreur, telles que servitudes et hypothèques, et les aliénations qu'il a consenties, s'évanouissent par le jugement qui prononce la résolution, Rouen, 13 juillet 1815. Toutefois, les beaux consentis de bonne foi doivent être exécutés, Troplong, Duvergier. — Mais si la résolution a lieu par le *consentement mutuel* des parties, c'est une convention nouvelle qui ne peut porter aucun préjudice aux droits acquis à des tiers, Toullier, Duranton.

Si l'acheteur ne paie pas le prix, le vendeur peut demander la résolution de la vente. C. 1654.

— S'il a été stipulé, lors de la vente d'immeubles, que, faute de paiement du prix dans le terme convenu, la vente serait résolue de plein droit, l'acquéreur peut néamoins payer après l'expiration du délai, tant qu'il n'a pas été mis en demeure par une sommation ; mais, après cette sommation, le juge ne peut pas lui accorder de délai. C. 1656.

— L'action résolutoire établie par l'article 1654 C. ne peut être exercée après l'extinction du privilège du vendeur, au préjudice des tiers qui ont acquis des droits sur l'immeuble du chef de l'acquéreur, et qui se sont conformés aux lois pour les conserver. Art 7, loi du 26 mars 1855.

SAISIE. — La partie saisie ne peut, à compter du jour de la transcription de la saisie, aliéner les immeubles saisis, à peine de nullité, et sans qu'il soit besoin de la faire prononcer. Pr. 686.

— Néanmoins, l'aliénation ainsi faite aura son exécution si, avant le jour fixé pour l'adjudication, l'acquéreur consigne somme suffisante pour acquitter en principal, intérêt et frais, ce qui est dû aux créanciers inscrits, ainsi qu'au saisissant, s'il leur signifie l'acte de consignation. Pr. 687.

— Si les deniers ainsi déposés ont été empruntés, les prêteurs n'auront d'hypothèques que postérieurement aux créanciers inscrits lors de l'aliénation. Pr. 688.

SERVITUDES. — *V. ce mot.* — Si l'héritage vendu se trouve grevé, sans qu'il en ait été fait de déclaration, de servitudes non apparentes, et qu'elles soient de telle importance qu'il y ait lieu de présumer que l'acquéreur n'aurait pas acheté s'il en avait été instruit, il peut demander la résiliation du contrat, si mieux il n'aime se contenter d'une indemnité. C. 1638.

Successible. — La valeur en pleine propriété des biens aliénés, soit à la *charge de rente viagère, soit à fonds perdu, ou avec réserve d'usufruit*, à l'un des successibles en ligne directe, sera imputée sur la portion disponible ; et l'excédant, s'il y en a, sera rapporté à la masse. — Cette imputation et ce rapport ne pourraient être demandés par ceux des autres successibles en ligne directe qui auraient *consenti à ces aliénations*, ni, dans aucun cas, par les successibles en ligne collatérale. C. 918. — Jugé par la Cour de cassation, le 7 septembre 1857, que la vente à rente viagère faite par une personne ayant des enfants, à son gendre veuf avec enfants, est valable et ne tombe pas sous l'application des art. 911 et 918. C. ; — que la vente faite par une mère à sa fille et à son gendre, de tous ses biens présents, à la charge de payer une somme déterminée à chacun de ses autres enfants, soit à l'époque de leur mariage, soit au décès de la venderesse, n'est pas un pacte sur une succession future, Cass. 20 avril 1842, — et que le consentement ou l'approbation que donnent des enfants du vivant de leur père, à une vente qu'il a faite à l'un de ses autres enfants ou successibles, ne les empêche pas, après le décès de leur père, de critiquer cette vente, comme renfermant une donation déguisée. Cass. 12 novembre 1827.

Surenchère. — Lorsque le nouveau propriétaire a fait la *notification* dans le délai fixé, C. 2183, tout créancier dont le titre est inscrit, peut requérir la mise de l'immeuble aux enchères et adjudications publiques, à la charge : 1° que cette réquisition sera signifiée au nouveau propriétaire dans quarante jours, au plus tard, de la notification faite à la requête de ce dernier, en y ajoutant deux jours par cinq myriamètres de distance entre le domicile élu et le domicile réel de chaque créancier requérant ; — 2° qu'elle contiendra soumission du requérant, de porter ou de faire porter le prix à *un dixième* en sus de celui qui aura été stipulé dans le contrat, ou déclaré par le nouveau propriétaire ; — 3° que la même signification sera faite, dans le même délai, au précédent propriétaire, débiteur principal. C. 2185. — A défaut par les créanciers d'avoir requis la mise aux enchères dans le délai et les formes prescrites, la valeur de l'immeuble demeure définitivement fixée au prix stipulé dans le contrat, ou déclaré par le nouveau propriétaire, lequel est, en conséquence, libéré de tous privilège et hypothèque, en payant ledit prix aux créanciers qui seront en ordre de recevoir, ou en le consignant. C. 2186. — L'adjudicataire *(sur surenchère)* est tenu, au delà du prix de son adjudication, de restituer à l'acquéreur ou au donataire dépossédé, les frais et loyaux coûts de son contrat, ceux de la transcription sur les registres du conservateur, ceux de notification et ceux faits par lui pour parvenir à la revente. C. 2188. — L'acquéreur qui se sera rendu adjudicataire aura *son recours* tel que de droit contre le vendeur, pour le remboursement de ce qui excède le prix stipulé par son titre, et pour l'intérêt de cet excédant, à compter du jour de chaque paiement. C. 2191. — Toute personne pourra, dans la *huitaine* qui suivra l'adjudication (sur saisie immobilière), faire, par le ministère d'un avoué, une surenchère, pourvu qu'elle soit du *sixième* au moins du prix principal de la vente. Pr. 708, 709, 710.

— Dans les *huit jours* qui suivront l'adjudication (Biens de mineurs interdits, succession bénéficiaire, succession vacante), toute personne pourra faire une surenchère du *sixième,* en se conformant aux formalités et délais réglés par les articles 708, 709, et 710 ci-dessus. Lorsque la seconde adjudication aura eu lieu après la surenchère ci-dessus, *aucune autre surenchère* des mêmes biens ne pourra être recue. Pr. 965.— La surenchère après, adjudication des immeubles du failli devra être faite dans la *quinzaine* et ne pourra être au-dessous du *sixième* du prix principal de l'adjudication. — Toute personne sera admise à surenchérir et à concourir à l'adjudication par suite de surenchère. Cette adjudication demeurera définitive et ne pourra être suivie d'aucune autre surenchère. Com. 573.

TRANSCRIPTION. — Les contrats translatifs de la propriété d'un meuble ou droits réels immobiliers, que les tiers détenteurs voudront purger de privilèges et hypothèques, seront transcrits en entier par le conservateur des hypothèques dans l'arrondissement duquel les biens sont situés. — Cette transcription se fera sur un registre à ce destiné, et le conservateur sera tenu d'en donner reconnaissance au requérant. C. 2181. Art. 1er, loi du 26 mars 1855. — Sont transcrits au bureau des hypothèques de la situation des biens, tous actes entre vifs, translatifs de propriété immobilière ou de droits réels, susceptibles d'hypothèques. — Art. 6, même loi. A partir de la transcription, les créanciers privilégiés ou ayant hypothèque, ne peuvent prendre utilement inscription sur le précédent propriétaire. Néanmoins, le vendeur ou le copartageant peuvent utilement inscrire leurs privilèges dans les *quarante-cinq* jours de la vente ou du partage, nonobstant toute transcription d'acte faite dans ce délai.

Les frais de la transcription, qui peut être requise par le vendeur, sont à la charge de l'acquéreur, C. 2155,1593.

TUTEUR. — Le tuteur, même le père ou la mère, ne peut emprunter pour le mineur, ni aliéner ou hypothéquer ses biens immeubles, sans y être *autorisé par un conseil de famille*, C. 457. — Les délibérations du conseil de famille relatives à cet objet, ne seront exécutées qu'après que le tuteur en aura demandé et obtenu l'*homologation* devant le Tribunal de première instance qui y statuera en la chambre du conseil, et après avoir entendu le Procureur de la République, C. 458. — La vente se fera publiquement, *en présence du subrogé tuteur*, aux enchères qui seront reçues par un membre du Tribunal de première instance, ou par un notaire à ce commis. *V. ci-dessus : Judiciaires (formalités).*

USUFRUIT. — *V. Contrat de mariage. Note pratique N° 2.* — Sont sujettes au droit fixe de 3 fr. d'enregistrement, les réunions de l'usufruit à la propriété, lorsque la réunion s'opère par acte de cession, et qu'elle n'est pas faite pour un prix supérieur à celui sur lequel le droit a été perçu lors de l'aliénation de la propriété, loi du 28 avril 1816, Art. 44, N° 4. Par application de cet article, il n'est également dû que le droit fixe de 3 fr. lorsque l'usufruit est transmis à l'acquéreur, par donation entre vifs, même lorsque la nue propriété a été transmise par donation entre vifs, ou par décès, — Cass.

19 avril 1809, 31 juillet 1815, Délib. Rég., 12 février 1830. — La réunion d'usufruit par acte de cession ou de donation est passible, en vertu de l'article 54 de la loi du 28 avril 1816, lors de l'enregistrement de cet acte, du droit de transcription hypothécaire à 1 fr. 50 pour 100, lorsque la nue propriété a été transmise par *décès,* Déc. min. 28 novembre 1822, Délib. Rég. 13 août 1818, 19 février, 11 octobre 1823, 21 mai 1825 ; Inst. Rég. 30 septembre 1825.

TABLE DES MATIÈRES

FIN DE LA TABLE.

702 [illegible]

[illegible]

Paris. — Imp. Soussens et Cie, 51, rue de Lille.